明治大の国語

[第2版]

中林智人
横井希虹 編著

教学社

はじめに

本書は、明治大学の国語の過去問を、できるだけ多く解きたいという受験生のために書かれたものです。

本書においては、最近十二年間の明治大学の国語の問題を徹底的に分析し、受験生に挑戦してほしい良問・二十題を収載しています。国語を出題するすべての学部および全学部統一入試の問題から、バランスのよい選定を心がけました。

明治大学においては、学部によって、出題範囲や大問構成に多少の違いがあります。また、出題される文章に、一定の特徴的な傾向が見いだせる学部もあります。志望学部の入試問題の傾向を知ることは、入試の攻略のためにたいへん重要です。本書の問題分析は、どの学部を受験するか迷っている人や、複数学部を併願しようとする人にとって力強い助けとなるでしょう。ただ、学部ごとの特徴があるとはいえ、さまざまな文章を素材として、筆者の意図するところを読み取らせ、国語表現への考察を深めさせるという傾向は、いずれの問題にも共通しています。国語での高得点をめざしている人には、志望学部以外の問題にも積極的に挑戦してほしいと思います。

解答・解説の執筆にあたっては、他社の媒体によるものも含め、先行文献を多く参考にさせていただきました。個々に申し伝えることがかなわないことのお詫びかたがた、ここに感謝申し上げます。

明治大学の国語の問題は、受験生にとっては難しく感じるものも多いと思いますが、国語力をはかるための正統的な問題だと思われます。基本的な知識を身につけたうえで、本文をしっかりと読み込み、注意深く設問に取り組むという、王道の解き方を身につけてもらいたいものです。

本書が受験生諸君を合格へと導く一助となれば幸いです。

編著者　第1章　中林智人
第2・3章　横井希虹

目次

第2章　古文

第3章　漢文

〔編集部注〕本書に掲載されている入試問題の解答・解説は、出題校が公表したものではありません。

本書の構成と利用法

まず、明治大学の国語の概要を表で確認しておこう。試験時間は六〇分（または二科目一二〇分）。解答は、記述式とマークシート方式の併用で、全学部統一入試は全問マークシート方式である。

大問数は学部により異なり、二〜四題となっている。**現代文は一題または二題で、古文は一題である。漢文は文学部のみ**で一題出題されている。政治経済学部と農学部では**知識問題**（漢字の書き取り・読み）が独立した大問として出題されている。

文学部以外では、漢文は大問としての出題はないが、出題範囲としては、**「漢文の独立問題は出題しない」**とする学部（法学部・※政治経済学部・商学部・国際日本学部）と、**「漢文を除く」**とする学部（経営学部・情報コミュニケーション学部・農学部・全学部統一）がある。前者においては、現代文や古文の大問の中で漢文の知識が問われる可能性があると考えられる（※政治経済学部は二〇二五年度より、前者に変更予定）。

以上のような特徴をふまえて、本書では、現代文、古文、漢文の問題をそれぞれ独立した章にまとめ、**分野別の演習ができる構成と**した。各章に共通する特徴として、以下の点が挙げられる。

明治大学の国語の大問構成（2023〜2012年度）

区分		試験時間	大問数	大問構成
学部別入試	**法学部**	60分	3題	**現現古**＊1
	政治経済学部	60分	4題	**現現古知**＊2
	商学部	60分	3題	**現現古**
	経営学部	60分	2題	**現古**
	文学部	60分	3題	**現古漢**
	国際日本学部	60分	3題	**現現古**
	情報コミュニケーション学部	60分＊3	3題	**現現古**
	農学部	2科目120分	4題	**知知現古**＊4
全学部統一入試		60分	3題	**現現古**

※**現**＝現代文、**古**＝古文（または現・古融合）、**漢**＝漢文、**知**＝知識問題（漢字）

＊1　法学部：2016年度以前は2題（**現古**）

＊2　政治経済学部：2016年度以前は3題（**現現古**）

＊3　情報コミュニケーション学部：2014・2013年度は70分

＊4　農学部：2015年度以前は2題（**現古**）

1 各章の冒頭で、学部ごとの出題傾向を分析し、対策を示す

現代文・古文・漢文のそれぞれについて、**学部ごとの出題傾向および難易度**を分析したうえで、**必要となる対策**を示している。現代文については、学部を超えて活用できる**解き方の手順**や、設問パターンに応じた**詳しい攻略法**を紹介している。問題演習で行き詰まったときには読み返してほしい。

2 目標解答時間の設定

年度・学部により大問構成が異なるので、演習問題の最初に、この問題を解くための**目標解答時間**を示した。大問構成に、問題ごとの難易度も加味した時間を示している。最初は時間を気にせずに解いてよいが、直前期には、目標解答時間を意識して解く練習もしておこう。

3 難易度順の配列

各章の最初には比較的取り組みやすい問題を掲げ、**徐々に難しくなる配列**としている。現代文は、論理的な文章九題を難易度順に並べたあとに、文学的な文章を二題掲載している。なお、問題の難易度は年度によって多少変動がある。毎年、本書に並べた学部の順序どおりに難しい問題となるわけではない点には注意されたい。

4 設問のレベル分け

設問ごとに**「易」「やや易」「標準」「やや難」「難」**のレベル判定を示している。「やや易」までは確実に解けるようにしておきたい。「標準」は七割以上、「やや難」も六割以上で正解できるようになれば心強い。

5 解法のポイントを掲載

設問へのアプローチ法や重要事項のまとめを**「ポイント」**として多数掲載している。特に間違った設問についてはしっかりチェックし、次回に生かしてほしい。

（注）本書で示している出題範囲や試験時間、出題形式については、本書編集時点（二〇二三年一二月）の情報に基づくものであり、今後、変更される可能性もあります。大学から発表される最新の入試情報を必ず確認してください。

第1章　現代文

【現代文の問題を解く前に】

明治大学の現代文で出題されている問題文はさまざまなジャンルにわたり、どれも質が高く、考えさせられる内容ばかりである。以下では、学部ごとの最近の出題傾向と、求められる対策について述べる。なお、設問ごとの具体的な対策については「**現代文の攻略アドバイス**」（17〜24ページ）を参照してほしい。

■学部ごとの傾向と対策

法学部

二〇一七年度以降は現代文が二題出されており、評論中心の出題が続いている。問題文は硬質で、やや難解な印象を受けるかもしれない。内容は**法律や法学に関するものが多いが**、科学など、他の分野の評論も出題されている。明治〜大正時代の口述筆記や学術論文など、文語体の文章が見られ、**難解な語句や、独特の言い回しの硬質な文章に慣れていないと読みづらい**。教科書を利用して**明治の擬古文**（森鷗外や福沢諭吉などの文章）を読んでおくとよいだろう。

古文や漢文からの引用などが多用される文章も多く、その箇所についての問題が出されることがある。独立した大問として出題されていない**漢文についても、基本的な句法などが出題されることがある**のが特徴である。一つの大問内で現代文と古典の文章を関連づけて読み解く訓練としては、早稲田大学の文化構想学部・社会科学部などで類似した問題が出されているので、そちらを演習してみるのも効果的である。

設問内容は、語彙に関するもの・抜き出し問題・内容説明・空欄補充などである。設問自体の難易度はほぼ標準的である。ただし、普段あまり使わない語の意味や書き取り、読みを問う問題もある。慣用表現にも注意が必要である。文章の中で使われている**法律用語や思想についての言葉が設問で問われる**こともある。その語を知らなくても前後の関係から解答にはたどり着けると思われるが、法律関係の文章は日頃から意識的に読むように心がけておこう。普段あまり目にしない漢語や法律用語などは書き出して意味を調べておくとよい。

政治経済学部

現代文は二題出題されている。例年、大問一では比較的長文でやや硬質な文化・哲学に関する評論が、大問二では比較的短めの随筆か評論が出題されている。大問一の評論は、**論理的な思考力を必要とする硬質な文章**である。専門用語も多く、制限時間内での細部にわたる内容の読み取りは難しい場合がある。

設問の内容は、文脈把握に関わる内容説明・空欄補充などが中心で、全体の内容把握をみる内容真偽問題も出題されている。選択式の内容把握や内容真偽の問題は、**選択肢の微妙な違いを見きわめる必要**がある。字数制限つきの記述式問題では、要点をまとめる力が試される。また、本文の内容・表現と関連づけた文学史や四字熟語・慣用表現についての出題もある。全体として標準をやや超えるレベルである。

対策としては、**社会・文化・哲学など幅広い分野を扱った評論中心の問題集**を徹底的に解き慣れること。語句の意味・副詞や接続詞の用い方・指示語の内容など細部にまで注意を払う丁寧な学習が望まれる。さらに、文章の論理展開に注意しながら、全体の内容や主旨を把握できる総合的な読解力を養いたい。また、現代的なテーマに対応できるように新聞の社説や文化・学術欄、新書などを読む習慣を身につけよう。

商学部

現代文は二題の出題。問題文は評論からの出題が中心で、比較的**硬質な文章が多い**。テーマは現代の日本社会や国際社会・人間論などを中心に、文化論・科学論・経済論・哲学論など多彩な領域から採られている。また、二〇二三年度は「コロナ禍」「テレワーク」「承認欲求」等のキーワードを含んだ最近の時事を扱った評論も出題されている。

設問は内容説明が中心で、空欄補充なども出題されている。内容説明の選択肢は短いものから共通テストレベルの長さのものまでさまざまである。全体的な難易度は標準レベルである。設問も意図が明確で良問が多い。

素早く正確な読解力と設問の要求を読み取る注意力が必要となる。的確に筆者の主張を把握すると同時に、細部の読み解きにこだわる練習が必要となる。問題集で練習する際には、**最初は解答の根拠を意識してじっくり丁寧に解き、慣れてきたら制限時間を意識して素早く正確に解答する**訓練を重ねよう。主張の骨子を要約（一〇〇字程度）することも効果的である。

経営学部

現代文は一題の出題。社会問題や時事問題に哲学的考察を加えた、**抽象度の高い読み応えのある長めの文章**が出題される。長めの文章の論旨を明確に理解し、文章の全体構成を把握する訓練が必要である。

設問は空欄補充・内容説明・抜き出し問題などが中心だが、特徴的な点として、**指定された用語を使用した説明型記述問題**が例年出題されている。これは、ただ説明内容を考えるだけではなく、**その用語をどこにどのような形で挿入するか**も考えないといけないため、注意が必要な問題である。

長めで硬質な文章の読解力をつけるために、新聞の社説のほか、時事・社会問題や哲学を扱った新書などになるべく多く触れるように心がけたい。そうすれば、**文章のテーマについての前提知識**を身につけることもできる。問題演習の際には、**必ず根拠を確認して正答を導く**練習をすることが大切である。選択式の問題でも、選択肢の中からなんとなく正しそうなものを選ぶというのではなく、**文章から導かれる設問の答えを自分で考えてから、それに合致するかどうかで選択肢の取捨選択をすべきである**。そうすれば、確実に正誤判断できるだけでなく、記述式の問題に苦手意識をもつこともなくなるだろう。文章の難易度や設問の形式を踏まえると、早稲田大学の問題を解いてみることも効果的である。

文学部

現代文は一題の出題。評論が出題されることが多いが、二〇二〇年度は志賀直哉の随筆が出題された。文章のテーマは、文学・社会科学関係の評論や文化論が比較的多いが、法学・機械工学などのさまざまな分野の評論も出題されている。また、選書や新書として刊行されたばかりの文章が取り上げられることも多いが、二〇二一年度のように、一九八〇年代初出の古典的評論が出されることもある。**多様なジャンルの文章にひるまず、常に落ち着いて主題を読み取ることができるかが試される。**

設問は、空欄補充や内容説明を通して**主旨の把握**を試すものが中心である。記述式で出されている**抜き出し問題**は、空欄や傍線部の近くから抜き出せばすむようなものではない。**指示文をきちんと読んで、要求されていることは何なのかをしっかり見きわめる**必要がある（**「現代文の攻略アドバイス」**その三の⑦参照）。知識系の問題も、漢字だけではなく外来語・評論文重要語・類義語・対義語・慣用句・ことわざ・故事成語・口語文法・文学史まで幅広く出題されるので、国語便覧や問題集などを利用してしっかり対策しておこう。知識系問題の対策を後回しにする受験生が多いが、明治大学に限らず私立大学の入試問題は**思っている以上に知識が鍵となる問題の割合が高い**。甘く見てはいけない。

選択式と記述式とが両方入っていて、著名な書き手の文章が多く収められている標準レベルの問題集を一冊用意して練習を積むとよい。選択式の設問の場合には、解答の根拠を確認することと、誤答の正確な排除が大切である。設問も問題文もジャンルやバリエーションが豊富なので、**他学部を含めた明治大学の過去問での演習が効果的である。**

国際日本学部

現代文は二題で、評論一題・随筆一題の出題が多い。評論は、**社会学・経済学・哲学・脳科学などさまざまな見地から日本人や日本語・言語などについて論じた文章**が多い。広い視野と確実な読解力が求められる。決して難解な内容ではないが、**身近な話題を論理的に分析していることに注意しよう。**随筆は、比較的読みやすい文章が出題されている。

設問は、文章の理解を問う内容説明が中心で、字数制限のある記述式の内容説明も含まれている。また、語意や熟語・漢字などの総合的な国語力を試す問題（大問二の方に多い）も出題されている。日常生活でも**いろいろな言葉に注意を払い、わからない言葉はそのままにせず、すぐに調べる**といった姿勢を心がけてほしい。文学史も年度によっては出題される。問題の多彩さや設問数を加味すれば、全体としては標準レベルである。

評論文については、**幅広いジャンルの文章**を多く読み、**文章の論理的な展開や筆者の論旨**をきちんと把握できるようにしておこう。「抽象」「観念」「恣意」「普遍」など、評論文でよく用いられる語句については、**正確な意味・対義語・類義語などを確実に覚えておく**こと。要領よく選択肢を見きわめる力も必要なので、他学部の問題なども解き、解答の根拠となる部分への注目のしかたなどをしっかり身につけておいてほしい。

随筆文の読解のしかたは基本的には評論文と同じで、筆者の経験や心情を文章から理解していくというものである。**話題や文体が個性的なものも多い**ので、さまざまなタイプの随筆を読み慣れておくとよいだろう。

情報コミュニケーション学部

現代文は二題の出題。**文章とあわせて視覚資料も出題の素材とする**傾向があり（二〇一九年度は絵巻や漫画、二〇二一年度は絵画）、他学部と異なる特徴となっている。**情報を総合的・多角的に読み取らせようとする出題意図**がうかがえ、今後の共通テストで出題されそうな問題の型を意識していると言えるだろう。

大問一は評論、大問二は随筆や小説など文学的な文章というのが基本パターンである。大問二では二〇一七年度に尾崎一雄『虫のいろいろ』、二〇一八年度に中島敦『悟浄出世』、二〇二二年度に吉行淳之介『子供の領分』、二〇二三年度に富岡多恵子『子供芝居』が出題された。いずれも独特の世界観を持ち、簡単には読み取りにくい作品であり、それに関連して出題される文学史の問題も難易度が高めであった。記述式の設問は、漢字の書き取り・読み・抜き出し・空欄補充などが主で、長めの文章を書いて答えなければならない設問は出題されていない。

評論文は、長文の問題文を読み、筆者の主張を的確に把握した上で問題を解くという正統的な出題である。**段落ごとの要旨・全体としての主張をつかむ**ことが重要である。随筆や小説に関しても、基本的に**解答の根拠は本文にある**と考え、**筆者が挙げた例や登場人物の動作・セリフ・周囲の情景描写などが何を表すか**を検討し、客観性を意識して答えを選んでいこう。

農学部

現代文の読解問題は一題である。問題文としては、毎年**本格的な評論が出題されている**。その内容は言語論・近代産業論・戦争論・哲学（認識論・現象論）・ネット社会論・生物学・環境論など多岐にわたる。

全体として、**文章全体の流れがつかめているかどうか**が問われる出題内容である。本文の主旨や内容と合致するかどうかを問う**内容真偽の設問は、例年、最後の一問として出題されている**。この問題は配点が高いはずなので、それを踏まえて最初の一読の際に内容と構成をつかめるようにしたい。また、「普遍」「特殊」「表象」「具体」「抽象」などの**評論文重要語の知識を必要とする選択問題が頻出する**ので、基本的な知識を確実にしておく必要がある。

毎年本格的な評論文が出題されるので、十分な評論対策が必要だ。新書などを利用して、実際に硬質な文章に触れてみることが大切である。その際、漠然と読むのではなく、**文章の対比・段落構成に注意し**、印や傍線をつけながら読む方法を薦めたい。また、最初のうちは段落ごとの要点や対比を表などにまとめてみるのもよい。

全学部統一入試

現代文は二題の出題で、解答形式は**全問マークシート方式**である。問題文は、評論または随筆である。ただ、近年は随筆の出題が増えている（二〇二二年度：宗像和重『制度としての原稿用紙』、二〇二三年度：室生犀星『原稿遺失』）。内容は文化論や社会論、言語論が多い。明治時代や戦前のやや古い文章が用いられることもある。文章は概して読みやすいが、時として難解な文章が見られる。設問としては漢字、慣用句や熟語・文学史といった知識が試されるものから、空欄補充・内容説明・

内容真偽など読解力が試されるものまで幅広い。二〇二一年度の大問二は、評論の中に小説が引用されており、さらに設問でそれと関連する文章を示すという、**共通テストを意識したと思われる問題**が出題された。今後もこのような出題形式はあり得ると考えるべきだろう。

本文の難易度は年度により異なるが、本文が難しい場合は設問の選択肢が正誤判定しやすいように作られていることが多いため、**全体としては明治大学の問題の中では解きやすい方**である。ただ、**問題が解きやすいということは当然高得点が必要な**ので、ケアレスミスに十分気をつけよう。

■現代文の攻略アドバイス

明治大学の現代文は私立大学の中でも特に設問の種類が多い。これらの設問や問題文に無策で臨んではいけない。各設問、そして問題文を素早く分析し、それぞれに対する効果的な対応策を利用して合格点を獲得してほしい。具体的に次に記す。

その一　問題を解く手順

①　**設問チェック**

☆各問で何が要求されているか（傍線部の理由・説明、文脈把握による空欄補充など）

☆本文理解のヒントとなる選択肢や設問はあるか

☆本文全体に関わる問題（全体の内容真偽問題・欠文挿入問題・抜き出し問題など）では何が要求されているか

ここに注意

②　**本文を読む**

☆段落構成と二項対立に注目する（**その二**「本文の読み方」参照）

☆各設問の答え&キーワードと判断できるところに線を引く

☆**接続詞**（順接・逆接・因果・反復・添加・並列・例示・話題転換など）に注意する

☆**抽象と具体を意識する**（抽象部分をしっかり理解する。具体部分は抽象部分の説明なので、素早く読んで時間を稼ぐ）

ここに注意

☆「～ではないだろうか」「～である」「～でなければならない」などの、**筆者の主張が表れている箇所を正確に理解する**

③　**問題を解く**（**その三**「問題ごとの対応策」参照）

その二　本文の読み方 ―― 段落構成と二項対立に注意！

段落構成と二項対立は、本文を素早く理解するために注目すべきポイントである。ひいては問題を解くときに、「この問題のカギはこのあたりにあるから、そこを精読しよう」というように、精読箇所を絞り込むために必要なポイントでもある。

段落構成と二項対立のどちらを使うかは、文章で判断するのがよい。

はっきりと対比関係が読み取れる　⇩　**二項対立**をイメージする （復習するときに、①に挙げるような二項対立表を自分で書いてみるとよい）
対比が見えづらいが、話の展開がきっちり段落で変化している　⇩　**段落構成**を意識して本文の論展開を整理する

①　二項対立

対比テーマが見えている文章は、次のような二項対立表をイメージし、本文中の用語をそれぞれの側に振り分けて解読していくと読解がスムーズに進む。

前近代（宗教・非合理・伝統・共同体・人間の階級差など）
↔
近代（科学・合理・自由・平等・資本主義など）

近代（科学・合理・自由・平等・資本主義など）
↔
現代（脱近代《＝ポストモダン》・情報化社会など）

大人⟷**子ども**
※多くの評論文では大人に対する子どもの優位性として柔軟性・独創性・新しい文明機器への即応性などを挙げる

文明⟷**文化・伝統**
※文明社会の中で影の薄くなっている伝統文化に再注目する展開の評論文が多い

グローバリズム⟷**ナショナリズム**
※近代はナショナリズムの時代、現代はグローバリズムの時代とよく言われるが、コロナ禍の影響により、ナショナリズムが近年再度注目されつつある

男性⟷**女性**
※フェミニズム・男女の性差について述べられていることが多いが、「ＬＧＢＴＱ」についても理解を深めておくことが望まれる

日本（自然への融解・多宗教・アニミズム・曖昧さのある表現・共同体への従属性の高さなど）⟷**西洋**（自然への征服的態度・キリスト教的宗教観・個人主義など）

②　**段落構成**

段落構成に注目して読み進める際は、次のことを意識してほしい。

□筆者の主張・結論はどこか

□どこで話題が転換しているか（「ところで」「さて」などの話題転換の接続詞にも注目）

□抽象部分を説明する具体例・引用文などはざっと速読する。ただし、何を説明している具体例かは把握しておくこと
□筆者は何に賛成していて、何を否定しているか（あるいは賛否でなくて単なる説明がしたいだけの教科書的文章なのか）を読み取る

その三　問題ごとの対応策

次に、設問パターンごとの対応策を挙げていく。苦手な設問がある受験生はぜひ参考にしてほしい。

①接続詞補充問題

●前後の関係（順接・逆接・因果・反復・添加・並列・例示・話題転換など）を読み取る。また文末との呼応関係にも注意すること（「なぜなら～から。」など）。
●接続詞の「正確な意味」を覚える。

例　「ちなみに」と「さらに」の違いは？　→ともに「情報の添加」だが、「さらに」の方が付け加える情報の強調度が上。

②指示語問題

●基本的に直前の内容を示す。ただ実際の入試問題では指示語とその対象の間に言い換えや補足などさまざまな要素が挿入され、その結果、指示語とその対象の間に距離が生じる場合があるので、視野を広くして指し示す対象を探そう。

③傍線部の説明として最も適切なものを選びなさい問題

●まず傍線部をよく読み、核となっているキーワードや表現を探す。

例　「『嘘』をこそ書きたいという欲求が生じることもある」という文があった場合、「嘘」が核となるキーワードなので、それを具体的に説明している箇所を本文中から探し出す。

●そのキーワードや表現を説明しているポイントを本文中から探す。
●本文中から探し出したポイント（複数あることが多い）を一番多く含んでいる選択肢を探す。

●ただし、ポイントを含んでいても、その使い方や因果関係がおかしい選択肢もあるため、ポイントだけではなくてそれらを組み合わせた選択肢全体を読み、最終的に元の傍線部の言い換えとして一番成立していることを基準として答えを選ぶ（**その四**「選択肢の誤答パターン」参照）。

●「適当でないものを選べ」という問題もある。間違えやすいので焦ってひっかからないこと！

④

傍線部の具体例として最も適切なものを選びなさい問題

●傍線部の内容を正確に理解しないと具体例は判断できない。傍線部の説明をしている箇所を探し出してそこを精読し、傍線部が表している内容をよく理解した上で、具体例を検討すること。

⑤

本文の内容に合っているものを選びなさい問題

大問の最後にくることが多い。配点が高めなので、必ず得点したい。

●本文全体に選択肢の判断根拠が散らばっていると考えるのがよい。

●対策としては、選択肢の中のキーワードが本文の中のどの段落にあったかを素早く探し、そこを精読して本文と合致しているか確認していくこと。

●選択肢が長めの場合は、選択肢を二〜三個のブロックに分けて一つずつチェックすること。

例　ア　これまで暴力と権力は……と理解されてきたが、／フーコーの権力論は……を提示するものだった。

→ここで区切り、前の部分、後の部分をそれぞれチェック！

●「本文の内容」ではなくて、「本文の趣旨に合うもの」ときたら、「趣旨」＝〈主題〉と考え、**主題が書かれている箇所**を精読して選択肢を判断する。その場合、選択肢の内容が本文に書かれているかだけではなく、**しっかりと本文の主題を踏まえられているかに注意すること**。

⑥

空欄補充（接続詞以外）問題

●①の接続詞補充問題と同じく、空欄前後の関係・文脈を正確に読み取ること。先に選択肢を見て「なんとなくそれっぽいもの」を選ぶのではなく、まずその空欄にどのような内容のものが入るべきかを、前後関係からしっかり考える必要がある。

●空欄に入るべき内容を正確に示した選択肢を選ぶ。その際、選択肢の内容を（四字熟語・評論文重要語などを含め）正しく理解しなければならないので、日頃から言葉の正確な意味を理解する習慣をつけておく必要がある。

⑦ **抜き出しなさい**問題

明治大学では「空欄に入るもの」や「傍線部に関して設問で指定された内容を満たすもの」を本文中から抜き出させる設問が多い。

●基本的には空欄や傍線部から離れた場所に答えがあることが多い。しかし本文全体をもう一度頭から読み直しながら探していては制限時間に間に合わない。できれば本文を読む前に設問をチェックし（その一「問題を解く手順」①参照）、抜き出すべきものの条件を頭に入れた状態で本文を通読し、「答えらしいもの」を見つけ次第、自分で線を引くなどしながら読み進めていく。そして本文を最後まで読んだときに、チェックした中で最も設問の条件に合った適切なものを答えとして選ぶ。

●抜き出し問題は、基本的には一文字でも書き間違っていたら誤答とされる。句読点の有無・書き出す際の誤字脱字などにも気を配った上で、丁寧に解答すること。

⑧ **欠文挿入**問題

本文から脱落している文を、本文のどこに挿入すべきかを答える問題。明治大学では政治経済・国際日本・情報コミュニケーション学部などで頻出している問題パターンである。

●⑦の抜き出し問題と同じく、本文を通読する前に、挿入する文章を読んでおき、その文章の内容と、核となるキーワードを頭に入れておく。

●本文を通読しながら挿入文のキーワードを発見したらその周辺を精読し、前後関係から最も挿入に適した箇所を探す。必ず、挿入文を入れた状態で周辺を読み直し、論理的な違和感がないか確認をしよう。

⑨ **説明しなさい（答えなさい）という記述**問題

明治大学では商・政治経済・経営・国際日本学部などで頻出している問題パターンである。注意するべきは〈本文の内容・表現に基づいて書く〉ことである。特に「本文に即して」「本文中の言葉を用いて」などと設問にある場合は、まず本文中から記述の材料となるべき箇所を探し、採点者が求めるポイントを解答に確実に入れなければならない。問題として配点も高いはずなので、しっかりと得点するためにも、以下の手順で冷静に解答しよう。

(1) 設問を読み、何について説明するかを確認する。「傍線部を説明せよ」であったら、傍線部内から説明が必要なキーワードを抽出し、それらを説明している箇所を本文中から探し出す。傍線部内に指示語があったらそれが何を示しているかも確認しよう。

(2) 本文中から記述に必要なポイントを発見できたら（三〇字以上の指定字数があるときは、複数のポイントが必要となることが多い）、それを設問の指示を満たした説明になるように組み立てていく。

(3) 自分の書いた答案がきちんと説明になっているか、言い換えると〈その答案だけを見た人が理解できる内容かどうか〉を必ず見直す。次の項目をチェックしよう。

□答案内に対象のない指示語は入っていないか？
□意味を伝えるために必要な主語や目的語は入っているか？
□本文独自の表現（かぎカッコなどで囲まれていることが多い）を説明なしで自分の答案に入れていないか？
□文頭と文末表現はちゃんと合致しているか？（例 理由であれば「から」「ので」などで収める）
□「てにをは」（助詞）の誤用や誤字脱字はないか？
□設問の要求を満たした説明になっているか？（例 文字数、使用指定語句）

その四　選択肢の誤答パターン

特に「説明したものを選べ」などの選択問題において、誤答となりやすい選択肢のパターンがいくつかある。以下のようなケースは誤答の選択肢である可能性が高いので注意しよう。

①　選択肢内での主語・述語・目的語の関係がおかしい。
②　部分部分は本文内のキーワードを使用していても、それらの因果関係・組み合わせ方・使いどころがおかしい。
③　社会的・道徳的に格好の良いことを書いていても、それらが本文中には書かれていない。
④　選択肢の内容自体は本文の内容と合致していても、設問が求めるポイントには触れられていない。もしくは「最も適切な」選択肢に必要な設問が求める複数のポイントを満たしきっていない。
⑤　選択肢内のキーワードが限定的すぎる（具体例の一つに過ぎない場合など）。
⑥　本文中の情報だけでは確定できない事柄について「確実に」「絶対に」「すべて」などの表現を使用している。

以上の点に注意して問題演習を重ねてほしい。現代文の問題を感覚だけで解いてきた人は、最初のうちは慣れずに苦戦するかもしれない。しかし慣れればどんな文章・どんな設問でも安定して対処できるようになり、必然的に成績も上がってくるはずである。文章内容・設問の形式に惑わされず、型を利用して冷静に対処し、他人に説明できるぐらいに根拠を明確にしながら解答することを心掛けていこう。慣れてきたら制限時間を意識し、これらの解法を素早く正確に実践できるように訓練していこう。また同時に漢字・評論文概念語・慣用表現・ことわざ・故事成語などもしっかり継続的に学習していけば、明治大学の現代文の問題で十分に合格点を獲得することが可能である。健闘を祈る。

演習 1　商学部　二〇一八年度　一

目標解答時間　二〇分

次の文章を読み、後の問に答えよ。

多くの人と同じく、私にも「過ぎ去らない作家」がいる。人は成長や成熟、あるいは堕落に応じて読む作品の好みを変え、通過して二度と戻らない。ただ、人生の節目になると、ある作家ばかりは何度も立ち還って読み直し、その都度、新たな①慰藉や励まし、叱咤を受け取る。それが「過ぎ去らない作家」だ。

私にとって、幼い頃から読み始め、今も過ぎ去らない作家といえば、啄木と賢治、そして漱石だ。共通点が二つある。いずれも姓ではなく、名前や雅号で呼ばれる。それと、今でもほぼ注釈なしに作品を読み進むことのできる点も共通している。三人は近代と切り結んで独自の表現を紡ぎ、私たち現代人も、彼らの感情や意識と地続きの世界を生きている。言い換えれば三人は、「私たち」の感情や意識を最初に発見した「同時代人」なのだ。

私の知る限り、同じ岩手出身でありながら、啄木ファンと賢治ファンは重ならず、多くは相容れないように見える。だがA二人の大先輩の漱石となると別格だ。これ以上、読者の裾野が広く、繰り返し読み継がれてきた作家は他にいないだろう。それは、漱石の文学が汲めども尽きぬ豊饒さを持ち、その表現の源が目の眩む深みにあるという理由だけではないように思う。漱石が突き付けた課題が、いまだに解決されず、片付いていないからだ。

Bその代表が「個人主義」だ。

漱石は大正三年に学習院で「私の個人主義」という題で著名な演説をした。例によって噺家のように巧みな枕と失敗談で聴衆を釣り込み、おもむろに本題に入る。

幕末最後の年に生れた漱石は、その人生が明治期をすっぽりと覆っている。［ア］、文明開化という近代の衝撃を、ロンドン留学でじかに、全身で受け止めた人だ。江戸期に生を享けた人が、西洋文化の本丸である英文学を専攻する。西洋の知識の借り着をして、「孔雀の羽根を身に着けて威張っている」人々が多いなかで、漱石はいつも腹に空虚を蔵し、霧に鎖《とざ》された人のように陰鬱な日々を送った。そして最後に辿りついたのが、自分が独立した一個の日本人で、決して英国人の奴婢ではない、という「［a］」の境地だった。

その立脚点の発見を、漱石は「自分の鶴嘴〈注〉をがちりと②コウミャクに掘り当てた」と形容し、学生にも、煩悶や迷いを突き抜けて自分の個性を発見することが、何よりも安心立命に繋がると説く。だが、学習院のような大学に進む人々には、特に注意すべきことがある、と漱石は続ける。それは上流階級の子弟に付随する「権力」や「金力」の処し方だ。

「権力」は「自分の個性を他人の頭の上に無理やりに圧し付ける道具」であり、「金力」は、自分の個性を拡張するために、「他人をその方面に誘き寄せる」道具である。

自分の個性を発展させる自由を享有している人は、他人にも同程度の自由を与えて、同等に扱わねばならない。［イ］、権力を持つ者は、他人が個性を発展させる自由を妨げず、他人をして礼を正さしむるだけの義務を果たす必要がある。金力についても、人間の徳義心を買い占めることなく、それに伴う道義上の責任を負うべきである。［ウ］、他人の個性を妨害せず、権力の濫用を戒め、金力による腐敗を防ぐ人格こそが肝要なのだ。こうして漱石は「義務の観念を離れない程度において自由を愛する」態度を「個人主義」と呼ぶ。

この態度の対極にあるのは、［b］である。自分は自分、他人は他人という「個人主義者」は、批判や攻撃を受けても人に助力を頼めない。ある場合には独りぼっちになる淋しさにも耐えねばならない。

またある人は「個人主義」を国の敵であるかのように非難するが、漱石は「豆腐屋は国家のために豆腐を売って歩くのではない」と言って、「国家、国家」と騒ぎ立てる人々を、「火事が済んでも火事頭巾が必要」と言ったり、「火事の起らない先に火事装束をつけ」て町内中を駆け歩いたりする人々に例える。

C　漱石が本格的に小説の筆を執ったのは、一時は列強の攻勢で存亡の危機に立たされた日本が、外発的な文明開化によって国力を増強し、日露戦争で「一等国」になったと浮かれ騒ぐ時期だった。その「個人主義」を一言でいえば、自分を恃む一方で他の自由を妨げず、権力や金力を自制する謙抑の精神だったろう。

明治維新という第一の危機を乗り越えた日本は、敗戦という二度目の危機を克服し、グローバル化という第三の荒波でも、どうにか没せずに来た。その危機のたびに、漱石の「個人主義」は、この国に生きる人々が共有する指針となってきたように思う。

漱石没後百年を経て、英国のEU離脱、トランプ米大統領誕生という次の荒波の波頭が見えてきた。私は再び、「過ぎ去らない作家」に立ち還って指針を求めるしかない。

（外岡秀俊の文章による／漢字表記は原文通り）

〈注〉　鶴嘴――つるはし。堅い土砂などを掘削するのに用いる工具。

問一　傍線部①の漢字の読みをひらがなに、傍線部②のカタカナを漢字に改めよ。

問二　傍線部A「二人の大先輩の漱石となると別格だ」とあるが、筆者は特に漱石のどのような点を別格だと見なしているのか。最も適切なものを次の1～5の中から一つ選び、その符号をマークせよ。

1　啄木や賢治が名前や雅号で呼ばれるように、漱石も姓では呼ばれない点。
2　漱石没後も、彼の考えが日本に生きる人々の手引きとなり続けている点。
3　漱石の文学が豊かな内容を持ち、その文章も目の眩むほどにきらびやかな点。
4　漱石が生前から「個人主義」を唱え、「権力」や「金力」を批判した点。
5　漱石が英文学に影響を受けながら、常に日本人としての矜持を持ち続けた点。

問三　傍線部Ｂ「その代表が『個人主義』だ」とあるが、漱石の個人主義の特徴を本文中の語句を用いて、三十六字～四十字（句読点も一字と数える）で記せ。

問四　空欄［ア］～［ウ］に入る語の組み合わせとして最も適切なものを次の１～５の中から一つ選び、その符号をマークせよ。

1　ア　つまり　　イ　だから　　ウ　しかも
2　ア　つまり　　イ　しかも　　ウ　だから
3　ア　しかも　　イ　だから　　ウ　つまり
4　ア　しかも　　イ　けれども　ウ　つまり
5　ア　それに　　イ　だから　　ウ　けれども

問五　空欄［ａ］に入る言葉として最も適切なものを次の１～５の中から一つ選び、その符号をマークせよ。

1　面従腹背　　2　行住坐臥　　3　則天去私　　4　不撓《とう》不屈　　5　自己本位

問六　空欄［ｂ］に入る表現として最も適切なものを次の１～５の中から一つ選び、その符号をマークせよ。

1　全体の利益を守るために、個人の福祉を充実させる全体主義
2　徒党を組み、権力や金力をほしいままにしようとする党派主義
3　自分勝手な主張を好まず、全世界的な平和と人権を守る人道主義
4　己のみを頼りにし、たとえ一人となっても主張を曲げない利己主義
5　権力だけでなく、自己を誇示するために金力を有効に利用する金権主義

問七 傍線部C「漱石が本格的に小説の筆を執った」とあるが、「夏目漱石」の名前で発表された最初の本格的な小説を次の1～5の中から一つ選び、その符号をマークせよ。

1 「吾輩は猫である」
2 「坊っちゃん」
3 「虞美人草」
4 「三四郎」
5 「草枕」

【解答・解説】

出典　外岡秀俊「漱石と個人主義」（『學鐙』二〇一七年三月号　丸善）

講評

夏目漱石の唱えた「個人主義」を解説しつつ、それが現代に至るまで日本人の課題であり、指針であることを主張した文章である。明治大学のような難関大では、作品の出典や文学史の知識としてだけでなく、**盲目的に西洋に追従しようとする近代明治の日本の中での漱石の思想・スタンス等を論じた評論文がよく出題される**。本問は「個人主義」「自己本位」などの思想を正しく理解できるかどうかがポイントとなる。また問五のような問題で「漱石と言えば則天去私だから」という理由で安易に３を選ぶのではなく、しっかり空欄の前後を読み取るという**基本に忠実に従うことも重要である**。

要旨

本文は全部で十四段落ある。これを大きく三つの意味段落に分けて内容をまとめてみる。

❶ 筆者が漱石を大きく感じる理由（第一〜三段落）

筆者には、幼少期から読み始めて人生の節目で何度も読み直し、「過ぎ去らない作家」として関わり続けている作家がいる。啄木・賢治・漱石がそれにあたる。三人は近代の中で独自の表現を紡いだ。中でも漱石は読者の裾野が広く、繰り返し読み継がれ、別格の印象を与える。それは漱石の文学が持つ表現の豊饒さだけでなく、彼が日本に突き付けた課題が、いまだに解決されず、片付いていないからである。

❷ 漱石の「個人主義」とは（第四〜十二段落）

明治時代を生き抜き、ロンドン留学で文明開化という近代の衝撃をじかに受け止めた漱石は、「自己本位」の境地にたどり着いた。それは煩悶や迷いを突き抜けて自分の個性を発見することであり、同時に「権力」や「金力」のある者は他者の個性を発展させる自由を尊重し、道義上の責任を負うべきだと説く。このように、義務を離れない程度の自由を愛する態度を漱石は「個人主義」と呼ぶ（これこそ漱石が当時の日本に突き付けた課題である）。「個人主義」は権力や金力を自制する謙抑の精神であろう。

3 様々な危機を克服した日本の指針となってきた「個人主義」（第十三～十四段落）

漱石の「個人主義」は、明治維新・敗戦・グローバル化等の様々な時代の荒波に日本がさらされるたびに、人々が共有する指針となってきた。次の時代の荒波に対しても、漱石の思想に立ち還って指針を求めるしかない。

設問解説

問一　漢字の問題　やや難

①「慰藉」は「慰謝」と同じ。「慰謝料」という用語を想像するとわかりやすい。ただし「藉」は常用漢字外なので、少々難しい。意味は〝同情し、なぐさめること〟。

②「立脚点」を比喩的に表現した箇所である。前後の「鶴嘴」「掘り当てた」から、適切な漢字を想起する。

問二　傍線部説明問題　標準

傍線が引かれ、設問で問われる箇所は、その部分が**大事な箇所で、かつわかりにくく、抽象性を残す部分である**ことが多い。そういうときは**抽象→具体**の流れを意識して、**傍線部の直後から傍線部の言い換え・説明をしている部分を探していく**のが王道である。

傍線部Aの次の行にある「漱石の文学が……深みにある」は「……だけではないように思う」とあるので答えから除外し、その後の「漱石が突き付けた……片付いていないから」に注目しよう。ここでの課題はもちろん「個人主義」のことだが、この考えがその後ずっと日本に生きる人々が**「共有する指針」**となっていると筆者は指摘している（第十三段落参照）。好みが分かれる啄木や賢治と異なり、漱石の文学や思想は時代の荒波を潜り抜け、共有する指針を人々に提供し続けたという意味で「別格」だとされているのだ。これらの内容に該当する**2**が正解となる。

１は三人の「共通点」であり不適。３は傍線部のあとに類似の内容が書かれてはいるが、前述の通り「……だけではない」と述べられているので**最も適切な解答とは言えない**。４も書かれている内容ではあるが、前述した「別格」だと見なす理由とは異なる。５は漱石の「個人主義」の説明の一部であり、やはり「別格」の理由としては不適。本文に書いてあるから答えと決めつけてはいけない。**問われていることに対する答え**なのかどうかを多角的に検討しよう。

問三　記述式の傍線部説明問題　標準

設問に「本文中の語句を用いて」とあるので、本文中から「漱石の個人主義の特徴」を説明している部分を探すことから始めよう。傍線部Ｂの直後から個人主義の説明に入っているが、個人主義自体の特徴を述べている部分として第九段落に注目したい。なにしろ段落最後で「……を『個人主義』と呼ぶ」とまとめているのだから。第九段落にある個人主義の特徴として以下の二つがまとめられる。

①**自分の個性を発展させる自由を享有する**。

②**他人の個性を発展させる自由を妨げず、権力や金力を正しく使用する責任を負うべきである**。

これらを指定字数以内でまとめればよい。特に傍線を引いた部分が採点上のポイントとなる。

ちなみに、本問では指定字数が三十六字〜四十字となっているが、これぐらいの字数の場合、**解答として求められるポイントは複数あるパターンが多い**。本文から一箇所だけを抽出して、形を変えて完成！とはいかない場合が多いということである。

問四　空欄補充問題（接続詞・副詞）　やや難

少々難問である。どの言葉とどの言葉をつなぐかを緻密に検討しなければならない。

空欄アについて、1・2の「つまり」は前後同格で、説明をするときやまとめるときに用いる。「明治期」と「文明開化」をつなぐだけならまちがいではないが、うしろに「ロンドン留学」という新しい要素が加わっているので不適切である。3・4の「しかも」が適当である。5の「それに」は論理的には正しいが、5だと空欄ウが逆接の「けれども」となってしまい、文脈に合わない。空欄イについて、空欄イを含む文の前文には「他人にも同程度の自由を与えて」、イの文には「他人が……自由を妨げず」とあるので、順接の「だから」が適切である。4の「けれども」は逆接であり、この文脈に用いることはできない。空欄ウに続く文はこれまで述べた内容のまとめになっており、順接の文脈なので5の「けれども」はまず誤りとわかる。3・4の「つまり」が妥当である。以上より**3**が最も適切である。

ポイント　接続詞補充問題の解き方

接続詞補充問題は以下の二つの点に常に注意する必要がある。

①接続詞（・副詞）自体の正確な意味を把握すること。

②空欄の前後関係を正確に読解すること。

問五　空欄補充問題（四字熟語）　やや難

空欄補充問題は基本的に前後の文脈に注意する必要がある。ここには直前の「自分が独立した……奴婢ではない」という内容を示した表現が入る。また、直後の段落に「その立脚点の発見を」とあるのもヒントにしたい。**漱石の作家としての立脚点を示す言葉が入る**ことにも注意しよう。

文学史の知識として、3の「則天去私」が漱石の代名詞のような言葉であることは知っておきたい。しかし、この文脈に入れるとあきらかに違和感がある。「自分の個性」と「去私」は矛盾するからである。加えて、「則天去私」は漱石の「立脚点」ではなく、最晩年の〝到達点〟の境地である（後述の**ポイント**「**漱石の思想の変化**」参照）。1・2・4

は文脈からあきらかに不適。人間の個性・独立性を表したものとは言えない。５の「自己本位」は、現代日本語の一般的用法としては非難されるべきニュアンスで使われることが多いが、空欄ａ自体が本文ではかぎカッコでくくられていることに注目してもらいたい。**物語文のセリフなど以外で、かぎカッコで特定の語句を囲む場合は、その語句の一般的・辞書的な意味とは異なる、本文独自の意味合いが付加されていることが多い。**ここでは**漱石が苦労の末に辿りついた境地**として使われている表現なのでプラスのニュアンスでとらえるべきである。そして**自己の独立性を示した語句**としても問題ないので、**5**が正解となる。四字熟語の知識とともに、漱石に関する知識も必要である。以下に５以外の四字熟語の意味を記す。

１、面従腹背…うわべは従順に見せかけて、内心では従わないこと。
２、行住坐臥…日常の立居振舞全般。日常それ自体を指すこともある。
３、則天去私…我執・我欲を捨て、世の流れに身を任せること。
４、不撓不屈…どんな困難にもくじけないこと。

ポイント　漱石の思想の変化

初期：**反自然主義・余裕派・高踏派**（海外留学の経験等から、余裕をもった立場で日本の近代化を皮肉的に見つめる）
中期：**人間のエゴイズム・個人の内面・近代人の不安と孤独に焦点をあてる**（自己存在・我執の醜さに注目した作風へと移行していく。前期三部作・後期三部作の作品にそれが色濃く表れている）
後期：**則天去私**（人生の晩年に、自我を超越した諦観の境地に立った）

問六　空欄補充問題　やや易

前後の文脈に注意すること。直前の「この態度」は当然「個人主義」のことであり、これについては、空欄ｂの前で「他人の個性を妨害せず、権力の濫用を戒め、金力による腐敗を防ぐ人格こそが肝要」であると言っている。この「対極」となるものを選ぶ。つまり〈**権力と金力を好き放題に使う**〉ということになる。また続く部分に、「個人主義」は「人に助力を頼めない」「独りぼっちになる」とあり、２の「徒党を組み」が対照的な内容である。以上二点を踏まえた**2**が正解となる。

５が少々紛らわしいが、「人に助力を頼めない」「独りぼっちになる」の反対のニュアンスが含まれていないので、２には劣る。

ポイント　選択肢の見きわめ

難関大学の選択式の問題は、**複数のポイントをすべて満たした選択肢が「最も適切なもの」として正答になることが多い。**

問七　文学史問題　易

漱石に関しては、作品名だけでなく、前述の思想の変化や作品の成立順まで押さえておく必要がある。漱石は三十八歳で「吾輩は猫である」を俳句雑誌『ホトトギス』に掲載し、作家デビューを飾った。したがって正解は**1**。それ以降の作品は以下の順番となる。設問としては最初の作品を答えるだけなので易しい。

２、「坊っちゃん」→５、「草枕」→３、「虞美人草」→４、「三四郎」

解答

問一　①いしゃ　②鉱脈　**問二**　2

問三　自分の個性を発展させる自由を享有しつつも、権力や金力で他人の自由を妨げないこと。（三十六字〜四十字）

問四　3　**問五**　5　**問六**　2　**問七**　1

演習 2

国際日本学部　二〇一九年度　一

目標解答時間　二〇分

次の文章を読み、後の問に答えよ。

われわれは不安な時代を生きている。国際情勢、就活、地震、老後、失業、結婚、保育園、ハラスメント、親の介護、体調、うつ、詐欺、盗撮や痴漢をされる不安、痴漢したと誤解される不安、その他もろもろ……。

一九八〇年代初頭、われわれは『ジャパン・アズ・ナンバーワン』（エズラ・ヴォーゲル）といわれ、希望に満ちた日々を過ごしていた。日本で作りだされる製品こそが、どれも世界最先端のものであって、人類の生活スタイルを変えていくと思えていた。日々開発される便利な機械を使いこなすのに追われながら、電卓、電子手帳、ワープロ、エアコン、スポーツカー、電子レンジ、平面テレビ、パソコン、インターネット……、いよいよ便利さと、安全と豊かさとを享受できるようになる「未来」があった。

一九八五年のつくば科学万博（未来博）では、壁掛けテレビやカーナビやネットが未来の製品として紹介され、数十年後にはガンが治るようになっているという展示があったが、それらはみな、本当だった。本当以上に本当だった。特にガンは、当時は黒澤明監督の映画『生きる』（一九五二年）にも描かれていた不治の病であり、その診断は死刑宣告のようなものだったが、今日では時間との競争となっている。ガンになるのが一年遅れれば、それだけガンが治る可能性が増すというわけだ。

それなのに今日、ひとびとが浮かない顔をしているのはなぜだろう。科学万博の主催者たちも、まさかこんなことになっていると「予想」してはいなかったことだろう。［Ⅰ］

科学技術のおかげで、人類を脅かすすべての不安材料が払拭され、ひとはいよいよ安全で便利な生活をするようになると考えられていた。せいぜいキューブリック監督『２００１年宇宙の旅』(一九六八年)に登場するＨＡＬのようなマザー・コンピュータが、人間に取って代わることになるかもしれないと危惧されていたくらいだった。その映画は、科学技術の楽観主義にちょっとした懐疑を投げかけていたが、しかし、[a]問題はもっとずっと深刻だったことが、いま少しずつ見えてきている。

人類に取って代わりそうなのは、巨大なマザー・コンピュータではなかった。スーパーコンピュータでもない――それは膨大な計算を素早くするだけだ。

ＡＩはといえば、それほどはすごくない数多のコンピュータにインストールされ、いつのまにか人間の仕事を交替していく「優れもの」である。事前にすべての対応を組み込んでいるという意味でのプログラムではなく、事後的にプログラムを自動生成していくというポストグラム。自分で自分の判断を変えていく仕組に、コンピュータは生まれ変わった。

判断すべき条件とデータを増やしていき、結果をいつもフィードバックすることによって、監査したり、診断したり、記録したり、調査したりと、専門家の判断と同等か、それ以上に正しい判断に到達する。大多数のひとが、人間よりもＡＩに任せた方が安心であると思いはじめる。Ⅱ

それはそうだ、とわたしも思う。たとえば重い病気でないかと不安なときは、たまたま出会った技量の分からない医師よりも、――もちろんネットの半可通の回答者たちよりも――、ＡＩに答えを出してもらった方がよさそうである。なにしろ将棋に一生を捧げているひとたちを、生まれて数年のＡＩが容易に負かしてしまうくらいである。医療や戦略など、少なくとも、限定された領域で生じる条件の組みあわせとその対処法についての判断は、ＡＩの方が優れているに違いない。

あるひとたちは、ＡＩの普及が管理社会を生みだすとか、個人のプライバシーがなくなってしまうとか、人間が機械に支配されるようになるとか、[b]人間の仕事が奪われるとかいって、盛んに警鐘を鳴らしている。

それは間違ってはいないと思うのだが、もっと大きな問題がある。それは、ひとびとの、さきに挙げたような不安を、ＡＩは解消してくれそうにもないということである。

たとえば、わたしが失業しそうになって「うつ」の症状が出ているとして、もしＡＩが普及していたなら、その判断はどのようなものになるであろうか。転職の条件や状況について、あるいはどんな薬を服用すればいいかについては、正しい判断を与えてくれるだろう。だが、がんばれないわたしが、資本主義の根本的問題や社会保障政策の問題点などを考察しながら、自分の将来の目標を合理的に決定せず、したがってその適切な手段を実行しようとしないなら、――「愚行権」といってもいいが――、それに対しては、どんなアドバイスをしてくれるだろうか。

ＡＩは、成りゆきまかせや、いちかばちかや、横並びや、「放置する」や、「なし崩しにする」や、「破滅してもいい」といったタイプの動機に対して、どんなアドバイスをしてくれるだろうか。

まして、ひたすら親との確執に苦しんでいるひとや、新宗教の教義に囚われてしまっているひとや、他人を支配しようとすることばかりに注力しているひとなど、他人の判断をまったく受け容れる姿勢のないひとたちの抱えている問題に対しては、そもそもどんなアドバイスがあり得るだろうか。

ＡＩは、マザー・コンピュータではない。つまり、母親のようには、あなたを気にかけてはくれない。ＡＩには、人類の未来や個人の将来を心配し、社会的諸条件と一人ひとりの意識を調停しようとする性質が原理的にない。そのことの方が、もっと問題である。

ＡＩは判断を創出しているのではなく、ひとびとのあらゆる判断を、ひとが感覚できないものまでのさまざまなデータを含め、――急ぐことでは「エッジ・コンピューティング」として自前のメモリで対応するが――、ネット上のクラウドを介して繋がりあって、ひとが記憶できないほどの大量のデータ（ビッグデータ）を用いてシミュレートするだけである。

正しい判断をするのではなく、正しいとされた判断をさらにデータとしてインプットして、正しいとされる判断の確率を上げていくだけだ。ＡＩスマートロボットがギャグをいうにしても、それは世界中のひとたちの笑いの反応をクラウドを通じてフィードバックしているからであって、それらにとってはちっともおかしなことではないのである。Ⅲ

ＡＩにとって、人間は光学センサーの眼のまえにいるのではなく、クラウド（群集）という靄《もや》のなかにいて、クラウド上のデータのなかから抽出される統計的存在者でしかない。正しさを判断するのはどこまでいっても人間であり、そもそも「正しさ」は人間にとってのものでしかない。機械にとっての正しさは、精確に作動すること、バグがないことでしかないのだ。誤りも、ただ訂正すべきデータにすぎず、それらにとっては、恥ずべきことなのではない。

　したがって、c もしＡＩにありとあらゆる判断を任せてしまうとしたら、それは確かに何らかの判断を示すだろうし、その判断は、いずれにせよ多くのひとが納得する妥当な判断ではあるだろうが、しかし d そこに「未来」はない。

　未来とは、現在よりもよい状態になっているはずの、これから先のある時点のことである。単に時間の未来ということであれば、いつの時代にも未来はあるが、それはひとが期待して、それに向かって努力しようとする「未来」ではない。ＡＩの説く未来は、現在の延長でしかない。

　ＡＩの前提する未来においては、ただ時だけが刻一刻と経ち、暦がその数を積み上げていく。それは、時間測定法における未来であって、われわれの「未来」ではない。そこに夢や希望はない。未来という語が夢や希望という語と相重なっていた時代が終わり、未来という語で、せいぜい似たような要素がくり返し姿を現わす退屈な現在か、あるいはいたるところ、現在の廃墟としての、破滅と悲惨とが組み込まれた疑似過去が待ち受けるばかりとなる。

　ＡＩの判断は外挿法《がいそうほう》的シミュレーションであり、過去に起こったことを未来に引き伸ばして予想する、その推測を詳細に徹底したものである。ルールがあって条件の変化しないものに対しては最強であるが、あり得ないことに挑戦するとか、いつもと違ったことをやってみるという判断は、そこにはない。ところが、そうした異例のことをなそうとする判断の向こうにこそ、人間の考える「未来」がある。

　ルーティン化した業務における判断に対し、その判断の帰結から生じる悲劇についての感性こそが、人間の判断を賦活して、いつもとは異なった判断へとひとを差し向ける。夢や希望という名のもとに、明確なイメージがないとしても、ひとはそれぞれに「未来」に向けて判断しており、その場の「課題の解決」だけを考えているわけではないのである。

　ＡＩが普及するということは、社会におけるさまざまな業務の運営が自動化され、人間からするとすべてが［　Ａ　］で何とかなるようになるということである。そこには、判断に意義を与えてきた「未来」を考える人間がいなくなってしまう。

だから、わたしがＡＩに心配するのは、ＡＩが人類を未来の消失から救ってくれそうもないということなのだ。むしろ、それに加担する装置なのではないかということだ。

従来ひとびとが抵抗してきたのは、勝手な、あるいは間違った判断をする政治権力に対してであった。だが、そうした、責任が追及されるべき権力も、ＡＩ機械が入り込んで、きっと淡泊なものになってしまうだろう。その結果として起こる事故や不祥事や争いは、一人ひとりが受忍するものでしかなくなってしまうだろう。状況をよりよいものへと改善したり、理想社会に向かおうとすることなど、だれも思いつけなくなってしまうだろう。

近代(モダン)にこそ、「未来」があった。歴史の発展段階があると前提されていたからである。「つぎの時代」があると前提されていたからである。

今日、「未来」がないのは、社会が悪いから、悲観的材料しかないからではない。ＡＩが出現したからでもない。逆に、ＡＩが普及し得る社会が到来したから、ＡＩが出現した。Ⅳ

すなわち、それがポストモダン社会である。ポストモダンとは、──ジェームズ・Ｃ・スコットによるとそれは一九七二年三月一六日だったそうだが(『実践　日々のアナキズム』第二章)──、近代が終わったということである。近代が終わったということは、「未来」がなくなったというそのことなのである。

なぜポストモダンになったのかとか、どうやったらまた近代のようになるのかとか、尋ねてみたいひともいるだろう。だが、モダンという「進歩する歴史」の時代を支えた人間の意識が摩耗してしまったというだけのことなのだ。ひとびとはただ、そのような意識が虚しいと知ってしまった。人間が歴史の主人公ではないということを知ってしまった。モダンの神話が消えて、理念としての西欧文明の価値が暴落した、ということなのだ。

ひとはモダン(近代)の方がよかったというだろうか。だが、モダンがあったからポストモダンになった。モダンが完全に忘れ去られないかぎり、もはやモダンには戻り得ない。どうしてもモダンに戻りたいと思うひとは、世界戦争や小惑星の衝突といったカタストロフ(破滅的出来事)によって、大多数のひとびとの記憶が失われる事態を期待するほかはない。まさか、それで戦争が起こることを望んでいるひとたちがいるわけか？

ＡＩが普及しつつあること自体は「未来」なのではないか、と思うひともいるかもしれない。便利で楽な社会である。しかし、その普及は人類の進歩ではない。人間が歴史の主役の座から降りるのだから。

ＡＩ、およびそれを活用した機械とロボットとネットの普及は、そのような意味での「未来」ではない。未来ではないということは、［B］だということだ——どうなるかは、やってみなければ分からない、ということだ。

数十年後にははっきりしてくるだろうが、新しい環境のなかで、人間性も変わるだろう。だから、そうしたことを嘆くひともいなくなっているに違いない。［V］

管理社会になるといって反発しているひとも、プライバシーが失われると気にしているひとも、機械の方が人間より優れていることに憤りを感じているひとも、自分が担当すべきだった仕事をいつのまにか機械がしていることに気づくひとも、すべていなくなってしまっているだろう。『そして誰もいなくなった』（アガサ・クリスティ）というわけだ——われわれはそれほど悪いことをしたつもりではなかったのに。

いまだからこんな話ができる。というのも、「確かに何か変だ」と感じるひとたちが、まだ大勢いるだろうからである。とはいえ、パソコンのディスプレイが少しずつ汚れていって色が薄くなってしまっていて、ある日ふと拭いてみたら、驚くほど鮮やかな色になったというようなことが、おそらく数十年のあいだに起こるのだし、しかしそのときは、[f]だれも自分の社会認識のディスプレイを拭いてみようなどとは、思いつきもしないのだ。

人間が減っていき、その分、それを埋めあわせるかのようにＡＩとロボットが普及していく。そうした事態が受け容れられつつあるということだ。つまり、ＡＩが普及する理由は、ひとにやらせるよりも効率がよいという点にある。ロボットが普及する理由は、その仕事が人間にできても、人件費よりも安価にできるからである。[g]ＡＩは、ひとをパラダイスに住まわせるためにではなく、結果的には、ひとをこの平凡な惑星から放逐するために普及させられていく。

（船木亨『現代思想講義——人間の終焉と近未来社会のゆくえ』による）

問一　傍線a「問題はもっとずっと深刻だった」とあるが、どのような点でもっとずっと深刻だったのか。最も適切なものを次の中から一つ選び、その番号をマークせよ。

1　ＡＩの普及が管理社会を生みだし、人間が機械に支配され、人間の仕事が奪われるという点。

2　ＡＩには、人類の未来や個人の将来を心配する性質がなく、ひとびとの不安を解消してくれないという点。

3　ＡＩは、人間を統計的存在者としてしか見ないので、すべてのひとを納得させられる判断はできないという点。

4　コンピュータは膨大な計算を素早くするだけだとして、科学技術の楽観主義に懐疑を抱く人が増えているという点。

5　ＡＩにとっての正しさは、バグがなく精確に作動することでしかないため、安全で便利な生活は保障できないという点。

問二　傍線b「人間の仕事が奪われる」とあるが、本文に即して考えると、ＡＩに奪われない人間の仕事には、どのようなものがあると考えられるか。最も適切なものを次の中から一つ選び、その番号をマークせよ。

1　芝や風の状態を分析してゴルファーに助言するキャディー

2　雲の動きや気圧配置を観察して天気を予想する気象予報士

3　食べ物の栄養バランスが整った献立を作成する管理栄養士

4　新しい発想と閃きで斬新な洋服を生み出す服飾デザイナー

5　企業の決算が会計基準に則っているか監査する公認会計士

問三　傍線c「もしＡＩにありとあらゆる判断を任せてしまうとしたら、それは確かに何らかの判断を示すだろう」とあるが、ＡＩはどのように判断しているのか。その説明として当てはまらないものを次の中から一つ選び、その番号をマークせよ。

1　ＡＩは、事前に組み込まれた、あらゆる可能性に対応できるプログラムによって自動的に正確な判断をしている。

2　ＡＩは、ひとが感覚できないような詳細なデータや記憶できないほどの大量のデータを用いて判断をしている。
3　ＡＩは、自ら正しい判断をするのではなく、正しいとされた判断をインプットして、正しいとされる判断をしている。
4　ＡＩは、条件とデータを増やし、結果をフィードバックすることで、専門家の判断と同等か、それ以上の判断をしている。
5　ＡＩは、これまでにひとびとが創出してきた判断をデータベースとして用い、そこからシミュレートした判断をしている。

問四　空欄 [A] と [B] に共通して入る言葉として最も適切なものを本文中から七文字で抜き出せ。

問五　傍線d「そこに「未来」はない」とあるが、それはなぜか。最も適切なものを次の中から一つ選び、その番号をマークせよ。
1　ＡＩの説く未来は現在の延長でしかないため、いずれ破滅と悲劇が積み上げられ、ひとはＡＩの判断に納得できなくなるから。
2　夢や希望というイメージのもとに、その場の課題の解決を積み上げていかないと、われわれの期待する未来は到来しないから。
3　ルールがあって条件の変化しないものについて、人間はＡＩより優れた判断ができないので、未来に向かって努力しようとしなくなるから。
4　あり得ないことに挑戦するとか、いつもと違ったことをやってみるなど、異例なことをなそうとする判断がなければ、人間の未来はなくなるから。
5　ルーティン化した業務における判断の帰結から生じる悲劇について、ＡＩがいつもとは異なった判断をすると、未来に向けた人間の判断を賦活するから。

問六　傍線e「ＡＩが普及し得る社会が到来したから、ＡＩが出現した」とあるが、筆者はどのような社会変化が起こったと考えているか。その説明として最も適切なものを次の中から一つ選び、その番号をマークせよ。

1　モダンの神話が消えて、理念としての西欧文明の価値が暴落した結果、ひとびとがこれまでとは異なる新たな価値観を持った未来を模索するようになった。

2　「進歩する歴史」を支えてきた人間の意識が摩耗し、現状をよりよい方向へと改善していくことに疲れてしまった結果、ひとびとが未来のない現状を嘆くようになった。

3　人間が歴史の主人公でないことに気付き、よりよい未来のために主体的に行動する意識が虚しいと知った結果、ひとびとが効率優先の便利で楽な生活を受け容れるようになった。

4　勝手な判断や間違った判断をした政治権力へのひとびとからの抵抗が淡泊なものになった結果、それに伴うさまざまな不利益を一人ひとりが受忍するようになった。

5　ひとびとが未来のないポストモダン社会に絶望し、「次の時代」があることを前提としたモダン（近代）の方がよかったと考えるようになった結果、近代社会への回帰が望まれるようになった。

問七　傍線f「だれも自分の社会認識のディスプレイを拭いてみようなどとは、思いつきもしない」とはどういうことか。その説明として最も適切なものを次の中から一つ選び、その番号をマークせよ。

1　ＡＩの普及によって得られた便利で楽な社会に安住し、その社会やひとびとのあり方について、何か変だと疑問を感じることすらなくなるということ。

2　ＡＩが普及した理由は、人件費より安価で効率よく業務が遂行できるからだと言われているが、本当にそうなのか検証してみようとは思わないということ。

3　ＡＩ、およびそれを活用した機械とロボットとネットの普及を受け容れることで人間が減っていくという現実に対して危機感を感じなくなるということ。

4　現在の状況を嘆いているひとも数十年後には時代や環境の変化に伴って考えが変わるという可能性を誰も認識していないということ。

5　たとえプライバシーが失われたり雇用が奪われたりしたとしても、ＡＩの導入と普及が人類を新しい歴史の発展段階に導いたと信じて疑わないということ。

問八　本文からは次の一文が脱落している。入るべき箇所は本文中の［Ⅰ］～［Ⅴ］のどこか。最も適切なものを次の中から一つ選び、その番号をマークせよ。

ひとを幸福にすることは、科学技術だけでは無理なのだ。

1　［Ⅰ］　2　［Ⅱ］　3　［Ⅲ］　4　［Ⅳ］　5　［Ⅴ］

問九　傍線g「ＡＩは、ひとをパラダイスに住まわせるためにではなく、結果的には、ひとをこの平凡な惑星から放逐するために普及させられていく」とはどういうことか。本文に即して五十字以内（句読点を含む）で説明せよ。

【解答・解説】

出典 船木亨『現代思想講義――人間の終焉と近未来社会のゆくえ』(筑摩書房)

講評

文章自体は読みやすいが、文章量が多いので時間配分に注意。近年注目されるAIがいかなるもので、人間の社会や生活、そして未来にどのような影響を与えていくのかについて論じられている。AIに関しては大学入試に出題される評論文の中でもいくつか論題があるので、問二の解説部分に紹介しておいた。どのパターンか素早く読み取れるようになってほしい。問四は、空欄から離れたところに解答があるので、空欄前後の情報から自分の中で解答の方向性をつかんでおかないと探すのに時間がかかる。問九の記述式問題は傍線部の比喩表現を平易な表現に置き換える。やや制限字数が少ないので、まとめるのに苦労するかもしれない。それ以外の問題は困難ではないだろう。全体的な難易度は標準。

要旨

本文は全部で三十七段落ある。これを大きく四つの意味段落に分けて内容をまとめてみる。

1 科学技術が発展しても解消されない今日のひとびとの不安(第一~六段落)

科学技術のおかげで、ひとびとの生活は豊かになり、今後さらなる便利さと安全と豊かさを享受できる「未来」を期待し、人類を脅かすすべての不安材料が払拭されると考えられていたが、実際のところ今日のひとびとは様々な不安に襲われ、浮かない顔をしている。マザー・コンピュータもスーパーコンピュータも、膨大な計算を素早くするだけで、人間にとって代わるような危険性はなかったが、もっと深刻な問題が、少しずつ見えてきている。

2 AIはひとびとの不安を解消してくれない（第七〜十八段落）

AIは判断すべき条件とデータを増やし、結果をいつもフィードバックすることによって、専門家と同等かそれ以上に正しい判断に到達する。しかしそれは、限定された領域での条件の組みあわせから導き出す対処法での判断に限られ、ひとびとの不安の解消には至らない。なぜならAIは判断を創出しているのではなく、ひとによって正しいとされた判断をデータとしてインプットして、正しいとされる判断の確率を上げるだけであり、母親のように個人を心配し、社会的諸条件と一人ひとりの意識を調停しようとする性質が原理的にないからである。

3 AIの判断にまかせた世界に「未来」はない（第十九〜二十六段落）

人間が期待して、それに向かって努力しようとするような「未来」はAIの判断では構築できない。AIの説く未来というのは、現在の延長でしかないのである。人間が考えるような「未来」とは、あり得ないことに挑戦するとか、いつもと違ったことをやってみようとする判断の向こうにしかないのだ。

4 ポストモダンの中で「未来」が失われ、AIがひとを放逐していく（第二十七〜三十七段落）

近代（モダン）という歴史の発展段階で存在した「未来」は、ポストモダンとなり、「進歩する歴史」が終了することによってなくなってしまった。進歩を支える虚しさを知って人間の意識が摩耗した結果、人間は歴史の主役の座から降りた。人間が数を減らし、それを埋めあわせるようにAIとロボットが普及するという事態が進行しつつあるのだ。

設問解説

問一　傍線部説明問題　標準

傍線部bの直後の段落（第十一段落）に「もっと大きな問題」とある。これが傍線部aの「もっとずっと深刻（な問題）」に該当する。そしてその問題とは、傍線部b直後の「さきに挙げたような不安を、AIは解消してくれそうにもない」ということである。「さきに」というのは第一段落で示している内容である。そして、第十二段落から第十五段落で具体的な内容を提示しており、「**AIには、人類の未来や個人の将来を心配し……性質が原理的にない**」（第十五段落）とまとめられる。これを言い換えた**2**が適切。

1、「人間が機械に支配され、人間の仕事が奪われる」、3、「すべてのひとを納得させられる判断はできない」というのは「もっとずっと深刻」の内容には含まれない。4、「科学技術の楽観主義に懐疑を抱く人が増えている」は本文には見当たらない。5、「AIにとっての正しさ」は第十八段落後半に記述があるが、選択肢後半の「安全で便利な生活は保障できない」は、ここでの問題とは異なる。

ポイント　根拠となる記述が傍線部の近くにない設問の解き方

正答の判断根拠が傍線部から離れている場合でも、落ち着いて言い換え表現を探し、出題のポイントを見きわめていこう。

問二　傍線部の内容に合う具体例を問う問題　標準

設問に「本文に即して考える」とあるので、本文を参考にまずAIにできることやできないことを考えてみよう。AIにできることは、**ひとが記憶できないほどの大量のデータを用いてシミュレートすること**（第十六段落）、**正しいとされたデータをもとに正しいとされる判断の確率を上げること**（第十七段落）である。したがって「新しい発想と閃き」というのはAIにはできないことであるので、**4**が適切。その他の選択肢は、データの計算やシミュレートによってできる判断である。

ポイント　AIを扱った評論文のテーマ

近年、AIを扱った評論文が多く入試に出題されているが、その中でも以下のテーマは頻出と言える。

①AIにできることとできないこと（仕事面・生活面含め）の論考。

②「シンギュラリティ（＝ＡＩが人類の知能を超えてしまう技術的特異点）」は来るのか？
③ＡＩ社会の中で人間はどのような役割を果たせばよいか・どのように生きていけばよいか？
本問は③に分類される。これらの論題に対して様々な評論家・専門家が自説を展開している。かれらの主張を素早く明確に読み取れるようにしよう。

問三　傍線部説明問題　標準

設問の「当てはまらないもの」という表記に注意しよう。１の「事前に組み込まれた、あらゆる可能性に対応できるプログラム」というのは第七段落二行目の「事前にすべての……プログラムではなく」という内容と矛盾する。したがって**１**が当てはまらないものとなる。２・５は第十六段落の内容に当てはまる。３は第十七段落の内容に当てはまる。４は第八段落の内容に当てはまる。

ＡＩを始めとする機械に関する評論文には、今回の「プログラム」「インプット」「フィードバック」「データベース」「シミュレート」などの用語が頻出することが多い。これらがわからないと選択肢が正しく判断できない場合がある。本文の後に、これらの語についての注がないということは、**受験生として覚えておかなければいけない単語ということだ。評論文の重要語や慣用表現などの語彙知識と合わせて、しっかり学習しておいてほしい。**

問四　空欄補充問題（抜き出し）　やや難

空欄Ａは直前に「さまざまな業務の運営が自動化され」とあり、直後に「で何とかなるようになる」とある。また直後の文に「判断に意義を与えてきた『未来』を考える人間がいなくなってしまう」とある。つまり**自動化された状態で動くＡＩに任せきりで、自分で「未来」を考えたり新しいことに挑戦したりする必要がなくなる**ということになる。空欄Ｂは直前に「未来ではないということは」とあり、直後に「どうなるかは、やってみなければ分からない」とある。この二つの状態を説明した七字の言葉を探す。第十三段落にある「**成りゆきまかせ**」が最も適切。ただ、これはＡＩが対応できないような〈人間の合理的ではない生き方〉の事例として使われているため、空欄Ａ・Ｂのような〈ＡＩが普及してしまった後の人間の生き方〉を表す表現としては選びづらかったかもしれない。ちなみに「成りゆきまかせ」の意味は〝物事の変化・推移に身を任せるさま〟である。

問五　傍線部の理由説明問題　標準

傍線部ｄの中の「未来」がかぎカッコでくくられていることに注意しよう。この場合、**本来の辞書的な意味とは異なる、本文特有の意味で、未来という言葉が使われていることになる**。ではどのような意味か。次の段落に「未来とは、現在よりもよい状態になっているはずの、これから先のある時点のこと」とあり、次の行に「ひとが期待して、それに向かって努力しようとする」という説明がある。さらに詳しく説明すると、この二つ後の段落にあるように、「あり得ないことに挑戦するとか、いつもと違ったことをやってみるという判断」によって切り拓く「**人間の考える『未来』**」のことであると読み取れる。これに対してＡＩはと言うと、「ＡＩの説く未来は、現在の延長でしかない」という、傍線部ｄの次の段落の内容の通り、**未来への挑戦的な要素はない**。このような形では〈人間の期待する〉「未来」はない。それを過不足なく表現した**4**が適切。

1は「ひとはＡＩの判断に納得できなくなる」が本文になく、また、設問で問われている内容に合わない。

2は、「夢や希望」がＡＩの未来にはないという内容自体は確かに第二十一段落にあるが、それをイメージして課題の解決を積み重ねることが人間の期待する未来につながるという内容は本文にはない。

3では、人間よりＡＩの方が優れた点を指摘して、そこから未来の否定につなげているが、ここではＡＩの欠点を元に未来を否定する文脈なので不適切。

5は第二十三段落の内容を参照したものであろうが、「ルーティン化した……生じる悲劇」についての〈人間が持つ〉感性が人間の判断を賦活するというのが本文の内容であり、選択肢のように、生じる悲劇に対して「ＡＩがいつもとは異なった判断をする」ことによって人間の判断が賦活されるという要素は本文にはない。

ちなみに「賦活《ふかつ》」とは〝活力を与える〟という意味である。

ポイント　かぎカッコなどで強調された言葉に注意

本文中の用語がかぎカッコや〝　〟で囲まれている場合、**辞書的な意味とは異なる本文独自の意味で**その用語が使用されていると考えよう。その意味が設問に答える際に重要になることも多い。本文の内容をよく読み、**「ここではどのような意味で使われているのか」**をしっかり理解しよう。

問六　傍線部説明問題　標準

「ＡＩが普及し得る社会」というのが、傍線部e直後の「ポストモダン社会」である。そしてポストモダンになった経緯として、次の第三十段落に「モダンという『進歩する歴史』の時代を支えた人間の意識が摩耗してしまったというだけのこと」、「そのような意識が虚しいと知ってしまった」、「人間が歴史の主人公ではないということを知ってしまった」とある。そしてその結果、第三十二段落にあるように**「便利で楽な社会**である」と同時に**「人間が歴史の主役の座から降り」た社会**が登場したということとなる。これが、設問が問うている「社会変化」である。これらを説明した**3**が適切。

1、「ひとびとがこれまでとは異なる新たな価値観を持った未来を模索」、2、「現状をよりよい方向へと改善していくことに疲れてしまった結果」、5、「ひとびとが未来のないポストモダン社会に絶望し」というのは本文中には見られない。4は、「政治権力へのひとびとからの抵抗が淡泊なものになった」のではなく、「ＡＩ機械が入り込」むことにより権力自体が淡泊になるのである（第二十六段落参照）。

問七　傍線部説明問題　標準

「自分の社会認識のディスプレイを拭いてみよう」というのは比喩表現である。ここで意味されているのは〈「何か変だ」と感じ、自分の社会認識を疑って、一回現状をリセットして社会を考える〉ということになる。傍線部ｆの段落の冒頭に「いまだからこんな話ができる。というのも、『確かに何か変だ』と感じるひとたちが、まだ大勢いるだろうから」とあり、「おそらく数十年のあいだ」に**自分の社会認識について考える人がいなくなるという筆者の危惧**が表現されている。したがって**1**が適切。

２は、前半の内容は本文最終段落にあるが、それを「検証」することが「ディスプレイを拭」くことではない。

３は〈社会認識を疑う〉という内容がなく、ただ現実に危機感を感じていないだけになってしまっている。それに、「人間が減っていく」とあるが、ＡＩなどの普及を受け入れることで人間そのものが減っていくとは本文にない。これらを踏まえて誤り。

４も３と同じく社会認識への疑いがない上に、「(ひとの) 考えが変わるという可能性」を認識していないという点も本文と合わない。

５は、「ＡＩの導入と……発展段階に導いた」ことを疑わないわけではない。

問八　欠文挿入問題　やや易

欠文挿入問題は、まず脱落文内のキーワードや脱落文の内容に注目し、それらを軸に本文内を探索しよう。脱落文の「ひとを幸福にすることは、科学技術だけでは無理なのだ」という内容から、この文の前には〈科学技術によってひとが幸福になっていない状態〉が示されている。そのように考えていくと、第一段落から第四段落までの〈**科学技術が進歩したのにひとびとが浮かない顔をしている**〉という内容を見つけられる。したがって**1**が適切。

問九　記述式の傍線部説明問題　やや難

傍線部が全体的に比喩表現のかたちをとっているので、**本文の内容に即して言い換えていけばよい。**「ＡＩは、ひとをパラダイスに住まわせる」というのは〈**ＡＩは便利で楽な社会を作り出す**〉ということ（第三十二段落参照）。「ひとを……放逐する」とは、第三十五段落に「自分が担当すべきだった……機械がしている」とあるように、ひとがＡＩに取って代わられる状況をいう。ただ、第二十五段落に「ＡＩが人類を未来の消失から救ってくれそうもない」とあるように、「未来」を考えるのはＡＩではなくて人間であるので、〈**ＡＩの普及により、「未来」を考える人間がいなくなる**〉ことになる（第二十四段落）。「平凡な惑星」というのは〈**ＡＩの判断に委ねて、自分自身で判断をしない、「未来」のない社会**〉ということ。これらを、指定字数を踏まえて組み立てる。解答の軸は、〈**ＡＩは便利で楽な社会を作るのではなく、「未来」を考える人間を追い出す**〉ということ。「未来」のかぎカッコは〈現在よりもよい状態〉という意味でつけられている。字数の関係上、解答ではかぎカッコつきのままで使用しているが、字数に余裕があればこの点を説明したいところである。

解答

問一　2　**問二**　4　**問三**　1

問四　成りゆきまかせ

問五　4　**問六**　3　**問七**　1　**問八**　1

問九　ＡＩは便利で楽な社会を作るのではなく、「未来」を考える人間を追い出すために普及させられるということ。（五十字以内）

演習3　文学部　二〇二三年度　一

目標解答時間　二〇分

次の文章を読んで、後の問に答えよ。（設問の都合上、本文を一部省略し表記を改めた箇所がある）

カレル・チャペックの『R・U・R』は、初版から約一〇〇年が経過した今日でも、新鮮な気持ちで読むことができる戯曲作品である。読者は、人間と人工的に作られた「ロボット」を分かつものは何なのかを、この**フオン**《ア》な物語を通して問い続けることになる。

チャペックが描くロボットは、現代的な無機質の機械ではなく、有機的な身体を持った人造人間のようである。ロボットたちは設計者である人間によって機械的に妊娠させられ、そして機械的に治療されながら、逆に自分たちが生存するために人間を消滅させようとする。その結果、ロボットたちは自己複製、つまり生殖の知識を完全に失ってしまう。しかし、物語の最後で二人のロボットの間に愛情と自己犠牲の気持ちが芽生える。ここで読者は、ロボットの未来よりも人類の再生を想起させられるだろう。（A）

重要なのは、この物語では、ロボットの生来の不妊性が、彼らを支配する人間を襲う謎の不妊性と重なっていることである。この象徴性からは、ノーバート・ウィーナーが人間と機械の関係について書いたことが思い起こされる。

真の危険性は、〔中略〕そのような機械は、それ自体では無力であるにもかかわらず、人間が〔中略〕他の人類に対する支配を強めるために使用するかもしれないし、政治的指導者が〔中略〕あたかも機械的に考えたかのように、人間の可能性に対して狭く無関心な政治的手法によって、人を支配しようとするかもしれないということである。

今日、センセーショナルな記事の多くが人工知能の無慈悲さについて説いているが、チャペックの物語とウィーナーのメッセージを合わせて考えると、恐ろしいのはテクノロジーそのものではなく、それを使って他人の［　I　］をコントロールする人間であることを認めるべきだろう。

憎しみが憎しみを呼び、愛情が愛情を呼び起こす。チャペックの話の中にあるこの自然な前提は、今日でも有効であると思われる。私たちは、インターネットに接続されているほとんどすべての市民に感情の伝染が起こる、情報のエコーチャンバーに生きている。米国や欧州でも、ここ日本でも、政治家が外国人や社会的マイノリティに対する差別的発言を平然としたりすることは、今や日常茶飯事である。そこに、相反する陣営に分かれている一般の人々が、鳥の大群のように一斉に反応し、どよめく。今、私たちの社会が失っているのは、これまで自然発生的な二極化を防いできたニュアンスのある思考だと言えるだろう。

興味深いことに、この現象は「愛情」の概念と大きく関係している。全世界が敵と味方に分かれる二極化の過程を経て、私たちの愛情の概念は消滅しないまでも、劇的に変化している。愛情を深めるためには、敵か味方かという判断を保留し、共に時間を過ごすことが必要だからだ。

あらかじめ定義されたラベリングは、常にコミュニケーションの近道として機能し、それ以下でもそれ以上でもない。カール・シュミットに[a]**倣**って、あらゆる政治的行為は敵と味方を区別することで成り立っていると考えれば、機械学習や人間の本能によるラベリングという考えがいつまでも続いていて、生き地獄にしかつながらない。逆に言えば、この地獄では、あらゆるコミュニケーション行為が政治的なものになってしまうのである。

それでは、どうすればこの悪循環から抜け出せるのだろうか。他人をコントロールすることを目的としない、別のコミュニケーション・パラダイムを採用しなければならないだろう。たとえば、豊橋技術科学大学の岡田美智男は「弱いロボット」のデザインと、その社会的相互作用への影響について研究している。岡田のチームは、ゴミ箱を模したロボットを作った。このロボットの本体はまさにゴミ箱で、カメラと車輪が付いているので、床に落ちているゴミを検知して移動することができる。ただし、このロボットにはゴミを拾うためのアームがない。そして公共の場に置かれると、通行人がロボットの前で立ち止まり、やがてゴミを拾ってロボットの缶の中に入れるという、かわいそうな機械を助けるかのような光景が見られる。

なぜ不自由なロボットが周囲の人間の協力を引き出すのか。それは、自律的に仕事をこなせない弱い存在であるがゆえに、思いやりの気持ちを呼び起こすことができるからだと考えられる。東洋の仏教文化においては、弱さと愛情が密接に結びついた「愛らしさ」という概念がある。これを漢字で表すと「可愛」となり、仏教文脈の漢文から現代語に訳すと「愛すべき」となる。

この概念は、最初は仏教の伝統に由来し、サンスクリット語から中国語に翻訳された後、日本の文化に取り入れられた。現代では、「可愛」は日本語と中国語の両方で「かわいい」という意味を持ち、アルファベット表記の「kawaii」は国際的にも使用されるようになっている。興味深いのは、ポップカルチャーの表現によく使われるこの形容詞が、仏教の文脈では貧者や病者といった社会的弱者を表すのに使われていたことだ。

弱くてかわいそうな存在が、愛らしさや愛情を呼び起こすという考え方は、現代のロボット工学にも影響を与えている。近年の日本のロボット製品では、ユカイ工学の「Qoobo」やGROOVE X社の「LOVOT」などがその傾向をよく表している。Qoobo は撫でたり揉んだりすると反応する尻尾付きの柔らかい毛の生えたクッションである。LOVOT は「役立たずだが愛すべきロボット」としてデザインされており、パートナーである人間の行動を学習し、愛情を表現することができる。

弱くて不自由なロボットの特徴を別の言い方で表現すると、「周囲の人間に依存している」ということになる。ロボット工学の伝統的な考え方では、この特徴は役に立たないものとみなされてきたし、一般的な工学においても同様だろう。近代以降の産業は、人間のために根気強く働くことができる頑強で強靭な機械を作ろうと努力してきた。しかし、弱い機械のタイトウは、人間にも愛すべき機械が必要であることを表している。

弱さとは、まさに創造的な社会的相互作用の本質的な源である。人間同士の会話においても、話者たちは互いの不完全さを観察することで、 Ⅱ なコミュニケーションの手がかりを見つけることができる。たとえば日本の会話文化では、会話を二人の人間の衝突と考える「対話」ではなく、会話を協調的に構築する「共話」という感覚を育んできた。またその晩年においてチベット仏教に[ウ]ケイトウしたフランシスコ・ヴァレラは、サンスクリット語の「pratītyasamutpāda」（中国語では「縁起」）を英語に翻訳した「共依存的生起」（co-dependent arising）という概念を考察した。ここでいう共依存とは、精神分析において定義されるような個人の自律性を否定するものではなく、むしろ自律したエージェント同士を織り込む関係性が高次のネットワークを生み出す様子を表している。その意味で、エージェントの弱さは、他者に対する「開かれ」になりうるのだ。[C]開かれ、つまり開放性とは、他者によって触れられ、コミュニケーションの共創の契機となるアフォーダンスの源泉として捉えられる。

グレゴリー・ベイトソンは、ペットが飼い主に餌をねだったり、抱きついたりするときに発する信号を「依存の言語」と表現し、この言語はμ機能（ミューという音声は猫の鳴き声、そして音楽を喚起する）を備えていると考えた。μ機能は、相手を制御しようとする指示ではなく、相手に自らの脆弱性を開示するコミュニケーションだとも言える。これは制御の発想とは本質的に異なるが、気をつけて観察しないとその違いは微妙なラインにしか見えない。コントロールのメッセージは、その発話主体の欲求を実現するために相手を拘束するという厳密な目的を持っているが、μ機能は、自身にとっての望ましい結果が起こることを願うだけだ。両者を単発の行動単位で比較しても同じ結果にしか見えないだろうが、長期的な時間軸の中で観察を続ければ、主体同士の関係性の質は大きく異なるだろう。極端な例を挙げるとすれば、頭ごなしに命令し、恐怖をもって部下の統率を図ろうとする上司と、同等のパートナーとして部下を扱い、指令ではなく依頼を相談してくる上司とでは、部下たちのウェルビーイングとパフォーマンスが大きく異なってくることは想像に難くないだろう。人間も動物も、この二つのメタメッセージの違いを直感的に認識しているとすれば、[D]その差異は社会的な関係構築にとって非常に重要であると言える。

もちろん、日々のコミュニケーションから政治的な側面を完全に取り除くことは不可能だとも思われる。残念ながら、目的を達成するためには、硬直したヒエラルキーによって他者をコントロールするべきだというのが（そのことを決して[b]声高に唱えないにせよ）[E]従来の社会における主流の考え方だろう。しかし、一方で、弱いロボットのデザインが人間の精神に与える影響から、貴重な教訓を得ることができる。弱く、愛すべき機械は、チャペックの物語で人類がたどり着いた行き止まりから抜け出す道を教えてくれるかもしれないからだ。

（ドミニク・チェン「非規範的な倫理生成の技術に向けて」による）

注　カレル・チャペック ―― 一八九〇〜一九三八。チェコの作家、劇作家、ジャーナリスト。
ノーバート・ウィーナー ―― 一八九四〜一九六四。アメリカ合衆国の数学者。
エコーチャンバー ―― 似た者同士が集まるSNSで自分の意見を発信すると似た意見が返ってくる状況のこと。エコーチェンバーとも言う。
カール・シュミット ―― 一八八八〜一九八五。ドイツの思想家、法学者、政治学者、哲学者。
フランシスコ・ヴァレラ ―― 一九四六〜二〇〇一。チリの生物学者、認知科学者。
エージェント ―― 行為者のこと。
アフォーダンス ―― 環境が人間や動物に対して提供する機能のこと。
グレゴリー・ベイトソン ―― 一九〇四〜一九八〇。アメリカ合衆国の人類学者、社会科学者、言語学者。

問一　傍線ア「**フオン**」、傍線イ「**タイトウ**」、傍線ウ「**ケイトウ**」をそれぞれ漢字に改めて記せ。

問二　傍線 a「**倣**」、傍線 b「**声高**」の漢字の読みをそれぞれひらがなで記せ。

問三　傍線A「ここで読者は、ロボットの未来よりも人類の再生を想起させられるだろう」とあるが、それはなぜか。最も適切なものを、次の中から一つ選び出して、その番号をマークせよ。

① 有機的な身体を持つロボットたちも、最終的には人間の力を超えていくことができないから。
② ロボットの間できざしたものは、もともと人間が人間であるがゆえに備える感情であるから。
③ ロボットたちを設計したのは人間であり、人間の作ったプログラムによって動いているから。
④ 人間による科学の探求の結果、ロボットが最後に生殖を行うことができるようになったから。

問四　空欄［ Ⅰ ］にあてはまる言葉として最も適切なものを、次の中から一つ選び出して、その番号をマークせよ。

① 人間性　② 協調性　③ 自律性　④ 政治性

問五　傍線Ｂ「撫でたり揉んだりすると反応する尻尾付きの柔らかい毛の生えたクッション」を、なぜ「弱いロボット」とみなすことができるのか。その理由として最も適切なものを、次の中から一つ選び出して、その番号をマークせよ。

① 尻尾という弱い部分を運動させるようにプログラムされたロボットだから。
② 自分から積極的に相手に働きかけていくことができる機能を持たないから。
③ 柔らかい毛の触感が人間に対して快楽を呼び起こすように働きかけるから。
④ 人間に対してクッションになるという自己犠牲的な労働を行っているから。

問六　空欄［ Ⅱ ］にあてはまる言葉として最も適切なものを、次の中から一つ選び出して、その番号をマークせよ。

① 合理的　② 理性的　③ 発展的　④ 感情的

問七　傍線Ｃ「開かれ、つまり開放性」とあるが、岡田美智男のチームが開発したロボットについては具体的にどのような状態を指すことになるか。その説明として最も適切なものを、次の中から一つ選び出して、その番号をマークせよ。

① ゴミを察知して通行人に教えることができるという状態。

② カメラと車輪が付いていて自由に移動できるという状態。

③ 蓋が付いていないゴミ箱型のロボットであるという状態。

④ 腕のアームを持たないデザインになっているという状態。

問八　傍線Ｄ「その差異」とは何か。その説明として最も適切なものを、次の中から一つ選び出して、その番号をマークせよ。

① 自分のやりたいようにするために相手を従属させようとするメッセージと、自分が求める成果が得られるように相手に対して協力を要請するメッセージの違い。

② 相手の都合を考慮せず発話主体の欲求を貫き通そうとするメッセージと、自分が求めることを実現するためにはどうしたら良いかを議論するメッセージの違い。

③ 自分の権力を誇示しながら相手に高圧的なメッセージを送ることと、力関係が対等であることを示すために相手の意向を確認するメッセージを送ることの違い。

④ 自分が相手よりも立場が上であることを示すメッセージを発信することと、自分が弱者であるということから配慮を求めるというメッセージを出すことの違い。

問九　傍線Ｅ「従来の社会における主流の考え方」について、このような考え方が広まっていく社会的背景を説明した文として最も適切なものを、次の中から一つ選び出して、その番号をマークせよ。

① インターネットに接続していることが常態となる現代社会において、政治的コミュニケーションが人間関係の基本になったこと。

② 人間よりも高度な知能を有する人工知能の誕生の可能性に直面した現代社会において、ヒューマニズムの再確認が行われたこと。
③ 近代の産業社会においては、人間にとって都合の良い成果をもたらす生産性の向上が求められ、技術開発が進められてきたこと。
④ コミュニケーションの合理化が進んだ近代社会においては、人々は積極的な対話を通して知を競い合いラベリングを行ったこと。

問十　二重傍線「別のコミュニケーション・パラダイム」とはどのようなものか。最も適切な箇所を本文中から二十三字で抜き出し、始めと終わりの三字をそれぞれ記せ。

【解答・解説】

出典　ドミニク・チェン「非規範的な倫理生成の技術に向けて」（西垣通編『AI・ロボットと共存の倫理』岩波書店）

講評

本文は二〇二二年刊行の書籍に掲載されたもので、近年開発された様々なロボットの名称が紹介されるとともに、それらの「弱いロボット」のあり方から人間がこれから考えていくべきあり方を提示している。このような、本来理系分野であると誤解されがちな、機械・ロボットについて哲学的な視点を織り交ぜた内容を語った評論が文学部で出題されることもある。明治大学に限らず難関大の問題は〈学部の壁を超えて総合的な教養を求める〉ことが多い。まして人工知能AIを始めとしたロボットは今後我々の生活と切り離せないものとなっていくので、それについて様々な視点から考えることは学部を問わず必須事項だと言える。**演習2**のAI論の文章とも読み比べて、両者の共通点・相違点を考えてみてほしい。本文は難解な抽象表現も少なく、わかりやすい具体例も多いので比較的読みやすい。設問も問十の抜き出し問題以外は傍線部や空欄の前後を精読することで導き出せるものが大半である。全体的な難易度は標準。

要旨

本文は全部で十五段落ある。これを大きく三つの意味段落に分けて内容をまとめてみる。

1　ロボットと人間の類似性・他人を支配しようと機械を使役する性質から考える人間の恐ろしさ（第一～四段落）

カレル・チャペックの『R・U・R』という作品からは、ロボットの生来の不妊性と、彼らを支配する人間を襲う謎の不妊性の重なり等から、人間と人工的に作られた「ロボット」の境界について考えさせられる。また、ここからノーバート・ウィーナーは、人間が他の人類に対する支配を深めるために、それ自体は無力な機械を使用するという危険性について述べている。これらを踏まえて考えると、恐ろしいのはテクノロジーそのものではなく、それを使って他人の自律性をコントロールする人間であることを認めるべきであろう。

2 敵か味方かというラベリングによって、あらゆるコミュニケーションが政治的なものになる（第五～七段落）

今日の社会では、インターネットに接続されているほぼすべての市民に感情の伝染が起こるので、政治家の差別発言などにも、一般人が相反する陣営に分かれて一斉に反応する。しかしこのような全世界が敵と味方に分かれる二極化の過程の中で、その二極化を防いできたニュアンスのある思考を、今、私たちの社会は失っている。この現象は「愛情」の概念と大きく関係している。そして、このようなあらかじめ定義された敵と味方というラベリングによる近道的なコミュニケーション行為は、政治的なものにつながってしまうため、あらゆるコミュニケーション行為が生き地獄のようになってしまう。

3 政治的コミュニケーションの悪循環から抜け出すための「愛らしさ」「弱さ」「依存」（第八～十五段落）

敵と味方との二元論に縛られた政治的コミュニケーションの悪循環から抜け出すには、他人のコントロールとは別のコミュニケーション・パラダイムが必要となる。例えば不自由なロボットは、弱い存在であるがゆえに、人間の思いやりの気持ちや、愛情を呼び起こす。この弱さや不自由さは別の言い方で表現すると「周囲の人間に依存している」ということになり、近代以降の産業の考え方とは異なるものだが、それにもかかわらずそういう機械が台頭するということは、人間にも愛すべき機械が必要であることを表している。またそのような自己の脆弱性を開示するようなコミュニケーションは人類にとっても、二極化による行き止まりから抜け出す手がかりとなるかもしれない。

設問解説

問一・問二　漢字の問題　標準

問三　傍線部の理由説明問題　標準

傍線部Ａ「ロボットの未来よりも人類の再生を想起させられるだろう」とあることから、ロボットに人間を投影してみているとわかる。直前の「物語の最後で……愛情と自己犠牲の気持ちが芽生える」から、ロボットが「愛情」「自己犠牲」という人間特有の感情をもつことで、読者はロボットに〝人間らしさ〟を感じ取ったのだと考えられる。〝人間らしさ〟に当てはまるものは②の「人間が人間であるがゆえに備える感情」であるので、これが正解となる。③は、間違ったことは言ってはいないが、「人間の作ったプログラム」は〝人間らしさ〟と同じではない。ここでは「愛情」「自己犠牲」などの人間特有の感情について述べていないといけない。そしてその感情が「人間の作ったプログラム」だとは本文に書かれていない。したがって誤り。①と④は後半が本文にみられない内容である。

問四　空欄補充問題　標準

空欄は直前の「恐ろしいのは……」の結論部分にあたるため、直前の引用箇所から恐ろしいとされていることを探せばよい。第三段落のウィーナーの引用箇所では真の危険性として、〈人間が他人を支配すること〉が挙げられている。相手を支配するというのは、相手の自主性や自己決定権を奪うということなので、つまり〈恐ろしいのは、他人の「自律性」をコントロールする人間〉となる。したがって正解は③となる。「自律性」とは〝価値観や理念など個人の内的要素に関して、支配や制約を受けないこと〟という意味である。①「人間性」とは〝人間らしさ〟、④「政治性」とは〝政治の性質、政治に対する傾向、政治力のこと〟である。いずれもたしかに人間が持つものではあるが、政治的指導者が政治的手法によって支配するものとは言えない。また、第十三段落に〈個人の自律性〉について触れられているのもヒントになる。

問五　傍線部の理由説明問題　やや易

この問題は、「なぜ……か」という設問形式になってはいるが、実際は、毛の生えたクッションであるQooboを例とした「弱いロボット」の特徴を答えさせるものである。そしてその特徴として、次の段落にある「周囲の人間に依存している」という表現や、第九段落にある「自律的に仕事をこなせない弱い存在」という表現が参考になる。これに当てはまるのは②しかない。①と③は本文に該当する記述がない。④は「自己犠牲的な労働を行っている」が誤り。「自律的に仕事をこなせない」ので、自己犠牲的な労働すらこなすことはできないのである。

問六　**空欄補充問題**　標準

空欄問題は空欄前後の内容に注目すること。人間同士の会話における話者たちが、不完全さ（＝弱さ）をお互いに観察することでどのようなコミュニケーションの手がかりがみつかるのかを考えればよい。①「合理的（無駄を省いて効率よく行うさま）」と②「理性的（欲求や感情に振り回されないさま）」は〈弱さを見せ合うこと〉との関連性がみられない。同段落冒頭に「弱さとは、まさに創造的な社会的相互作用の本質的な源」とあるため、③「発展的」を選びたくなるが、この前の文脈では〈ロボットの弱さは人間の愛情を呼び起こす（第十一段落参照）〉と説明されているため、愛情に最も近い④「感情的」がふさわしい。

問七　**傍線部説明問題**　やや易

傍線部Cの直前から「弱さ」＝「開放性（開かれ）」だとわかる。ロボットの弱さとは何かを具体的に考えればよい。ロボットの弱さとは「周囲の人間に依存している」ことである（第十二段落参照）。また第九段落で「自律的に仕事をこなせない弱い存在」とあるので、〈自律的に自らの仕事をこなせないため、周囲の人間に依存している存在〉という内容に当てはまる選択肢を選べばよい。第八段落で岡田チーム作成のロボットについて説明されている部分から、この内容に該当するものを探すと、「ゴミを拾うためのアームがない」ことがこれに該当する。したがって④が正解となる。①と②は「できる」ことの説明になっているのでおかしい。③はロボットの弱さを表した特徴とは言えない。〈自分でゴミを拾えない〉というのが、岡田チーム作成のロボットの弱さだからである。

問八　**傍線部説明問題**　やや難

傍線部Ｄ「その差異」とは、同段落四行目以降にある「コントロールのメッセージ」と「μ機能」の差異である。前者は〈発話主体の欲求を実現するために相手を拘束するという厳密な目的を持つ〉のに対して、後者は〈相手に自らの脆弱性を開示して自身にとっての望ましい結果が起こることを願う〉のみである。この内容に当てはまるのは①である。②は、「どうしたら良いかを議論する」が本文には不在。③は、「対等であることを示すために」が誤り。具体例として〈上司が部下を同等のパートナーとして扱い、依頼を相談してくる〉とあるが、同等として扱うことは〈自身の脆弱性を開示する〉ことの一部であり、さらにそれは相手に協力を求めるための手段にすぎない。つまり「示すために」ではそれが目的ということになってしまうので誤り。④は、「立場が上であることを示す」だけでは足りない。〈欲求実現のために相手を拘束する〉という相手に対する制御まで触れていたほうが、「コントロールのメッセージ」について適切に述べていると言える。このように選択肢の中には**〈内容として間違ってはいないが、設問が求める要素が不足しているために正答となりえない〉**ものがあるので注意しよう。

問九　傍線部説明問題　標準

傍線部を含む段落を参照すると、傍線部Ｅ「主流の考え方」とは、政治的な側面のあるコミュニケーション、つまり「硬直したヒエラルキーによって他者をコントロールするべき」という考え方だと読み取ることができる。そして設問が要求している「このような考え方が広まっていく社会的背景」に関しては第五段落を参照すればよい。他人の自律性（空欄Ⅰ）をコントロールしようとする政治的なコミュニケーションが広まる原因として、〈インターネットの接続による市民間の感情の伝染〉が説明されている。この「主流の考え方」と「このような考え方が広まっていく社会的背景」の両方に触れているのは①しかない。②と③は政治的なコミュニケーションについて触れていない。④は、後半「人々は積極的な対話を通して知を競い合いラベリングを行った」が誤り。第七段落によれば、「ラベリング」は「あらかじめ定義された」もの、「機械学習や人間の本能による」ものであって、対話を通して行うものではない。

問十　傍線部説明問題（抜き出し）　標準

従来のコミュニケーションは、第五～七段落で説明されている政治的なコミュニケーションである（**要旨**参照）。そして二重傍線部では「別の」とあることから、政治的なコミュニケーションではない「μ機能」（問八解説参照）について説明されている箇所を抜き出せばよい。第十四段落の三行目「**相手に自らの脆弱性を開示するコミュニケーション**」（二十三字）が正解となる。

解答

問一 **ア**、不穏　**イ**、台頭　**ウ**、傾倒　**問二** a、なら　b、こわだか

問三 ②　**問四** ③　**問五** ②　**問六** ④　**問七** ④　**問八** ①　**問九** ①

問十 相手に〜ション

演習 4 政治経済学部 二〇一五年度 一

目標解答時間 二〇分

次の文章を読んで、後の問に答えよ。

ある法が議会できちんとした手続きで定められたとしても、「これは正義に反する悪法だ！」といいたくなる場合があるかもしれない。そもそも法や政策の正当性を決めるものは何だろうか。それは「多数決」という手続きによる、としかいえないのだろうか。

社会契約とは「メンバーが対等な仲間となり、平和共存のために力を合わせよう」という約束であるから、法や政策は一部の人だけに役立つものであってはならず、「皆が欲すること」、つまりメンバーすべての共存と共栄のために役立つものでなくてはならないことになる。だからルソーは、法の正当性はそれが人民の〈一般意志＝だれもが欲すること〉であるかどうかによって決まる、と述べた（『社会契約論』）。

人々はある法案が〈一般意志〉といえるかどうかを人民集会でもって議論するが、しかし最終的に決議するさいには「多数決」を用いるしかない、とルソーはいう（ちなみに彼は、決定方式として多数決を用いることを、一度だけは全員一致で決めておかねばならない、ともいっている）。［ a ］多数決は決定方式なのであって、多数が法の正当性の本質なのではない。あくまでも、メンバー全員の〈一般意志〉であるかどうかが法の正当性の本質なのである。もし多数に正当性の根拠があるとするなら、人口八割のＡ民族が結託して、人口二割のＢ民族から倍額の税金を取るという法案を通してしまった場合でも、それは正当だということになる。

ところで、このルソーの〈一般意志〉の考え方は、「議会では全員の利益となるかどうかをよく考えて法を決めていくべきだ」ということだから、一見すると、きわめて理想主義的で非現実的に感じられるかもしれない。しかし[1]ルソーにはきわめて現実的な見方があった。――もし先の「税金倍額法」のように、一部の人々だけを利する法や政策が強引に押し通され実行されるならば、そもそもの社会契約、つまり「自分たちは仲間として力を合わせて平和共存していこう」というメンバーシップの感覚じたいが弱体化し国家の分裂につながる、とルソーは繰り返し語っている。その逆に、メンバーの共通利益が法や政策となってきちんと実行されていくならば、メンバーシップの感覚はさらに強化されていくだろう。つまり、「自分たちの社会を、自分たちはより公正で住みやすいものにしていける」という〈共同的主体〉の感覚がより生き生きとしてくるはずである。

では、メンバーの共通利益が法や政策として実現されていくためには、どのような条件が必要だろうか？　これは民主主義にとっての根本問題だが、とくに重要なのは、それぞれのメンバーが自分の利害や意見を充分に出しあえることと、そうすることによる相互理解の進展である。

[b]、近代以降の社会は、さまざまな異なった立場の人たちが共存する社会であるからだ。そのような社会では、立場のちがう人々がそれぞれに自分たちの利害を口に出せること、そしてそれが社会の他の人々によって聴き取られる、という条件が重要になってくる。互いの異なった感度や意見を聴きあうなかで、最終的に「どういうことが本当に共通利益といえるのか」ということが（もし痛みを被る人々がいるならどのように補償するのが適切なのか、ということも含めて）共通に了解されてくるというプロセスが、民主主義的な意志決定のカナメなのだ。

これに対して、「今後の民主主義においては、ネット上に溢れるさまざまなデータを集積し、そこから人々の無意識の感覚を取り出すことが必要だ」という意見もある（東浩紀『一般意志2・0』）。これは集積されたデータを政策決定の参考にせよという趣旨ならば有意義な提案といえるが、しかし、集積されたデータには[X]という肝心のプロセスが抜けているので、これはそのままでは〈一般意志〉たりえない。民主主義において大切なのは、〈一般意志〉を〃生成〃するプロセスなのである。

しかしこの、多様な利害を出しあい聴きあうなかで「共通利益」を取り出していくという経験を、私たち日本社会に生きる人たちは実生活のなかであまりもたず、そのやり方に慣れていない。いちばんの問題はその点にあると思う。

[2]教育も大切だが、一つの方向として、地方自治の活性化が有効かもしれない。たとえば、東京都八王子市では、小田野中央公園という公園の整備について、住民が語りあい役所と共同しつつ好ましい形を実現していった事例がある（羽貝正美「安寧のまちづくり――自治と参加の視点から」『安寧の都市研究』第２号、二〇一一年）。地方自治から国政レベルに至るまで、〈一般意志〉を取り出す経験と工夫とを蓄積していくことが可能だと考える。

さて、正義の根底にあるものはメンバーの〈共存への意志〉であった。そして近代的な正義のポイントは、「人権」の尊重（個人の自由意志を認めて犯さないようにする）であり、それは当然「対等・公正さ」への要求（身分、宗教、貧富等々にかかわらず、すべての人間が対等な存在として扱われるべき）とつながってくる。さらに、民主主義の核心がメンバーの「共通利害」（一般意志）を取り出して法や政策を定め実行していく点にあることも確認してきた。

さてそのうえで、近代社会における正義の問題の焦点となってきたこと、つまり「経済的な格差」の問題について考えてみよう。市場経済の進展は貧富の格差を生み出し、その格差は固定化されやすい。たとえば貧しい階層の人たちの子どもはきちんとした教育を受けられずその階層から出られない、というようなことが起こってくる。

これを先鋭に主張したのがマルクス主義（社会主義）であった。法律上は対等なはずの労働者と資本家の関係は、実際にはまったく対等ではなく正義に反する。［c］、格差を生み出す市場経済そのものをストップして計画経済にすべきだ、とマルクス主義者は主張した。（しかし現実の社会主義国においては、個々人の自由な営業が禁じられただけでなく、言論の自由や政治的な行動の自由も厳しく制限された。一定の政治的・経済的な方針を貫くために人々の意志を強力に統一する必要があったからだろう。）

アメリカの正義をめぐる議論は、政治哲学者ジョン・ロールズが一九七一年に『正義論』を書いたことから始まるが、そのさい彼はもちろん「自由を権利として保証するだけでは正義に値しない」という社会主義からの問題提起を受けとめている。そして彼は、個々人の自由を正義において最重要な原理としながらも、同時に機会の対等（機会均等）と［Y］とが正義として必要であると主張した。

貧しい家に生まれた人にも勉学のチャンスが与えられることで、社会的な活躍の機会がすべてのメンバーに開かれるようにしよう、という理念が「教育の機会均等」と呼ばれる。なぜこれが正義とされなくてはならないか、というと、ぼくの考えでは、それが自由な活動を行うための前提条件だからである。

人は自分に責任のないハンディを背負うことがある（貧困な家に生まれたり・病気になったり）。そうした場合に対応すべく、社会のメンバー一人ひとりが自由に職業を選び活動していくための基本的な条件（自由の条件）についてはそれを公的に整備しよう、という考えが必ず生まれてくるが、これにもとづいて、さまざまな社会保障や医療保険のような政策が行われているといえる。

では、そのためにどの程度の税金を用いればよいか、という点になると、人によって感度のちがいがあるとしても、「自由の条件を公的に整備しておくべきだ」という理念については、ほとんどの読者の方が賛成するだろうと思う。　d　アメリカにはこれに反対するリバータリアン（自由至上主義者）と呼ばれる人がいる。

リバータリアンと呼ばれる人たちは、個々人の自ら獲得した所有を守ることこそが唯一の正義であり、所得再配分は盗みであると主張する。政府はそれだけに専念する最小国家であるべきだ、ともいう。この説をどう考えればよいだろうか。

この主張は、自由を絶対的な正義とみなすものだが、これは正義の本質から考えれば、おかしなものである。なぜなら正義の根拠はメンバーの〈共存の意志〉にあるのであって、あらゆる法律や権利は、この〈共存の意志〉によって支えられることで正当なものと認められているからだ。自由の権利も神が定めた絶対の正義などではなく、〈平和共存しようとする共同意志〉がそれを認め尊重しているからこそ正義として成り立っているのである。

もちろん、自由の範囲をなるべく広げようということは近代社会の基本的な合意だが、その範囲は絶対なものではない。「メンバーのよりよき共存にとってふさわしい自由の範囲はどこまでか」ということが当然考慮され議論されなくてはならないのであって、だから、自由の範囲は人々の合意によってある程度、動くことになる（たとえば家庭から出る騒音をどの程度許容するのが適切か、については時代によって変わるだろう）。

個人の所得についても、どこまでがその人の私有となり、どこからは税金となるかの割合が、あらかじめ決まっているわけではない。「税金を出しあって自治体や国家の公共事業を推し進める原資としよう」ということだけは〈社会契約〉に含まれていても、それをどの程度にするかは決まってはいない。北欧の国々のように、人々が高福祉・高負担を選択するならば、それももちろん可能なのである。

そもそもリバータリアンの主張が生まれたのは、大きくいって二つの理由からである。①「高度な福祉社会は高度な管理社会となって個々人の自由を侵すので、政府の権限はなるべく縮小されるべきだ」という主張（哲学者ノージック）と、②「政府が市場に介入するよりも、市場じたいにまかせたほうが結局は経済はよくなり発展する。〝大きな政府〟は負債をどんどん増やすだけだ」という主張（経済学者フリードマン）とである。

しかしいま、アメリカでリバータリアンの主張をする富裕層の本音は、　Z　ということかもしれない。黒人問題の研究者である藤永康政さんから聞いた話だが、彼ら富裕層は、ヒスパニックや黒人の貧困層のことを「あんな連中　those people」と呼ぶらしい。「なんであんな連中に自分たちが稼いだものを渡さなくちゃいけないんだ？」という感覚、つまり、連帯の拒否がそこにあるというのである。多民族からなるアメリカのなかには、連帯しつつ公正な社会をつくろうとする動きもあれば、それを拒否しようとする動きもある、ということなのだろう。

正義は〈共存の意志〉から生まれるのだった。その正義の核心を、相互理解を進めることによって、より公正な条件を社会に育てていこうとする努力と呼んでみたい。そういう努力がもしこの社会から消えてしまうならば、社会はまさしく弱肉強食の荒野のようなものになる。そうならないためのさまざまな努力が、日本社会においても必要とされているし、　e　あちこちで確実になされているとぼくは感じている。

（西研『哲学の練習問題』による）

問1　空欄a～eに入る語の組合せとして最も適切なものを次の中から一つ選んで、番号をマークせよ。

①　a　つまり　b　なぜなら　c　しかし　d　また　e　だから
②　a　つまり　b　だから　c　また　d　しかし　e　なぜなら
③　a　つまり　b　なぜなら　c　だから　d　しかし　e　また
④　a　だから　b　つまり　c　しかし　d　また　e　なぜなら
⑤　a　だから　b　つまり　c　また　d　なぜなら　e　しかし

問2　傍線1「ルソーにはきわめて現実的な見方があった」とあるが、〈一般意志〉の考え方はなぜ現実的に有効だというのか。「国家の分裂につながるから。」で終わるように、本文中の言葉を用いて五〇字以内で述べよ。（句読点も字数に含む）

問3　空欄Xに入る最も適切なものを次の中から一つ選んで、番号をマークせよ。

①　情報を発信する主体の責任を相互に確かめあう
②　異なった利害や意見を相互に理解しあう
③　情報の信憑性を相互に検証しあう
④　異なった観点から意見を相互に出しあう
⑤　多数決によるかどうかを相互に議論しあう

問4　傍線2「教育」とあるが、子供の教育のためにはよい環境を選ばなければならないということを意味する、「□□□□の教え」という故事成語がある。空欄に入る漢字四字を記せ。

問５　空欄Ｙに入る最も適切なものを次の中から一つ選んで、番号をマークせよ。
① 言論活動の自由化
② 市場経済の進展
③ 地方自治の活性化
④ 経済的格差の減少
⑤ 計画経済への移行

問６　空欄Ｚに入る最も適切なものを次の中から一つ選んで、番号をマークせよ。
① メンバーシップの忌避
② 駄駄っ子の開き直り
③ 社会的責任の放棄
④ 勝者の自己陶酔
⑤ 政治への不信

問７　本文には、次の一文がある段落の末尾から脱落している。どこに入るのが最も適切か。入るべき箇所の直前の五字を記せ。（句読点も字数に含む）
【脱落文】　これは正義、とくに「対等・公正さ」に反するのではないか、という問題である。

問８　本文の内容と最も合致するものを次の中から一つ選んで、番号をマークせよ。
① 高度な福祉社会は高度な管理社会ともなりうるので、正義に適う「共存の意志」の理念に原理的に抵触する。

②　リバータリアンの主張を先鋭に推進すると、少数の人々しか生き残れない過酷な競争社会が到来することになる。

③　民主主義にとって重要なのは、住民同士が語り合い知恵を出し合って地方自治を活性化するような堅実な実践である。

④　民主主義社会における法や政策の正当性は、集団的な意志をもっとも端的に反映する多数決によって保証される。

⑤　教育を受ける機会が等しく与えられる必要があるのは、個人が自由を実現するための基本的な条件だからである。

【解答・解説】

出典　西研『哲学の練習問題』（河出書房新社）

講評

本文は、法の正当性は多数決によるのではなく、国民の「〈共存への意志〉」が根底になければならないことを論じたものである。社会契約論、マルクス主義、リバータリアンなどの、少々難易度が高く政治経済学部らしい用語が出てくるが、このあたりは難関大受験生として意味まで知っておいてほしい。問1・問3・問5・問6は空欄補充で、文章の流れを丁寧に追っていけば解ける。問2は記述式の説明問題であるが、設問の条件などから参照箇所は簡単に探せるはず。問8は②と⑤の二択にするまでは容易であるが、そこからがかなり難しい。点差がつくとすればこの問8と問4の知識問題ぐらいであり、ほかの設問はさほど難しくはない。全体的な難易度は標準。

要旨

本文は全部で二十三段落ある。これを大きく四つの意味段落に分けて内容をまとめてみる。

1　法の正当性を決める〈一般意志〉と、決定方式としての「多数決」（第一〜四段落）

法や政策は一部の人だけに役立つものであってはならない。ルソーは、法の正当性はそれが人民の〈一般意志〉であるかどうかで決まると述べる。したがって人々は法案が〈一般意志〉といえるかどうか議論するが、最終的な決議では「多数決」を用いる。ただし、これはあくまでも決定方式であり、多数は法の正当性の本質ではない。法の正当性の本質である〈一般意志〉は、ルソーによると、メンバーの共通利益を法や政策として実行していくための現実的な考え方とされている。

2 〈一般意志〉を〝生成〟するためのプロセス（第五～九段落）

近代以降の社会にはさまざまな異なった立場の人たちが共存するので、メンバーの共通利益が法や政策として実現されるには、各自が自分の利害や意見を口に出せ、それが聴き取られるという条件が重要である。ネット上のデータの集積には、相互理解のプロセスが抜けているので、〈一般意志〉にはなれない。民主主義において大切なのは、〈一般意志〉を〝生成〟するプロセスなのである。

3 近代社会における正義の根底にある〈共存への意志〉（第十～十五段落）

近代社会における正義の根底にはメンバーの〈共存への意志〉があり、近代的な正義のポイントである『人権』の尊重」は、「対等・公正さ」の要求へとつながる。それらを考える上で「経済的な格差」が問題の焦点となってくる。市場経済の進展から生み出される貧富の格差は教育格差にもつながるが、「教育の機会均等」は人が自由な活動を行うための前提条件である。自分に責任なく背負ったハンディに対応するために、さまざまな社会保障や医療保険のような政策が行われている。

4 リバータリアンの主張と共存・連帯の拒否（第十六～二十三段落）

リバータリアンは、個々人が自ら獲得した所有を守ることを唯一の正義とし、政府による所得再配分を盗みだと主張する。この主張は、自由を絶対的な正義とみなすが、自由を含めあらゆる権利や法律はメンバーの〈共存の意志〉によって支えられるという正義の本質から考えるとおかしいものである。リバータリアンの本音は、自分達の稼ぎを貧困層に渡したくないという「連帯の拒否」があるのだろうが、そうではなく、〈共存の意志〉から生まれる正義を守る努力を進めていく必要がある。

設問解説

問1　空欄補充問題（接続詞・副詞）　やや易

演習1（二〇一八年度商学部二「漱石と個人主義」）の問四の解説でも**ポイント**に記載したが、接続詞（・副詞）補充問題は**語句自体の意味**と**空欄の前後関係**に注意しながら対処しよう。以下にそれぞれの解説を記す。

a、空欄aの直後「多数決は決定方式なのであって……〈一般意志〉……法の正当性の本質なのである」は、空欄aの前文の「〈一般意志〉……議論するが、しかし最終的に決議するさいには『多数決』を用いるしかない」を敷衍したものであるので、〝言い換えると〟の意をもつ副詞「**つまり**」が適切。

b、空欄bのある文の末尾が「……からだ」であることから、理由・原因を述べるときに用いる接続詞「**なぜなら**」が適切。

c、マルクス主義者が「格差を……すべきだ」と主張する理由・原因は、空欄cの前文の「法律上は……正義に反する」ことであるから、後件が前件の論理上当然の帰結であることを表す接続詞「**だから**」が適切。bの「なぜなら」は理由が後にくるが、「だから」は理由が接続詞の前にくるという違いを理解しておこう。

d、空欄dの前文に「……という理念については……賛成するだろうと思う」とあり、空欄dの直後に「これに反対する」とあり、相容れない考え方が述べられることから、逆接の接続詞「**しかし**」が適切。

e、空欄eの前後は、「努力が」を主部として、「日本社会においても必要とされているし」と、「あちこちで確実になされている」が、述部として並立の関係になっていることから、並立の接続詞「**また**」が適切。

問2　記述式の傍線部説明問題　やや易

記述解答の文末が「国家の分裂につながるから。」と指定されていることに注目。傍線部1の次文の末尾に「国家の分裂につながる、とルソーは繰り返し語っている」と、ほぼ同じ表現がある。したがってこの直前の部分を使って答えればよい。つまり「もし先の……弱体化し」の部分を使うわけだが、具体例である「税金倍額法」に関しては記述する必要はない。また、「自分たちは……メンバーシップの感覚」の部分は、要するに国民の「社会契約」（第二段落）の感覚の言い換え表現なので、「社会契約」の語を用いることでカットすればよい。五〇字以内という字数制限に従うため、**同じ内容の繰り返し表現や言い換え・具体例などは適宜省略して調整しよう。**

問3　空欄補充問題　標準

空欄Xの直後の「肝心のプロセス」に注目。一つ前の段落の後半に「互いの異なった……了解されてくるというプロセス」とあり、これが「民主主義的な意志決定のカナメ」と書かれている。「カナメ」は「肝心」とほぼ同じ意味である。この部分を参考にすれば、②が適切だとわかる。ポイントは〈**互いの意見を聴きあう**〉と〈**最終的に共通の了解ができる**〉の二点である。④が紛らわしいが、「意見を相互に出しあう」だけでなく、それを理解・了解しあうという要素がここでは重要である。

問4　故事成語を問う問題　標準

「孟母三遷」は前漢末の学者である劉向《りゅうきょう》著の『列女伝』にある言葉である。戦国時代の思想家・孟子の母親は、息子である孟子の教育にふさわしい場所を求めて複数回引っ越しをした。このことから、設問に記された意味を表す故事成語となった。ちなみに「三」は〝しばしば・たびたび〟という意味で、「遷」は〝場所を変えて他の所へいくこと〟という意味である。「選」ではないので注意しよう。

問5　空欄補充問題　標準

空欄Yの前行の「社会主義」はここでは**マルクス主義**を示す。第十一～十二段落において「近代社会における……マルクス主義者は主張した」と述べられている内容である。「マルクス主義者」（＝社会主義者）は「経済的な格差」が近代社会における正義の問題であると主張しているので、この**経済的格差を減少させることが正義になる**という流れになる。これを示した④が適切。

問6　空欄補充問題　やや易

空欄Ｚの後に書かれている内容が、空欄Ｚの二行後に「**連帯の拒否**」とまとめてあることから、①が適切。「メンバーシップ」とは〝クラブ・組織などの構成員であること〟という意味であるが、ここでは〈他者と連帯して公正な社会をつくる〉という意味合いで考えたい。富裕層から多くの税金がとられ、それらが貧困層の社会的援助に回されるであろうことを踏まえ、そこに彼ら富裕層が不公平感を感じてパートナーシップを忌避するという意味でとらえられる。

問7　欠文挿入問題　標準

脱落文の「正義、とくに『**対等・公正さ**』に反する」ような「問題」を述べた箇所を探す。空欄ｃの三行前からの「たとえば貧しい……起こってくる。」がこれにあたる。この直後に挿入すればよい。

問8　内容真偽問題　やや難

①最後から三つ目の段落に「高度な福祉社会は……（哲学者ノージック）」とあり、これは筆者の見解ではなく、リバータリアンの主張の根拠である。これを筆者の主張であるかのように「正義に適う……抵触する」と結びつけているので、合致しない。「抵触」とは〝あるものに対して矛盾すること、また法律や規則にふれること〟を意味する。

②リバータリアンの主張は、最後から二つ目・三つ目の段落に、ノージックの論を根拠とするもの、フリードマンの論を根拠とするもの、筆者が推測する「連帯の拒否」を根拠とするもの、の三つが挙げられている。三つ目の「連帯の拒否」を推進すれば、「過酷な競争社会が到来する」可能性が考えられるが、一つ目と二つ目による可能性は不明である。かなり悩ましい選択肢であるが、正解の選択肢と比較すれば正確性が低いので、「最も合致する」選択肢とは言えない。

③空欄Ｘの次文に「民主主義において大切なのは……プロセスなのである」とあるように、民主主義にとって重要なのは「実践」ではなく「プロセス」である。

④第三段落の内容と合致しない。

⑤空欄Ｙの次段落の内容と合致する。

ポイント　内容真偽問題の解き方

本文全体を範囲とした内容真偽問題は、選択肢内の**キーワードがある場所**を本文から素早く探し出し、その周辺の内容を丁寧に正確に読みこもう。そこから語句の正確な意味・過剰な表現・情報不足などにも注意して、選択肢を吟味しよう。

解答

問1　③
問2　一部の人々だけを利する法や政策が強引に押し通され実行されれば、国民の社会契約の感覚じたいが弱体化して（国家の分裂につながるから。）（五〇字以内）
問3　②　**問4**　孟母三遷　**問5**　④　**問6**　①
問7　ってくる。　**問8**　⑤

演習５　政治経済学部　二〇二〇年度　一

目標解答時間　二〇分

次の文章を読んで、後の問に答えよ。

萱野稔人はフーコー*の言う暴力を解説して、「暴力は、相手の身体にそなわっている力能を物理的に上まわる力によって、その身体を特定の状態（監禁、苦痛、死……）に置くように作用する」と述べている。権力が相手の行為に働きかけて、相手に行為させるのに対し、暴力は相手の身体に働きかけて、相手を特定の状態に置く。つまり、権力は相手の行為する力を利用するが、暴力は行為する力そのものを抑え込む。

フーコーが暴力を定義するにあたって、「受動性」の語を引き合いに出していることは非常に興味深い。そしてこの説明は的確である。

暴力関係において、暴力を振るう者は能動的な立場にいて、暴力を振るわれる者は受動的な立場にいる。[1]暴力の行使が成功した場合、相手は完全に受動的な状態に置かれる。その意味で、暴力関係は能動と受動の対立のなかにある。

では、権力関係においては、権力を行使する側と行使される側の関係はどうなっているか？

ここで注意しなければならないのは、権力関係において権力を行使される側にいる者は、ある意味で能動的だということである。権力を行使される側は、行為するのであるから。「権力の関係においては、行為者に多少なりとも「能動性」が残されている」。

［ a ］、「される」なのに「する」、「する」のに「される」の状態にある行為はどう形容されるべきか？

便所掃除を例に考えてみよう。嫌がる相手に便所掃除をさせるためにはどうすればよいだろうか？

[b]、相手の手にブラシをもたせ、その手をつかんで動かすといったやり方が想像できる。[c]そうすれば相手に便所掃除をさせることができる。[d]、そうやって相手の自由を奪えば、その結果として産出されるのは、何らかの行為ではなく、単なる身体の受動的な状態である。[e]、相手に便所掃除をさせたいのに、事実上、自分が便所掃除をするはめに陥ってしまうのである。

相手に便所掃除をさせるためには、相手が、ある程度自由であり、ある意味で「[X]」でなければならない。権力はそのような条件を利用できてはじめて、相手に便所掃除をさせることができる。

たとえば、「便所掃除をしなければおやつをあげない」といって相手に便所掃除をさせることができたならば、これは権力による行為の産出である。そのとき、権力行使の対象となっている人間は、ある程度自由であり、またある程度の「能動性」を残されている。おとなしく言うことを聞くか、この酷いやり方に抗議するか、そうした可能性のなかで行為しうる「能動性」である。

この例はもっと恐ろしい内容に変えることができる。権力行使の手段をおやつではなく、アレント*がカツアゲの事例で持ち出した銃に変えても事態は変わらない。それは、相手の行為に働きかけて、相手に行為させる、そして行為のあり方を規定するように作用する行為である。

武器で脅して便所掃除をさせるのは、武器が出てきているため一見したところ暴力の行使のように思われるかもしれない。しかし、そうではない。萱野が明確に述べている通り、これは権力の行使とみなされなければならない。武器はこの場合、行使可能性に留まっているからだ。相手には、おとなしく服従するか、相手の暴力に対峙するか、それとも逃げ出すか、そうした可能性のなかで行為しうる「能動性」が残されている。

それに対し暴力は「あらゆる可能性を閉ざす」のだった。つまり、先ほどあげた、相手の手にブラシをもたせ、その手をつかんで動かすという事例こそは暴力行使の事例である。

こう考えると、2暴力には大きな限界があることが分かる。暴力は相手の身体を押さえ込み、受動性の極に置く。したがって、そこからは行為を引き出すことができない。言い換えれば、「暴力の行使それ自体によっては服従を獲得できない」。服従を獲得するためには、暴力は行使可能性のうちに留まっていなければならない。

フーコーは「権力のあるところには抵抗がある」と述べているが、これは抵抗の可能性が減少するとともに、行為を規定しつつ産出するという権力の効力も減少してしまうことを意味する。抵抗できないほどに衰弱している相手には、便所掃除をさせることもできない。

権力と暴力が混同されがちであるのは、権力がしばしば暴力を利用するからである。暴力が行使可能性に留まりつつも効力を発揮するためには、権力を行使される相手がその暴力の恐ろしさを理解していなければならない。したがって権力は、暴力の恐ろしさを理解させるために、暴力を限定的に用いることがある。

その際、暴力をどの程度限定するかによって権力の効力が規定される。たとえば相手を立ち上がれないほどに殴りつければ、その相手はもはや行為できず、権力の効力は限りなくゼロに近づく。つまり、権力は十分に効力を発揮できない。繰り返すが、権力の行使は、行使される側のある種の「能動性」を前提にしているからである。権力はたしかに暴力を限定的に用いることがあるが、［　Y　］。

ではこのとき、権力を行使される側に見出される、ある種の「能動性」をどう理解したらよいだろうか？　権力によって便所掃除させられる者は能動的であると、そう言うべきなのだろうか？

いや、むしろ次のように問うべきであろう。暴力は相手を受動性のもとに置くのだった。暴力を振るう側は「する」立場にいて能動的であり、暴力を振るわれる側は「される」立場にいて受動的である。では、権力行使に見出されたある種の「能動性」は、この暴力行使における能動性と同じものであろうか？

両者が異なっていることは明白である。武器で脅されて便所掃除させられる者は、進んで便所掃除をすると同時に、便所掃除をイヤイヤさせられているからだ。3権力行使においては、たしかに相手にある程度の自由が与えられているが、その自由は、いわゆる受動性としては理解できないのはもちろんのこと（たしかに行為しているから）、いわゆる能動性としても理解できない（行為させられているわけだから）。

つまり、権力行使における行為者の有り様を「する」と「される」の対立で説明することはできないのである。

フーコーの権力論は、いわゆる能動性と受動性の対立を疑わせるものである。権力によって動かされる行為者は能動的でもあり受動的でもある（あるいは、能動的でも受動的でもない）。

この点は、あるときはうまく理解されず、またあるときは小難しい議論（権力の対象である主体は「他律としての自律」である云々）の対象となった。しかし、権力の様態が特殊なものに思えるのは、すべては能動と受動の対立で説明できると信じられているからに過ぎない。

権力の関係は、能動性と受動性の対立によってではなく、能動性と中動性の対立によって定義するのが正しい。すなわち、行為者が行為の座になっているか否かで定義するのである。

権力を行使する者は権力によって相手に行為をさせるのだから、行為のプロセスの外にいる。これは中動性に対立する意味での能動性に該当する。権力によって行為させられる側は、行為のプロセスの内にいるのだから中動的である。

武器で脅されて便所掃除させられている者は、それを進んですると同時にイヤイヤさせられてもいる。すなわち、単に行為のプロセスのなかにいる。能動性と中動性の対立で説明すればこれは簡単に説明できることである。能動と受動の対立、「する」と「される」の対立でこれを説明しようとするからうまくいかないのだ。

こう考えると、暴力と権力をきちんと区別せず、両者を曖昧に重ねてしまう考え方というのは、能動性と中動性の対立で理解すべきであるものを、無理やりに、能動性と受動性、「する」と「される」の対立に押し込む考え方だと言うことができるだろう。フーコーが権力概念の刷新のために相当苦労しなければならなかったのも、能動性と中動性の対立がもはや存在せず、すべてが能動性と受動性で理解されてしまう、そのような言語＝思想的条件があったからである。

（國分功一郎『中動態の世界　意志と責任の考古学』による）

（注）

＊フーコー……ミシェル・フーコー（一九二六〜一九八四）、フランス出身の哲学者、思想家。『監獄の誕生』などの著作がある。

＊アレント……ハンナ・アレント（一九〇六〜一九七五）、ドイツ出身の哲学者、思想家。『暴力について』などの著作がある。

問一　空欄 [a] 〜 [e] に入る語の組み合わせとして、最も適切なものを次の中から一つ選んで、番号をマークせよ。

	a	b	c	d	e
①	では	たとえば	たしかに	しかし	すなわち
②	また	ところで	むしろ	しかし	では
③	では	ところで	たしかに	むしろ	つまり
④	ところで	たとえば	そして	つまり	しかし
⑤	また	ところで	しかし	むしろ	つまり

問二　空欄 [X] に入る最も適切な語を次の中から一つ選んで、番号をマークせよ。

①　抑圧的
②　暴力的
③　生産的
④　能動的
⑤　服従的

問三　空欄 Y に入る最も適切なものを次の中から一つ選んで、番号をマークせよ。

① 権力の行使は暴力の側面を持つ
② 暴力の行使は権力の目的と対立する
③ 暴力の有り様は究極の受動性である
④ 権力と暴力は同一の目的を持つ
⑤ 受動性と能動性の両方をかねそなえている

問四　傍線1「暴力の行使が成功した場合、相手は完全に受動的な状態に置かれる」とあるが、なぜか。その説明として最も適切なものを次の中から一つ選んで、番号をマークせよ。

① 権力の行使は、しばしば暴力を限定的に用いることで暴力の恐ろしさを相手に理解させることができるから。
② 暴力と権力の行使の関係には、能動性と受動性の対立のほかに、能動性と中動性の対立を想定することができるから。
③ 暴力の行使は、行為を規定しつつ産出することで、暴力のみならず、権力の効力をも減少してしまうことがあるから。
④ 暴力の行使は、相手の行為に働きかけて、ある程度の自由を与え、能動性を残しているから。
⑤ 暴力の行使は、相手の行為する力そのものを押さえ込み、あらゆる可能性を剥奪してしまうから。

問五　傍線2「暴力には大きな限界があることが分かる」とあるが、なぜか。解答欄に記した「から」に続くように本文中より一四字でそのまま抜き出せ。（句読点も字数に含む）

問六　傍線3「権力行使」における権力の関係は本文中においてどのような考え方として説明されているのか。本文中の言葉を用いて解答欄に記した「考え方」に続くように三五字以内で述べよ。（句読点も字数に含む）

問七　本文には、次の一文がある段落の末尾から欠落している。どこに入るのが最も適切か。入るべき箇所の直前の五字を抜き出せ。（句読点も字数に含む）

【脱落文】この事例では力が直接に身体に働きかけており、その身体には、手を強制的に動かされる以外の可能性は閉ざされている。

問八　本文の内容と最も合致するものを次の中から一つ選んで、番号をマークせよ。

① これまで暴力と権力はしっかりと区別されず、ともに「する」と「される」の対立と理解されてきたが、フーコーの権力論はこのような考え方に疑問を提示するものだった。

② 権力の行使の過程で、暴力を限定的に使うことがあるが、これは結果として相手を極度に受動性のもとに置き、服従させてしまう点において、暴力と権力は表裏一体の関係にある。

③ 暴力は相手の行為する力そのものを完全に抑え込み、目的の遂行を果たそうとするが、その過程において武器を持ち出さないように努めることが理想的である。

④ 権力は相手の行為に働きかけて、常に相手に自由に行為させることを目標とするが、その時権力の対象である主体は他律と自律の中間に位置している。

⑤ 武器で脅されて便所掃除をする者は、完全に受動的な状態に置かれており、その行為のプロセスのなかで、いつでも自由を奪われる可能性がある。

【解答・解説】

出典　國分功一郎『中動態の世界――意志と責任の考古学』（医学書院）

講評

暴力と権力の違いについて、能動性と受動性、能動性と中動性の対立から説明した文章。概念的な論理を軸に説明されているが、それだけでなく具体例や新しい言葉も利用されているので、それらをうまく利用して読み進めれば話の筋が見えてくるはずだ。第二十五段落以降の中動性の定義を理解できるかどうかが肝である。文章さえ理解できれば逆に設問は特に難しいものはない。大問構成を考えると、この問題を二十分程度で処理しなければならないので、いかに素早く本文を読解して設問に対応できるかという処理速度が問題となるであろう。それらを踏まえて全体の難易度は標準。

要旨

本文は全部で二十八段落ある。「中動性」という概念が出てくる第二十五段落以降とそれ以前で大きく分けることができる。しかしそれ以上に、フーコーの考えにおける「暴力」と「権力」の違いを正確に把握する必要がある。そこで、文章全体を第二十五段落以降とそれ以前で分けつつ、同時に「暴力」と「権力」の違いを対比的にまとめてみる。

1　フーコーの論における「暴力」と「権力」の違いと、権力を行使される側の二重性（第一〜二十四段落）

暴力を振るう者…………相手の身体に働きかけて、相手を特定の状態に無理矢理置く能動的な立場。

暴力を振るわれる者……相手に一切の自由を奪われた、完全に受動的な立場。

権力を行使する者………①相手の行為する力を利用し、相手に行為をさせる。

②相手に行為の選択肢・可能性を残す。
③行使可能性に留まりつつ暴力の効力を発揮させるために、恐ろしさを理解させる程度の暴力を限定的に用いることがある。

権力を行使される者……①実際に行為を「する」本人であるから、「能動性」を含む。
②相手に従うか、逃げ出すかなどの選択肢・可能性の中で行為する「能動性」を含む。
③同時に、イヤイヤさせられているのだから、受動的であるとも言える。

以上を踏まえると、フーコーの権力論を「能動性と受動性の対立」という二元論で説明するのは困難と言える。

2 権力の関係を「能動性」と「中動性」で定義することの提唱（第二十五〜二十八段落）

権力によって行為をさせられる側（＝権力を行使される者）は、行為のプロセスの内にいるという点において中動的であり、権力を行使する者は、相手に行為をさせるという点に関し、行為のプロセスの外にいて、「中動性」に対立する意味での「能動性」をもつ（つまり、「能動性」VS「中動性」という構造）というように、権力の関係を理解することができる。フーコーが権力概念の刷新のために苦労したのは、能動性と受動性で理解しようとする言語＝思想的条件があったからである。

設問解説

問一　空欄補充問題（接続詞・副詞）　やや易

接続詞類の補充問題は語句自体の意味と空欄の前後関係に注意しながら対処しよう。解説は以下の通り。

a、前の文で「権力を行使される側は、行為するのである」とあり、「される」と「する」が並立する状態であると指摘されている。そして空欄後で、さらにその行為自体の形容の仕方へと論を進めているから、「**では**」があてはまる。「では」は〝前述の事柄を受けて、それを踏まえて次の事柄を導く〟意味を持つ。正解は①か③。

b、前の文で「嫌がる相手に便所掃除をさせる」方法について問いかけ、続いて具体例が挙げられているので、「**たとえば**」が入る。よって正解は①となるが、c～eについても確認する。

c、前の文の具体的な方法を用いれば、間違いなく相手に便所掃除をさせられるというつながりだから、①の「**たしかに**」がふさわしい。

ポイント　「たしかに」の用法

「たしかに」という接続詞は大きく分けて以下の二つの使い方があるので注意しよう。

①**前述の内容に単純に納得したということを示す**（この場合は後に**逆接の接続詞がこない**）。

②相手の意見に対して〈**一時的な譲歩**〉を示す場合がある。この場合はその後に「**しかし**」などの逆接の接続詞がくる場合が多く、それ以降の内容が筆者の意見であることが普通である（この場合、「たしかに」は段落の冒頭に使われることが多い）。これを〈**譲歩逆接構文**〉と言い、**相手方の意見の一部を認めた上で、さらにそこに強固で論理的な自説をぶつけることで、自説の正当性を際立たせる手法である。**

d、相手は便所掃除という行為をするようでいて、実際には、彼に行為をする「能動性」はないという反対の内容が続くので、①の「**しかし**」が適切である。cとdで譲歩逆接構文が完成している。

e、前文の「産出されるのは、何らかの行為ではなく……受動的な状態」とは、自分が相手にさせたい行為をさせることができていない状態である。これと、直後の「相手に……陥ってしまう」は論理的に結びつくので、①の「**すなわち**」があてはまる。

問二　空欄補充問題　やや易

第五段落に「権力を行使される側にいる者は、ある意味で能動的だ」とある。**空欄X前後の便所掃除の例はこれを説**

明する具体例であることに注目。つまり「権力」を行使して便所掃除をさせる場合にも、相手に「能動性」、すなわち自ら行為する自由がなければならない。よって、正解は④。

問三　空欄補充問題　やや易

問一のcの**ポイント**で説明した〈**譲歩逆接構文**〉を思い出してもらいたい。空欄Yを含む一文に〈たしかに～が〉の形がある。つまりその譲歩の「たしかに」と逆接の「が」で指摘される「権力は……暴力を……用いることがある」の反対の内容が空欄Yに入ることになる。つまり、**暴力と権力の不適合性について述べたものが入る**ので、②が適切。

問四　傍線部の理由説明問題　標準

第一段落に、暴力は「相手の身体に働きかけて、相手を特定の状態に置く」、つまり、「暴力は行為する力そのものを抑え込む」と書かれている。それゆえに、傍線部1の前文にあるように、「暴力を振るわれる者は受動的な立場にいる」のである。そして、暴力の行使によって「完全に受動的な状態に置かれる」とは、**暴力を振るわれる者は自ら行為する余地が全くない**ということだから、⑤が正しい。

①は第十七段落に同内容があるが、これは「権力と暴力が混同されがち」な理由として書かれているので、設問の要求に合わない。②も第二十五段落以降の内容であり、不適切。「相手は完全に受動的な状態に置かれる」理由として、〈受動性のほかに能動性と中動性の対立を想定できる〉では答えになっていない。③は「行為を規定しつつ産出する」のではなく、「行為する力そのものを抑え込む」である必要があるので不適当。④は、「ある程度の自由を与え、能動性を残している」のでは、やはり「相手は完全に受動的な状態に置かれる」理由にならない。

問五　傍線部の理由説明問題（抜き出し）　やや易

傍線部2の段落にあるように、暴力そのものは相手を完全に「受動性の極（＝何もできない状態）」に追い込んでしまうため、相手の服従を獲得し、相手を思うように行為させたいとしても、**相手に何かをさせる（＝行為を引き出す）ことができなくなってしまう**。これが暴力の「限界」である。「限界」があるということは、要するに何か不可能なことがあるということなので、それが何かを答えればよいという着眼点から探すとよい。指定字数が一四字ちょうどであることもヒントになり、問題なく答えを導き出せるはずである。

問六　記述式の傍線部説明問題　標準

傍線部3の次の段落（第二十二段落）に、「権力行使における行為者の有り様を『する（能動性）』と『される（受動性）』の対立で説明することはできない」とある。行使される者の行為が「イヤイヤさせられている」という側面をもつことにより、単に「能動性と受動性の対立」による考え方とは区別されなければならないということである。ではどうすればよいか。第二十五〜二十六段落に注目する。権力を行使する者と行使される者の関係は、**権力を行使する者（＝行為のプロセスの外にいる者）のもつ「能動性」と、行使される者（＝行為のプロセスの内にいる者）のもつ「中動性」の対立によって理解されると述べられている**（**要旨**の**2**も参照してほしい）。この部分をまとめればよい。

問七　欠文挿入問題　標準

欠文挿入問題は、まず脱落文内のキーワードや脱落文の内容に注目し、それらを軸に本文内を探索しよう。「事例」「強制的に動かされる以外の可能性は閉ざされている」という脱落文の表現から、暴力としての具体例を述べている箇所に注目すればよい。といっても本文中で具体例といえば便所掃除の例くらいしかない。その便所掃除の事例の説明の中で、相手に可能性や選択肢を与えずに「強制的に」（＝暴力的に）行為をさせている箇所を探せばよい。そうすると、第十四段落末尾にこの脱落文が入るとわかる。

問八　内容真偽問題　標準

①最終段落の内容に合致するので、正しい。

②第十五段落参照。「極度に受動性のもとに」置かれた相手は、あらゆる可能性が閉ざされ、行為することができない。それに対し、権力の目的である「服従」は、相手に行為する自由を残すものであるから、正しくない。

③「暴力」が武器を持ち出さないことを理想とするとは述べられていないので、ふさわしくない。

④「他律」や「自律」という観点からの考察はされていないから、誤り。
⑤「武器で脅されて便所掃除をする者」には、第十三段落で述べられているように、「おとなしく服従する」だけでなく、「相手の暴力に対峙する」などの可能性も残されているので、「完全に受動的な状態」に置かれているとはいえず、正しくない。

解答

問一　①　**問二**　④　**問三**　②　**問四**　⑤
問五　行為を引き出すことができない（から）
問六　能動性と受動性の対立ではなく、能動性と中動性の対立で定義すべきだという（考え方）（三五字以内）
問七　例である。
問八　①

演習6　農学部　二〇二二年度　三

目標解答時間　三〇分

次の文章を読んで、後の問に答えなさい。

近年の政治・社会理論においてコスモポリタニズムを再検討する研究が目立っている。従来、コスモポリタニズムは世界市民主義などと訳され、「根無し草」的な世界共同体や世界政府の実現を目指した空想として冷笑される傾向もあった。しかも、コスモポリタニズムはグローバリゼーションの進展のなかで、目指すべき理想としても不十分になりつつある。しかし、グローバリゼーションの進展はコスモポリタニズムに新たな意味を与えてもいる。コスモポリタンな現実はいまや目指すべき崇高な理想に留まらず、グローバリゼーションのなかで広がりつつある現実でもあるのだ。

グローバリゼーションの進展によって世界に普遍的な価値観が普及しているのは確かである。しかしそれと同時に、「グローカリゼーション」が文化のハイブリッド化を推進し、文化が国境をこえて混ざり合い、1ハイブリッドな文化を創りだしていく傾向もみられる。それゆえ現状では、「文化的コスモポリタニズム」とは単一の世界共同体の出現というよりは、ローカルな共同体が国境を越えていくこと、つまり「トランスナショナル・コミュニティ」の活性化である。あらゆる文化やアイデンティティは混合の産物であり、そのような混合によってあまねく満たされているという意味で普遍的な世界に私たちは生きている。そして国や文化の境界を越えて侵入してくる移民やマイノリティによって、社会は「コスモポリタン的混合」の度合いを増していく。そこに生きる人々はハイブリッドな存在として、自らの民族・文化的ルーツとグローバルな文化への帰属を両立しうる。米国の哲学者アッピアは、これからの社会に生きる個人は国や文化を自由自在に越境し、自文化の純粋性に固執することなく他者を受け入れるべきだとする。ハイブリッドな文化的差異やアイデンティティを抱えながら差異を受け入れる姿勢をもつ「越境人」たちによって構成される世界こそ、アッピアが理想とするコスモポリタニズムである。

だとすると、コスモポリタニズムの体現者になるためには、そのような越境を行える財力や教養、人脈があればあるほど良いということになる。すると疑り深い人は次のように考えるだろう。なるほど、トランスナショナル・コミュニティは世界政府・世界共同体の高邁《こうまい》な理想というよりは、私たちがグローバリゼーションのなかで既に経験している現実の一部なのかもしれない。しかしこの現実とは結局、国境を越えて活躍する一握りの人々、すなわち世界を自分たちの「庭」とするグローバル・マルチカルチュラル・エリートたちの現実にすぎない。コスモポリタニズムとはしょせん、エリートたちによる世界支配を正当化する考え方に過ぎないのではないか。

国や文化の境界を自由自在に越境する人々は、[2]多様な文化的経験に対して開かれた態度をもちやすいのは確かかもしれない。しかし英国の社会理論家ジョン・トムリンソンも指摘するように、こうした文化的態度をもっていたからといって、グローバルな社会問題やそのなかで他者の置かれた不公正な現実に関心を抱くとは限らない。むしろ「全体的に無関心なままで、新しい文化的経験に対する自分の興味だけを追い求めながら……ただひたすらに移動を続けるという生き方」をすることもできる。

したがって、世界を自らの「庭」となすグローバル・エリートたちは、それだけでコスモポリタンであるとはいえない。自宅の庭がいくら広大だったとしても、庭の中にいる限り、自分たちの勝手知ったる現実の外側に一歩も出ていないからである。庭先で、気心の知れた隣人たちとワインか紅茶でも飲みながら会話しているだけでは、庭の敷地を囲う高い塀の外側で生きる人々の現実に思いが至ることはない。[3]グローバリゼーションの時代におけるコスモポリタンとは、物理的な意味で頻繁に移動する「越境人」のことではないのだ。庭にぽっかりと開いた穴を塞いでしまう前に、穴の底に広がる別の世界をのぞき込み、その住民たちの目を見据えてその声を聴こうとして初めて、その人はコスモポリタンになることができるのではないか。コスモポリタンになるためには、他者の生きる現実への想像力が不可欠なのである。そのためには自己の可謬性《かびゅうせい》を知り多元主義を実践する「分かりあい」では不十分であり、自己の加害可能性と受苦可能性を自覚し、その痛みを感じながらもなお他者と向き合い自分を変えていく[4]「変わりあい」の関係に勇気をもって入っていくことが必要である。この世界に自分と無関係な他者など存在しないという認識をもち、にもかかわらず自分の生きる現実とは異なる現実に生きる他者がいることを知り、そうした他者たちとの対話を試み、そこから自分の生き方を変えていける人々、すなわち「対話人」こそが、現代におけるコスモポリタンに他ならない。現代におけるコスモポリタニズムとは、他者との対話を通じて自己を内省的《リフレクシブ》に遂行する生き方なのである。

そうだとしても、人はどのようにして自分を変えていく勇気をもつことができるのだろうか。人は自らの生活に余裕と自信がなければ、痛みをともなう他者との対話などにわざわざ乗り出さないのではないか。「対話人」としてのコスモポリタンという理想など、しょせんエリート向けの道徳観念なのではないか。それは、ただのエリートではなく道徳的に優れたエリートになれという倫理観にすぎないのだろうか。

だが一方で、異なる他者との接触の増大という状況が、グローバリゼーションによってますますありふれたものになりつつあるのも確かだ。国民社会の多民族・多文化の進展は、ごく普通の人々が日常生活のなかで異なる民族や異なる文化をもつ他者と出会い、対立・交渉を繰り返すなかで共存を目指して対話するという経験をますます一般的なものにしている。こうした経験をオーストラリアの社会学者アマンダ・ワイスらは「日常的多文化主義」と呼ぶ。この日常的な対話は、必ずしも相手と「仲良くなる」ことを目的としない。仲の悪い隣人同士でも対話は可能であり、対話をするためには仲良くならなければならないというわけではない。他者との親密性の形成は対話の必要条件ではないのだ。また、共通の言語を話せなければ対話ができないというわけでもない。片言の言葉や身振り手振りなどでコミュニケーションをとっている者同士が、共同作業をするうちに相手への理解を深め、より堅固な協力関係を築こうとすることもある。また、ある出来事が起こったとき何も語らずに沈黙を共有することこそが、何かを語るよりもはるかに「対話」をもたらすこともある。そのような日常の一場面を、多くの人が経験しているはずだ。

「対話人」としてのコスモポリタンであるために根本的に重要なのは、**X** でも **Y** でもなく、自分たちが日常生活のなかで他者と「居場所」を共有しているという感覚なのではないだろうか。自分たちの居場所を大切に思えばこそ、私たちは居場所を共有する他者たちと対話の関係に入ろうと努力するからだ。もちろん、こうした「居場所」における対話は、それ自体はささやかなもの、身も蓋《ふた》もないものにすぎないことが多い。それゆえ、従来のコスモポリタニズムの思想のなかで[6]「場所」の重要性は軽視されてきた。特定の場所にこだわることは束縛と同一視され、場所から解放されることこそコスモポリタニズムの出発点だとされてきた。しかしコスモポリタンを「越境人」ではなく「対話人」と定義するならば、むしろ居場所を共有する他者との日常的な対話の積み重ねこそが「対話人」への出発点になる。

もちろん、グローバリゼーションが私たちにもたらす不安は他者への想像力を被害妄想に変え、マイノリティを排除することへの誘惑も引き起こす。にもかかわらず、私たちには自分と居場所を共有する他者と対話の関係を構築する必要がある。なぜなら多くの人々にとって、グローバリゼーションとは自分たちの居場所に絶えまなく新たな他者が入り込み、追い払おうとしても決して逃れられなくなることを意味しているからだ。トムリンソンが指摘しているように、そのような状況では[7]「自己アイデンティティを確立できるかどうかが、他者との関係に対する再帰的な意識を高めることができるかどうかにかかっているのである」。こうしてコスモポリタニズムとは単なる道徳観ではなく、私たちの実存に関わる概念となる。私たちが他者と対話し、社会を変えていかなければならないのは、そうしなければ私たち自身がこの社会に居場所を保つことができず、自己を実現できないからである。私たちは「対話人」になるべきなのではない。私たちは「対話人」であり続けなければ生きていけない（善き生を送れない）のだ。

（塩原良和『共に生きる――多民族・多文化社会における対話』より）

〔註〕

○グローカリゼーション……グローバル化とローカル化を合わせた言葉
○トランスナショナル……国家・国境を越えた
○アイデンティティ……自分が自分であると感じられるときの、その感覚や意識のこと、自己同一性
○マルチカルチュラル……多文化的な

○可謬性……間違える可能性
○再帰的な意識……他者を鏡として自己を見つめる意識

問一　傍線部1「ハイブリッドな文化」とあるが、ここで言う「グローカリゼーション」が創りだした「ハイブリッドな文化」とはどのような文化か。その説明として最も適切なものを次の中から一つ選び、その記号をマークしなさい。解答番号は 1

A　自国の文化にこだわらず、異なる文化を尊重することによって成り立つ文化。
B　個人の主体性を保ちながら、マイノリティや多様性に配慮する文化。
C　グローバル・エリートたちによって生み出された、高度に洗練された文化。
D　国境を越えて共有される文化が、地域特有の文化と混ざり合って成り立つ文化。

問二　傍線部2「多様な文化的経験に対して開かれた態度」とあるが、筆者の主張に照らして、そのような態度に**当てはまらないもの**はどれか。次の中から一つ選び、その記号をマークしなさい。解答番号は 2

A　新しい文化的経験に対する自分の興味を追い求める態度。
B　異なる文化やアイデンティティとの差異を受け入れる態度。
C　自分の可謬性を知り多元主義を実践する「分かりあい」の態度。
D　国境を越えた自由な交流を自文化の発展につなげようとする態度。

問三　傍線部3「グローバリゼーションの時代におけるコスモポリタンとは、物理的な意味で頻繁に移動する「越境人」のことではないのだ」とあるが、筆者が考える「グローバリゼーションの時代におけるコスモポリタン」とはどのようなものか。その説明として最も適切なものを次の中から一つ選び、その記号をマークしなさい。解答番号は 3

A　異なる現実に生きる他者に対して真摯に心を寄せ、他者と向き合うなかで自分や社会を変えていく人々。
B　国境を越えて流入する異なる民族や文化を受け入れ、多様な価値観を統合しようとする人々。
C　自文化の純粋性に固執することなく、異なる文化との融合や普遍的な文化の創造を推し進めていく人々。
D　異なる文化を担う他者との接触が日常化するなかで、彼らとの親密性を積極的に形成しようとする人々。

問四　傍線部４「「変わりあい」の関係に勇気をもって入っていくことが必要である」とあるがそれはなぜか。その理由を述べている一文を、**この傍線部以降**の本文から探し、その最初と最後の五文字をそれぞれ抜き出しなさい（句読点や記号も一字とする）。解答番号は［201］

問五　傍線部５「「対話人」としてのコスモポリタンという理想など、しょせんエリート向けの道徳観念なのではないか」とあるが、このような問いかけを通じて筆者が述べようとしていることは何か。その説明として最も適切なものを次の中から一つ選び、その記号をマークしなさい。解答番号は［4］

A　グローバリゼーションの時代において、他者の置かれた境遇に関心を抱き、人々の痛みに共感することができるのは、心優しい性質を持つ者だけではないということ。
B　グローバリゼーションの時代において、不公平な現実に直面する他者の声に耳をかたむけ、自らを変えることができるのは、生活に余裕がある者だけではないということ。
C　グローバリゼーションの時代において、頻繁に国境を越えて移動し、世界中の社会問題を自分の目で見ることができるのは、人脈に恵まれた者だけではないということ。
D　グローバリゼーションの時代において、立場の異なる人々との交流を通して自分の価値観を相対化することができるのは、高い教養を持つ者だけではないということ。

問六　空欄 X と Y に入る語句の組合せとして最も適切なものを次の中から一つ選び、その記号をマークしなさい。解答番号は 5

A　X　共同作業の継続　――　Y　文化摩擦の解消
B　X　共同作業の継続　――　Y　コミュニケーション手段の精緻化
C　X　親密性の形成　――　Y　文化摩擦の解消
D　X　親密性の形成　――　Y　コミュニケーション手段の精緻化

問七　傍線部6「「場所」の重要性」とあるが、従来のコスモポリタニズムにおいて軽視されてきた「場所」が、グローバリゼーションによって重要な意味を持つようになったと筆者が考えるのはなぜか。その理由として最も適切なものを次の中から一つ選び、その記号をマークしなさい。解答番号は 6

A　人々が国や文化の境界を越えて自由に移動できるようになり、「場所」からの解放こそが、新しいコスモポリタニズムへの出発点となるから。
B　自分たちの居場所に絶えず他者が入り込むようになった現代では、まずはそうした人々と共存することが、新しいコスモポリタニズムへの出発点となるから。
C　異なる文化に属する他者と居場所を共有することが日常となり、そうした場における他者との対話が、新しいコスモポリタニズムへの出発点となるから。
D　社会のグローバリゼーションが進展するなかでは、マイノリティを排除するという誘惑を克服することが、新しいコスモポリタニズムへの出発点となるから。

問八　傍線部7「自己アイデンティティを確立できるかどうかが、他者との関係に対する再帰的な意識を高めることができるかどうかにかかっている」とあるが、それはどういうことか。その説明として最も適切なものを次の中から一つ選び、その記号をマークしなさい。解答番号は 7

A　グローバル化の進む現代社会では、あらゆる文化やアイデンティティは混合の産物であるので、異なる文化との交流を積極的に進められる者こそが、新しい独自の文化を創造できるということ。

B　グローバル化の進む現代社会では、自分自身の固有の生と文化を維持することができるかどうかは、異なる文化に属する他者からの影響を意識的にコントロールできるかどうかにかかっているということ。

C　グローバル化の進む現代社会では、自分にふさわしい社会的地位を確立するには、他者と対話の関係を構築し、それによって自らを変えていかなければならないということ。

D　グローバル化の進む現代社会では、異なる現実に生きる他者との関わりを、自分の考え方や生き方の変化に結びつけようとする意識によってこそ、自らの居場所を確保して自己を実現できるということ。

問九　次のA～Dのうち、本文の内容と一致するものを一つ選び、その記号をマークしなさい。解答番号は 8

A　現在進展しているグローバリゼーションは「トランスナショナル・コミュニティ」の活性化をもたらしているが、その恩恵にあずかることができるのは、ごく一部のエリートに限られる。

B　国境を自由に越えて活躍するグローバル・マルチカルチュラル・エリートと、筆者が考えるコスモポリタンとは、他者に対する関係の持ち方という点において本質的に異なる存在である。

C　異なる民族や文化をもつ他者との対話を重ねるためには、共通する言語を話すこと以上に、立場の違う者を理解しようとする態度を示し、ともに生きて行くための協力関係を築くことが重要である。

D　グローバリゼーションの時代において、多様性を認めざるを得ないような現実を受け入れ、世界共同体という理想を実現するためには、居場所を共有する他者との関係を構築する必要がある。

【解答・解説】

出典

塩原良和『共に生きる――多民族・多文化社会における対話』〈第十章　コスモポリタン多文化主義――「変わりあい」としての共生〉（弘文堂）

講評

問題文は、コスモポリタニズムという概念について、グローバリゼーションとの関係性に注意しながら、順を追って説明する形となっている。文章中に頻出する外来語に怯まず、〈自己アイデンティティの確立〉というゴールに向かって論展開を正確に追っていけるかが読解の鍵となる。また問四の抜き出し問題など、本文を広い視野で探していく問題に時間を取られすぎないように注意しよう。それ以外の選択肢問題は、設問が要求するポイントをすべて満たしているかどうかを確実に確認していけば、困難なものは特にない。全体的な難易度は標準。

要旨

本文は全部で九段落ある。グローバリゼーションが進展する中でのコスモポリタンとしてのあり方について順を追って説明されているので、それらを段落に合わせてまとめてみる。

1　グローバリゼーションが進展する中でのコスモポリタニズムの新たな意味（第一～二段落）

従来のコスモポリタニズムは、「根無し草」的な世界共同体や政府の実現を目指した空想として冷笑される傾向があった。しかしグローバリゼーションの進展によって世界中に普遍的な価値が普及していくなかで、ローカルな共同体が国境を越え、人々に自文化のルーツとグローバルな文化への帰属を両立させるような意味を持つようになりつつある。したがってこれからはハイブリッドな文化的差異やアイデンティティを抱えながら差異を受け入れる「越境人」によって構成される世界こそが、コスモポリタニズムとなっていくのである。

2 コスモポリタンに必要なのは、他者との対話を試み、自らの生き方を変えていくこと（第三〜五段落）

コスモポリタニズムの体現者（コスモポリタン）には、越境を行える財力・教養・人脈を持つものが世界を自分たちの「庭」のように行き来しているだけではなれない。越境によって得られる新しい文化的経験に対する自分の興味をただ追い求めているだけでなく、別の世界をのぞき込み、その住民たちの目を見据えてその声を聴こうとすること、すなわち他者との対話があって、はじめてコスモポリタンになれるのである。自分の生きる現実とは異なる現実に生きる他者と対話を試み、そこから自分の生き方を変えていける「対話人」こそが、現代におけるコスモポリタンなのである。

3 他者と居場所を共有しているという感覚の重要性（第六〜八段落）

異なる他者との接触の増大という状況が、グローバリゼーションによってありふれたものになりつつある今、コスモポリタンに必要な他者との対話の経験は一般的になりつつある。そしてその対話において相手との親密性は必須というわけではない。また共通の言語も必須でもない。それらがなくとも、自分たちが日常生活のなかで他者と「居場所」を共有しているという感覚さえあればよいのである。従来のコスモポリタニズムの思想では、場所にこだわることは束縛と同一視され、避けられてきたが、コスモポリタンを「越境人」でなく「対話人」と定義するなら、むしろ居場所を共有する他者との日常的な対話の積み重ねこそが必要なものとなる。

4 他者との対話なしに自身の居場所を保つことはできない（第九段落）

グローバリゼーションとは自分たちの居場所に絶えまなく新たな他者が入り込み、追い払おうとしても決して逃れられなくなることを意味する。そのような状況で自己アイデンティティを確立し、自分たちの実存を守るためには、自分と居場所を共有する他者との対話の関係の構築によって他者との関係に対する再帰的な意識を高めることが必要となる。

設問解説

問一　傍線部説明問題　標準

「ハイブリッド」とは、複数のものの混成物のこと。ここでは傍線部直前の、「グローカリゼーション」によって文化が国境をこえて混ざり合う、という文脈を押さえる。〈グローカル〉、つまり「グローバル（国境を越えて共有される）」な文化と「ローカル（地方特有の）」な文化が混ざり合っている状態を説明しているものを選ぶ。したがって答えは**D**となる。

Aは自国の文化と異なる文化というだけでは「ローカル（地方特有の）」という部分が説明できていないし、「尊重する」というだけでは「ハイブリッド（混ざり合う）」という内容が説明できていない。Bは「主体性」「マイノリティ」「多様性」、Cは「エリート」「高度に洗練」などが、設問の要求と完全に異なる。傍線部のある第二段落の後半で「そこに生きる人々はハイブリッドな存在として、自らの民族・文化的ルーツとグローバルな文化への帰属を両立しうる」といった記述が出てくることも参考になる。

問二　傍線部説明問題　標準

傍線部は直前にある「国や文化の境界を自由自在に越境する人々」、つまり「越境人」について言っているので、それに関する記述を確認する。すると、第二段落の後半に「国や文化を自由自在に越境し、自文化の純粋性に固執することなく他者を受け入れる」とある。ここから考えると**D**は国境を越えた自由な交流を「自文化の発展」につなげようとしているので、結局自文化にこだわっているということになり、この内容に反することになる。Aは傍線部の段落の後半、Bは第二段落の末尾、Cは第五段落の傍線部3と4との間に、それぞれ「越境人」のもつ傾向として説明されている。

問三　傍線部説明問題　標準

傍線部と同じ段落の続きの部分で言及されている、「コスモポリタンになるためには、他者の生きる現実への想像力が不可欠なのである」「自己の加害可能性と受苦可能性を自覚し、その痛みを感じながらもなお他者と向き合い自分を変えていく」「この世界に自分と無関係な他者など存在しないという認識をもち、にもかかわらず自分の生きる現実とは異なる現実に生きる他者がいることを知り、そうした他者たちとの対話を試み、そこから自分の生き方を変えていける人々」といった記述に合う**A**が正解。**ポイントは「他者と向き合う」ことから「自分を変えていく」ことである。**Bは異民族や異文化を受け入れても、そこから自分を変えるのではなく、自分以外の多様な価値観を統合しようとしている点が誤り。Cはそもそも「文化」に限定している点や、Bと同じく自分を変えようとしていない点が誤り。Dは第七段落六行目に「他者との親密性の形成は対話の必要条件ではないのだ」とあるのに反する上に、自分を変えるという要素がない。

問四　傍線部の理由説明問題（抜き出し）　やや難

傍線部の後、議論はここで提示された「対話人」としてのあり方についての説明が続くが、「対話人」とはどのようなものかが続いて述べられる。その後、最終段落の傍線部7の後で、自分を変えていくことについての必要性について「**私たちが他者と対話し、社会を変えていかなければならないのは、そうしなければ私たち自身がこの社会に居場所を保つことができず、自己を実現できないからである**」と書かれている。ここが正解となる。抜き出し問題は探すポイントを念頭においた上で本文全体を広く探そう。

問五　傍線部説明問題　標準

傍線部の段落で問いかけているのは、「人はどのようにして自分を変えていく勇気をもつことができるのだろうか。人は自らの生活に余裕と自信がなければ、痛みをともなう他者との対話などにわざわざ乗り出さないのではないか」ということであり、次の段落以降で筆者がこれを否定していく展開になっている。つまり設問の「このような問いかけを通じて筆者が述べようとしていること」とは、傍線部の否定なのである。また、「対話人」とは、問四で確認したように、他者との対話を通じて〈自己を変える〉人々であり、これに合致した内容の**B**が正解である。なお、Bの、「他者」が「不公平な現実に直面する」といった内容は、傍線部の一つ前の段落に出てくる。その「不公平な現実」を改善しようとすると自己の変革を迫られ「痛みをともなう」場合があるのである。AとCは自己の変革について触れていない。Dは「自分の価値観を相対化」するだけでは、自己を変革したとは言えない。

問六　空欄補充問題　標準

空欄補充問題は空欄の前後から入る内容を推測してから選択肢を検討した方がよい。まず空欄の前後を参照すると、空欄には、「対話人」としてのコスモポリタンであるために〈重要でないもの〉が入ることがわかる。「対話人」と言うときの「対話」とは一体なにか。答えは空欄の一つ前の第七段落にあり、「他者との親密性の形成は対話の必要条件ではないのだ」「共通の言語を話せなければ対話ができないというわけでもない」と述べられている。この表現はそのまま対話人として〈重要でないもの〉を示しているので、これが空欄に入る内容となる。空欄Xについては前者をそのまま「親密性の形成」と取り上げているCとDが残る。残る空欄Yには〈共通の言語を話すこと〉に当たる内容が入るが、これは、右の引用の直後に対比的に出てくる「片言の言葉や身振り手振り」と比べて、より精緻なコミュニケーションを行うための手段であると考えられる。したがって答えは**D**となる。

問七　傍線部の理由説明問題　標準

傍線部直後に、コスモポリタンを「対話人」と定義するならば「むしろ居場所を共有する他者との日常的な対話の積み重ねこそが『対話人』への出発点になる」とある。つまり設問できいている「場所」が重要な意味をもつようになった理由は、コスモポリタンをそのような出発点をもつ対話人と捉えるようになったからである。そしてこれに関連して、傍線部の一つ前の第七段落に「ごく普通の人々が日常生活のなかで異なる民族や異なる文化をもつ他者と出会い、対立・交渉を繰り返すなかで共存を目指して対話する」といった記述もあることから、前述のコスモポリタンの特徴をもつ人々がどんどん増えて、一般化していることがわかる。これらの内容に沿った**C**が正解。ポイントは〈他者（異なる民族・文化をもつ〉と居場所を共有し、対話するコスモポリタニズムが一般化したから〉という内容を踏まえているかどうかである。AとDは、他者との居場所の共有・対話が説明できていない。Bは〈居場所に入り込んだ他者と共存〉が他者との居場所の共有と言えるかが難しいところであり、その上で必要な「他者との対話」が含まれていない。

問八　傍線部説明問題　やや難

傍線部のある最終段落によれば、グローバリゼーションによって「自分たちの居場所に絶えまなく新たな他者が入り込み、追い払おうとしても決して逃れられなくなる」ため、「私たち自身がこの社会に居場所を保」ち、「自己を実現」するためには、**対話による「自己アイデンティティ」の確立が必要である**、ということになる。この結論部分の説明が合致しているのは**D**のみである。Dにある「異なる現実……結びつけようとする意識」については第五段落の説明に合う。BとCがやや紛らわしいが、Bは他者からの影響を「意識的にコントロールできるかどうか」という点が合わない。対話の目的は影響のコントロールではなく、むしろ影響を受けて自己変革の契機となる場合もある。Cについては「アイデンティティ」を「自分にふさわしい社会的地位」としているのが不適。「アイデンティティ」とは〈自分はこのような人間である〉といった意識のことである。

問九　内容真偽問題　標準

グローバリゼーションによって国境を越えて活躍する一握りの人々である「グローバル・マルチカルチュラル・エリート」がコスモポリタニズムの体現者として考えられるというのが一般的な見方であるのに対し、筆者はむしろ他者と居場所を共有し日常的な対話を積み重ねていくことがコスモポリタンの出発点であると主張しているのが本文である。この論旨に合致する**B**が正解。

Aは後半の、一部のエリートたちが享受しているとする、トランスナショナル・コミュニティの「恩恵」が実際にあるのかどうかの議論が本文にない。

Cは「他者との対話を重ねる」ことと、「立場の違う者を理解」すること、および「ともに生きて行くための協力関係を築くこと」との因果関係が逆。第五段落末に、「他者たちとの対話を試み、そこから自分の生き方を変えていける人々」が「対話人」だとある。つまり順番としては、〈対話→他者の理解→自分の生き方の変化〉となる。対話を重ねる「ために」ではなく、対話を重ねることによって、理解や協力関係が得られるのである。

Dは、「居場所を共有する他者との関係」の「構築」の目的が、「世界共同体という理想を実現するため」という部分が本文の議論と違う。最終段落に「自己を実現」するためであると書かれている。

解答

問一　D　問二　D　問三　A

問四　私たちが他～らである。

問五　B　問六　D　問七　C　問八　D　問九　B

演習7　経営学部　二〇一三年度　一

目標解答時間　三〇分

次の文章を読んで、後の問に答えよ。

建築における装飾文化は、二十世紀においては衰退し、建築の象徴性や装飾性は、極力排除されるようになった。鉄、コンクリート、ガラスというバウハウス(注1)・スタイルの素材が用いられ、二十世紀では無機質の新しい建築デザインが主流となる。増大する建築素材の需要をまかなうために、これらの大量生産方式が開発され、建築も時代の変貌と深くかかわり、資本主義の発展プロセスのなかに組み込まれていった。

二十世紀の建造物の外面は、ガラスとコンクリートに覆われた高層ビル群という、即物的な現代都市の景観をつくりだした。しかもコンクリートと「ガラスの増殖(注2)」現象は、建築の垂直志向と結びつき、二十世紀をリードしてきたアメリカの都市の景観を変えていった。その象徴的な建物は、有名なエンパイアステートビル(一九三一年)である。ニューヨークに出現した摩天楼は、アメリカの時代を誇示し、アピールするものであった。

建築史家レーウェンは『摩天楼とアメリカの欲望』のなかで、超高層ビルを教会施設のない「商業の大聖堂」という比喩で呼んだ。「商業活動の中心点に打ちこまれた塔の杭は、舞台装置でもあり、さらには自由貿易、自由主義競争《レセフェール》、競争などの原理を表すためのモデルとしての性格を有していた」(三宅理一・他訳)。さらにレーウェンは、アメリカ資本主義とキリスト教との関係について、次のように指摘している。

多くのヨーロッパ人にとって金儲けをすることは罪深い行為であるが、アメリカ人は品位の許容範囲をはるかに越えてそれを追求した。聖書によれば、キリスト教信仰は、ビジネスとはまったく相容れないものであるが、アメリカ人の場合は、キリスト教を多様な解釈で包みこみ、①大いなる創意をもって自由を獲得したのである。ひたすら金儲けのために働くことは、封建的な旧世界に対する新世界の民主主義的な答えとしておおいに尊重された。

当時は世界恐慌直後という時期ではあったけれども、エンパイアステートビルは I のシンボル的ビルとみなされ、四四三メートルという高さは、長く世界一の座を確保する。それは物理的、経済的高さであって、アメリカ人にはモラルの高さから富を再分配するという発想はなく、かれらは利潤の追求にaキョウホンしていった。

大量生産、大量消費は資本主義の原理であり、ヨーロッパ文明を継承したアメリカ文明のポリシーであった。郊外型の巨大な売り場面積を占めるスーパーマーケットが肥大化し、大きな看板、ガラスの陳列ケース、そして自動車による買い物というアメリカン・スタイルは、バブルの一時期、美徳のようにbフイチョウされたことがある。現在の日本やヨーロッパでも同様なシステムができあがり、マーケット・リサーチによって、CMが作製され、各種メディアからそれが連日流されている。資本主義の原理は、コマーシャルで購買力をcアオり、商品を流通・回転させ、利益を目指すものであるので、このシステムは今後も継承されていくことになる。

結論的にいえば、キリスト教の大聖堂は神への志向であって、また王侯の宮殿や独裁者の建築物は権力誇示そのものであり、さらに独占資本の牙城である超高層ビルは、富や欲望のシンボルであった。ところがその後、林立してくる超高層ビル群は、各階ごとのつながりを分断してしまい、さらにエアコンは窓の通風という機能をdクチクし、自然からの乖離現象を促進していった。壁によって遮断され各部屋は、現代社会と同様にカプセル化された孤立空間の様相を呈している。

都会は人間の原点である安らぎの空間ではなく、無機質化されたガラスとコンクリートが林立した、ジャングルと化している。これは装飾という遊び心を廃し、②徹底的に非芸術化された現代建築のゆき着いた世界である。

二十世紀初頭から人びとが合理性や機能性を追求してきたが、生みだされたものは、無機質の分断された都会の風景である。現代建築は高層化し林立しているけれども、[Ⅱ]を欠き、もはやサグラダ・ファミリア(注3)に打ち込んだガウディ(注4)のカトリックへの熱狂もなく、またバウハウスのグロピウス(注5)が提唱した、総合芸術としての建築の統合性の理念とも乖離してしまった。しかしこの帰結は、自由競争や「資本の論理」が生みだした、垂直志向の現代社会の宿命でもあったのだ。

二〇〇一年九月一一日、ニューヨークの世界貿易センタービルに対する航空機テロは、現代社会の矛盾を[e]ニョジツに示している。

一一〇階四一〇メートルのビルは高層化、鉄骨化、ガラス化された無機質の最先端技術のシンボルにほかならなかった。設計したのは日系アメリカ人であるミノル・ヤマサキであったが、この経済のシンボルタワーを攻撃したのも現代文明の華、航空機のボーイング767である。ビルは当時、多国籍の五万人の職場であり、いわば中世のキリスト教のシンボルである大聖堂になぞらえられる。それゆえイスラーム原理主義者は、アメリカのシンボルであるこのビルを標的にしたのである。

あわせてテロのもうひとつの攻撃目標に、軍事部門の中枢である国防総省のペンタゴンが狙われた。第二次世界大戦中に建設された建物で五角星形(ペンタゴン)は、防衛のシンボルとしても知られるが、攻撃目標が軍事力に対するものであったことが明らかである。したがって経済と軍事部門に対するテロは、相互に連動していたことがわかる。

欧米の高層ビルと軍事力という資本主義のシンボルは、アメリカの世紀をつくりだした二十世紀前半の「摩天楼」の伝統に根ざすものであった。広大な土地のあるアメリカで、都心に林立する高層ビルはやはりヨーロッパ文明の伝統である「塔」という[Ⅲ]思想を受け継いできたものである。それは最小の土地で集中的に最大の効率を生みだす、資本主義の欲望のメカニズムを象徴化したものにほかならなかった。くわえて軍事的パワーも頂点を目指す[Ⅲ]思想に裏打ちされ、それを支える体制であったが、テロはその横腹にいきなり大きな風穴を開けたようなものであった。

九・一一テロの結果、ビルが崩れ落ちた後の巨大なクレーターは、文字通り資本主義の墓標にほかならなかった。それは約三〇〇〇人の犠牲だけでなく、さらに何十倍何百倍の涙の根源であった。核と強大な軍事力をもつアメリカであっても、③テロには力の論理は通じず、即効的には何の対抗策も講じることはできなかった。たしかにこの事件が引き金となって、アメリカは報復としてイラク戦争をひき起こしたといえる。

ブッシュ大統領の「敵か味方か」という二項対立の論理は、もとを質せば一神教の思想に由来する。現在でもアフガン紛争において、アメリカおよび同盟国の強大な軍事力をもってしても、テロという攻撃に対して有効な対応策を講じることが困難な状況に立ち至っている。イラク戦争の検証の結果、アメリカの論理の「正義」は、一方的なものであることが露呈した。すでにヴェトナム戦争の挫折によって、アメリカの力の論理に陰りが見えていたが、中東への軍事介入は、ボディブロー(注6)のようにアメリカを弱体化させていった。

資本の論理は、アメリカ国内にも過疎と集中という矛盾とアンバランスをひき起こした。しかしそれだけではない。アメリカ・モデルは現代文明の原動力であるのでグローバル化しており、同様に、日本もそれに追従してきた。さらに多くの発展途上国もそれを目標にしたが、結果的に格差社会、民族戦争、環境破壊、南北問題をひき起こし、大量生産・大量消費の連鎖の構造は、極端なアンバランスを生みだした。中沢新一氏はその帰結として、「対称性の世界」が崩れ、生まれた「非対称性の世界」を次のように分析する。

「貧困な世界」は自分に対して圧倒的に非対称な関係に立つ「富んだ世界」から脅かされ、誇りや価値をおかされているように感じている。じっさいのところ「富んだ世界」は一極集中化しつつあるから、それに応じてますますこの非対称性はきわだつようになっている。圧倒的な政治力・軍事力・経済力を存分に行使して、「富んだ世界」は「貧困な世界」を小児化してしまおうとしているから、自分たちの内部に贅沢品や神との直接的な結びつきを汚すさまざまな媒介システムを移植されている「貧困な世界」は、それを屈辱とも冒瀆とも暴力とも感じている。このような圧倒的に非対称な状況は、テロを招き寄せることになるだろう。(『緑の資本論』)

いうまでもなくこれは、アメリカに対して行使された九・一一の「同時多発テロ」の分析である。たしかにヨーロッパ文明の延長線上に、アメリカ文明が金権主義、軍事力のアンバランス、貧富の差という極端な矛盾を生みだしてしまった。その結果、弱者の怒りが最終的にはテロをひき起こしたというのである。

「非対称性の世界」では、人間同士、人間と神との関係、人間と共同体、国家同士、南北問題などの点において、関係をずたずたに分断してしまった。繁栄した社会の背後には、すさまじい不毛の荒々しい世界の風景が、われわれの視野に入ってくるのである。だからといって、はげしい怒りや怨念から、捨て身のテロや破壊行為に走ることが容認されるわけがない。それはまた復讐の連鎖をひき起こし、ますます泥沼に足をとられるだけである。そうならないために、人間の繋がりが分断された現代において、もう一度、④人間の共同体の原点である大地に根ざした人間存在の意味を再検討する必要があろう。

現代の非対称の時代のなかで、二十一世紀の人びとは「機能性」「利便性」を目指して、さらに鉄骨とガラスを使った超高層ビルを建設し続けた。窓も同様に都市の発展とともに、増殖を繰り返してきた。従来の自然のなかで生活してきた人間は、都市のなかではますます自然から乖離し、天空の住人になった。いわばかれらの頂点にいるアメリカの独占資本は、「神の位置」から世界へビジネスの情報を発信してきた。人びとは世界貿易センタービルの崩壊を、鉄骨とガラスでできた巨大なビルの崩壊と認識できても、それを垂直化の象徴であるアメリカ文明の非対称の矛盾と理解したり、是正することに思いをめぐらせたりしなかった。

（浜本隆志『「窓」の思想史』より）

＊文中に一部省略した箇所がある。

注　（１）　バウハウス……二〇世紀前半のドイツに在った造形芸術の学校。後の芸術や建築デザインなどに多大な影響をのこした。

（２）　ガラスの増殖……ここでは、建築素材としてガラスを使用した部分の面積が飛躍的に増大したこと。

(3) サグラダ・ファミリア……一八八三年以来、スペインのバルセロナに建築中の大聖堂。
(4) ガウディ……スペインの建築家(一八五二～一九二六)。サグラダ・ファミリアの設計者。
(5) グロピウス……バウハウス創設の中心となった建築家(一八八三～一九六九)。
(6) ボディブロー……ボクシングで腹部を打つパンチのこと。

問1　傍線部a～eのカタカナの部分を漢字で書いた場合の二重線部の字と、部首などの構成要素が同じ漢字が波線部にあるものを1～8の中から選び、その番号をマークせよ。

a　キョウホン　　b　フイチョウ　　c　アオり　　d　クチク　　e　ニョジツ

1　結婚後に夫のセイを名乗る。
2　人前で話すのはハずかしいものだ。
3　前例をトウシュウする。
4　経済が急速にヒヘイしてきている。
5　ワズラわしい仕事から解放されたい。
6　「暑さ寒さもヒガンまで」
7　その機械はロウキュウカしている。
8　仕事上の失敗のためにサセンされた。

問2　傍線部①「大いなる創意をもって自由を獲得した」とはどういうことか。その説明としてもっとも適切なものを次の中から選び、その番号をマークせよ。

1　経済活動の象徴である超高層ビルを、ガラスとコンクリートで造られたビジネスの大聖堂と意味づけることによって、資本主義のもつ競争原理を隣人との共生を重視する思想と一致させたということ。
2　自己の金銭的欲望の肯定は旧来の倫理においては神の教えにそむく考え方とされたのだが、競争原理の追求にともなう自由と独立とを至上とする価値観によってそのやましさを正当化したということ。
3　伝統的に利潤追求の行為が罪悪とされてきたことと、ひたむきに働くことを美しいとする非ヨーロッパ的労働観との間の矛盾を、商業道徳の進歩に新時代のモラルを見いだすことで克服したということ。

4　アメリカ市場において形成された、なりふり構わぬ自由競争のルールが信仰心を抑制した結果として、新たなビジネスに参加することで得られる金銭的な豊かさが幸福の指標となったということ。

5　人々の購買欲を持続させるマーケット・リサーチのような方法によって、超高層ビルの物理的な高さが象徴するような高度消費社会のシステムを、民主主義の原動力とすることに成功したということ。

問3　空欄Iを補うのにもっとも適切な語句を次の中から選び、その番号をマークせよ。

1　アメリカ文明が実現した高度な技術力
2　アメリカにおける正義の概念の多様化
3　アメリカで確立した自律と独立の原理
4　アメリカ市場の恐慌にも揺るがぬ潜在力
5　アメリカ流の聖書解釈が示す自由と独創性
6　アメリカの資本主義に内在する成長志向
7　アメリカ政治が追求する強大な力の論理

問4　傍線部②「徹底的に非芸術化された現代建築のゆき着いた世界」とはどういうことか。その説明としてもっとも適切なものを次の中から選び、その番号をマークせよ。

1　二十世紀に飛躍的に発展したアメリカ資本主義を牽引する独占資本が、経済的効率を最大化して貪欲に利潤を追求するポリシーの象徴として超高層ビルを競って建てたため、ニューヨークのような大都市の景観が即物的で冷たいものになってしまっただけでなく、そうした思想が世界に拡がった結果として、人間の心から安らぎが失われ、孤立する人々を多く生み出してしまい、その果てに悲惨なテロまで誘発するようになったということ。

2　大量消費を美徳とし、商品とお金を流通させることに専心する資本主義社会が、その思想に合わせて建築のデザインを発展させてきた結果として芸術的要素はしだいに抜け落ちていったが、元来そうした要素がもつ自然を模倣するという機能によってもたらされる安らぎや快適さも失われてしまい、富を積み上げようとする競争ばかりが人々の生きる原理となったことを、現代の都市が象徴しているということ。

3　いわば「商業の大聖堂」と意味づけられるものでありながら、サグラダ・ファミリアのデザインにカトリック文化を体現することに注力したガウディが示したような美の追求や、バウハウスが重視したような建築を総合芸術とみなす姿勢が、現代の高層建築の設計思想から排除されてしまった結果として、超高層ビルが林立する都市では、人々の行動から品位が失われ、金儲けが罪悪ではなく美徳となってしまったということ。

4　超高層ビルは狭い土地を効率よく活用するという点で合理的な建築物であるが、さらに経済的合理性や機能性を追求するあまりに、大量生産できる無機質な素材や建設作業を簡素化するデザインを安易に用いすぎた結果として、以前の建築にあった神や自然とのつながりを表す芸術的要素が希薄になって、都市住民の心から安らぎや遊びの精神などの余裕が失われ、渇望されるようになっているということ。

5　効率化優先のシステムに最適のデザインや素材を追求しながら高層化していった結果、外部に対しても、内部の空間同士も孤立化する傾向を強め、そこに集う大勢の多様な人々も効率を優先して行動するような空間となってしまった現代建築が林立するニューヨークの摩天楼の都市風景は、資本主義の論理に人間同士の関係性も飲み込まれてしまったような二十世紀社会の一面を象徴しているということ。

問5　空欄Ⅱを補うのにもっとも適切な語句を次の中から選び、その番号をマークせよ。

1　有機的な統合性
2　文化的な独創性
3　空間的な有用性

4　思想的な一貫性
5　社会的な協調性

問６　空欄Ⅲを補うのにもっとも適切な語を文中から抜き出せ。ただし空欄Ⅲは二箇所あり、同じ語が入る。

問７　傍線部③「テロには力の論理は通じず、即効的には何の対抗策も講じることはできなかった」とあるが、このことは本文の文脈ではどういう意味になるか。その説明としてもっとも適切なものを次の中から選び、その番号をマークせよ。

1　アメリカの強大な軍事力は、経済格差に代表されるような世界の非対称性を拡大しつづけるアメリカ資本主義の欲望のメカニズムを支えるものであるため、そうしたメカニズムそのものに対する怒りに起因するテロ行為への対抗手段としては充分に機能せず、むしろ逆に相手の怒りを引き出してしまうということ。

2　アメリカ文明が確立した資本主義の論理は、独占企業に富が集中するシステムを持続しつづけなければならないために、局所的には莫大な富が蓄積される一方で、アメリカ国内においてすら経済的なアンバランスや矛盾を生み出し強化してしまうことを避けられず、テロに対する国民の意識も、もはや統一しがたくなっているということ。

3　アメリカの資本主義がグローバル化によって国外にもたらした矛盾やアンバランスは、たんに貧富の差を拡大させるのみならず、環境問題や民族紛争を解決困難なまでに複雑化させるなど、世界的な規模にまで憎悪と対立を助長しつづけており、圧倒的なアメリカの経済力や軍事力をもってしても、もはや対処しきれなくなっているということ。

4　アメリカにおける力の論理とは、自由と競争の原理を第一とするアメリカ流の資本主義と民主主義とを背景に、さらには一神教に由来する個人主義の思想によって支えられ発動するものであるが、欲望肯定のメカニズムを強化しすぎたため、国民も企業も過度に利己的にふるまうようになり、力を統合することが困難になったということ。

5　ヨーロッパ由来のキリスト教文化を核とするはずのアメリカ社会だが、高度に資本主義を発展させた二十世紀を通してその独自性が際立ってきてしまったために、国内で多数の支持を得られる正義の観念も、現代のヨーロッパ諸国においてすら、なかなか共感を得られず、ましてそれ以外の国々を説得することが出来なくなっているということ。

問8　本文4ページ以降（本書では傍線部③の次の段落の3行目以降）のどこかに次の文を補いたい。もっとも適切な箇所を、その直前の一〇字を抜き出して答えよ。（句読点は一字と数える。以下同じ）

しかしグローバルに見れば、それが「非対称性の世界」を助長するものであるという意識はほとんどない。

問9　傍線部④で筆者は、「人間の共同体の原点である大地に根ざした人間存在の意味を再検討する」ことが、「復讐の連鎖をひき起こし、ますます泥沼に足をとられ」ないために必要であると述べているが、それはなぜか。次の文の空欄を三〇字以内で補うことで答えよ。ただし、「アメリカの時代」「欲望」の二語を必ず用いること。

［　　　　　　　　］という現代社会の矛盾を解消する道を見出さなければ、自然に根ざした人間同士の関係に基づく世界は回復しないから。

【解答・解説】

出典　浜本隆志『「窓」の思想史――日本とヨーロッパの建築表象論』（筑摩書房）

講評

現代建築が資本主義を象徴するものであることを説明し、資本主義やそれを象徴する高層ビルが生み出した現代社会の大きな矛盾を鋭く分析している評論文からの出題である。近代以降の資本主義を批判する評論文は数多くあるが、九・一一テロ事件を例として詳細にアメリカ資本主義の矛盾を指摘している点が印象深い。どのように資本主義思想が確立されていったのか、そしてそれによりどのような影響があったのかをさまざまな設問形式で問う良問である。問４・問７の選択肢が少々紛らわしかっただろう。問９の記述では自分の解答が「現代社会の矛盾」を説明した文になっているか必ずチェックすること。全体の難易度はやや難。

要旨

本文は全部で十八段落ある（引用のみの段落は段落数に数えない）。全体に通底するテーマは一貫しているのだが、二〇〇一年の九・一一テロの話題が出てきた箇所を境として、大きく二つの意味段落に分けて内容をまとめてみる。

1　二十世紀における建築の特徴とアメリカ資本主義（第一〜八段落）

二十世紀に主流となった建築には、〈象徴性・装飾性の排除〉〈垂直志向と結びついた、無機質で即物的なデザイン〉〈自然からの乖離・非芸術化〉のような特徴がある。エンパイアステートビルをはじめとする超高層ビルが備えるこれらの特徴は、成長志向により利潤の追求に狂奔するアメリカ資本主義が生んだものである。

2 九・一一テロから考える、アメリカ文明の非対称の矛盾（第九〜十八段落）

アメリカの資本の論理は、国内外問わず過疎と集中という矛盾とアンバランスをひき起こし、格差社会、民族戦争、環境破壊、南北問題などを抱えた「非対称性の世界」が生まれた。中沢新一氏は、このような状況から生じた弱者の怒りが九・一一テロをひき起こしたと分析する。人間の繋がりが分断された現代において、このような「非対称性の世界」における矛盾を理解し、もう一度人間存在の意味を再検討する必要がある。

設問解説

問1　漢字の問題（部首）　標準

aからeそれぞれの漢字および二重傍線部の部首は以下の通りとなる。

a、狂奔　廾部（きょうぶ）
b、吹聴　みみへん
c、煽（り）　ひへん
d、駆逐　しんにょう
e、如実　おんなへん

そして1〜8の選択肢の漢字は以下の通りとなる。

1、姓　2、恥　3、踏　4、弊　5、煩　6、彼　7、朽　8、遷

漢字は読み書きだけでなく、たまにこのような部首、あるいは音読み訓読みの組み合わせなどが問われることもある。とはいえ、基本である漢字の読み書きの対策をしっかりやっておけば問題はない。

問2　傍線部説明問題　標準

傍線部①を含むレーウェンの引用文では、キリスト教において本来「金儲けをすることは罪深い行為である」が、アメリカ人は「多様な解釈」によって、金儲けのために働くことを「新世界の民主主義的な答え」として尊重したと説明されている。したがって、傍線部①中の「大いなる創意」とは〈金儲けを正当化するための都合のよい解釈（をする意思）〉であり、それにより「自由を獲得した」とは〈民主主義思想と結びつけることによって罪悪感なしに金儲けを追

求できるようになった〉という意味である。同じ趣旨のことを述べた**2**を選ぶ。
1、「隣人との共生を重視する思想」について、本文では言及されていない。
3、「伝統的に利潤追求の行為が罪悪とされてきたこと」と矛盾するのは、「非ヨーロッパ的労働観」ではなく、アメリカ人の金儲けを追求する思想である。
4、「自由競争のルール」が「信仰心を抑制した」のではなく、信仰との矛盾が「多様な解釈」によって克服されたのである。
5、資本主義とキリスト教信仰との矛盾に触れていないため誤り。

問3　空欄補充問題　標準

空欄Ⅰの直前直後の記述から、〈エンパイアステートビルが象徴しているもの〉を空欄Ⅰに挿入すべきだとわかる。ちなみに象徴（シンボル）の意味は〝抽象的な概念などを、それを連想させる具体物で表すこと〟である。この場合、**エンパイアステートビルという具体物が、いかなる抽象的なものを表しているか**ということが問われている。本文には「超高層ビルは、富や欲望のシンボル」（第六段落）、「高層ビルと軍事力という資本主義のシンボル」（第十二段落）とあるので、同じく資本主義のシンボルだとする**6**が正解である。それ以外の選択肢は富や資本というニュアンスが含まれていない。

問4　傍線部説明問題　やや難

選択肢が長いが、読点ごとにスラッシュを引いたりして、一つ一つのブロックを精緻に検証していこう。傍線部②の「徹底的に非芸術化された現代建築」がもたらしたものについては、第六〜八段落に具体的に書かれている。現代建築は「**無機質の分断された都会の風景**」（第八段落）を生み、そのような「**孤立空間**」（第六段落）は「**人間の原点である安らぎの空間**」（第七段落）**ではなくなってしまった**と述べられている。この現象を正確に説明した**5**が正しい。
1、紛らわしいので注意。確かに、テロを誘発したのは資本主義の思想であると本文後半で説明されているが、あくまでテロの原因は「非対称性の世界」である（第十五～十六段落）。現代建築によって心の安らぎが失われて孤立する人が生まれたことの延長線上に、テロが起きたことまで結びつけるのは無理がある。
2、「芸術的要素」が「自然を模倣するという機能」を有していたとは書かれていない。
3、「人々の行動から品位が失われ」は、「ゆき着いた世界」の説明とはならない。
4、「渇望されるようになっている」とまでは述べられていない。

問5　空欄補充問題　やや易

空欄Ⅱに挿入されるのは、〈現代以前の建築が有し、現代建築では失われているもの〉であるが、空欄の次の行に「建築の**統合性**の理念とも乖離してしまった」という表現がある。また、直前の文に、二十世紀には「無機質の分断された」風景が生みだされたとあり、**〈有機的なつながりを失った〉**と言い換えられるので、これらのキーワードを含む**1**を選ぶ。

問6　空欄補充問題（抜き出し）　標準

空欄Ⅲに入るべき思想は、「ヨーロッパ文明の伝統である『塔』」を説明するとともに、「資本主義の欲望のメカニズムを象徴化」し、さらに「軍事的パワーも頂点を目指す」思想であることを押さえる。**「塔」が高さを、資本主義が利潤の多さを、軍事力がパワーの頂点を追求していることは、すべて〈上へのぼりたい〉という思想としてまとめられる。**したがって、本文中（第二段落など）から「**垂直**」を探して挿入すると意味が通る。なお、「垂直志向」を入れると「志向」と直後の「思想」に意味の重なりがあるので適当ではない。

問7　傍線部説明問題　やや難

傍線部③中の「力の論理」が、直前の「核と強大な軍事力」に代表されるものであることを前提として考える。筆者は「テロ」の原因を、アメリカ資本主義が生んだ「金権主義、軍事力のアンバランス、貧富の差という極端な矛盾」に対する「**弱者の怒り**」（第十六段落）であるとする。したがって、テロに対するアメリカの戦いが、〈資本主義の思想によって生まれた格差が誘発したテロ〉に〈資本主義の思想によって高められた軍事力〉で対抗する戦いである点に着目すると、なぜアメリカの論理、軍事力でテロに対抗しえないかが見えてくる。設問では、「本文の文脈」を踏まえた傍線部の意味が問われていることに注目。3が紛らわしいが、これではアメリカが対処しきれない理由がただ「世界的な規模」の問題だからということになってしまう。そうではなく、〈資本主義から生まれたテロへの対抗手段として、資**本主義で高められた軍事力が機能しきれない**〉という説明が欲しい。これらを踏まえている**1**が正しい。その他の選択肢については以下の通り。

2、「テロに対する国民の意識」が統一できないとする点が誤り。

4、「過度に利己的にふるまう」ことで「力を統合」できなくなったとする記述は本文にない。

5、「キリスト教文化……その独自性が際立ってきてしまった」ことを「国々を説得することが出来なくなっている」ことの理由とするような記述は本文にない。

問8　欠文挿入問題　やや難

欠文挿入問題は、**まず脱落文内のキーワードや脱落文の内容に注目し、それらを軸に本文内を探索しよう**。ただ、本問は段落ごとの関係で考えるのではなく、文と文との関係を考えなければならないので丁寧に探す必要がある。

脱落文中の「それ」とは「『非対称性の世界』を助長するもの」であるから、〈資本主義や、資本主義を象徴する事物〉を受けていると考えられる。また、**資本主義やその象徴が「非対称性の世界」を助長しているという意識がほとんどない**（＝無自覚だ）と説明されている。したがって、これと同じ話題について述べた最終段落の、末尾の一文の前に挿入すると、最後の三つの文は次のようにつながり、意味が通る。

●アメリカの独占資本は、「神の位置」から世界へビジネスの情報を発信してきた。

●しかしグローバル（＝世界規模）に見れば、それ（＝アメリカの独占資本）が「非対称性の世界」を助長するものであるという意識はほとんどない。

●人びとは世界貿易センタービルの崩壊（＝アメリカの独占資本に対する反発が引き起こした事件）を……垂直化の象徴であるアメリカ文明の非対称の矛盾と理解したり、是正することに思いをめぐらせたりしなかった。

問9　記述式の傍線部の理由説明問題　やや難

設問文中の空欄に当てはめるのは「現代社会の矛盾」を具体的に説明したものである。本文全体で述べられていた矛盾とは、〈資本主義の思想による利潤や力の追求が、さまざまな格差を抱える「非対称性の世界」を生んだこと〉（第十五～十六段落参照）である。利潤や力を追求することは「欲望」の追求と言い換えられること、またこの矛盾がアメリカで生まれたことを踏まえると、指定された二語を用いてまとめることができるだろう。ただし、「現代社会の矛盾」を直接示した表現として「非対称性の世界」を用いては、何と何が非対称で、なぜ矛盾となるのかがわからないので、末尾には「貧富の〔富や力の〕差」（第十六段落参照）といった表現を利用しよう。

解答

問1　a―4　b―2　c―5　d―8　e―1
問2　2　**問3**　6　**問4**　5　**問5**　1
問6　垂直
問7　1
問8　情報を発信してきた。
問9　どこまでも欲望を追求するアメリカの時代が生んだ、富や力の格差（三〇字以内）

演習 8　法学部　二〇一七年度　二

目標解答時間　二五分

次の文章をよく読んで、設問に対する答えを、解答用紙の該当欄に記入、またはマークしなさい。

議会制度は突然に出来たのではなく、その前にもこれに似たものがあった。それは級団制度である。これも亦君主の統治権の行使に対する一つの制限であって、第十三世紀頃から欧州諸国に行われた。それは、特権ある階級に属する者が結んで団体を作り、その団体を仮に級団と名づけて置く――その団体が君主の統治権の行使に参与したのである。君主が租税を賦課するには、この級団の同意を求めねばならなかった。場合に依っては立法についても亦右の同意を要したと云う。

この級団制度は一見議会制度に似て居るけれども次のことを考うると、その差異の大なるを知る。級団の任務と議会の任務とは全く違う。議会の任務は全体としての国民の利益を考量するにあるけれども、級団の任務はこれに属する階級の利益を考量するにあった。従って級団は、議会とは異なる一種特別の性質を有するものと考えられて居た。即ち、初めは、級団は、国家機関たるものではなく、それ自身、国家に対して独立の人格を有するものだとせられて居た。国家を代表する君主と級団とは、両両対抗して、各自の利益を主張するものだと考えられて居た。

かくの如き二元的思想が国家観念の発達を妨げ、従って国家そのものの発展を害すること勿論であって、この思想が、①漸次緩和せられて、級団を国会機関と考うるの傾向を生じたのは、当然のことである。

級団制度は右の如く維持すべからざる思想に基づいて居るのであるが、しかも君主に対する制限の思想を根底とするものであるから、その点においては、立憲君主制度に傾いて居るのである。が、それから直接には、現代の立憲君主制度を生じなかった。寧ろ再び専制君主制度に立ち戻ったのである。それは奇に似て奇ではない。全く、前に述べた如く、級団制度において、君主と級団とが互いに対抗して居た結果に外ならぬ。即ちこの対抗の結果、君主が級団に打ち勝ったに過ぎない。そこで、第十六世紀から又一層極端なる専制君主制度が行われた。彼の有名なる仏王ルイ十四世[注1]が、「国家とは即ち朕である」と豪語したのは即ちこの時代である。しかしながら、かくの如き状況の永続し得べからざること勿論であって、専制君主主義は英国において結局的に敗れて以来、欧大陸においても同じ末路に陥った。かくて、専制君主制度に代わって成立したものが即ち立憲君主制度である。

それ故に、沿革的に云うときは、専制君主制度に対する制限君主制度としては、級団君主制度及び立憲君主制度の二種を示さねばならぬ。しかしながら、級団制度は、現今一般には既にその跡を絶って居るのであるから、専制君主制度に対するものとして、直ちに立憲君主制度を挙げて差し支えない。

以上は西洋における立憲制度の沿革であるが、東洋では、右の如き沿革なく、その沿革の結果が、始めから行われて居る。我が国は、級団君主制度の時代を経過することなく、専制君主制度から直ちに立憲君主制度に入った。即ち国民が君主の統治権の行使に参与するの方法として、或る特権ある階級に属する国民の団体が、国家の利益に対して、自己の利益を主張するが為に、これに参与すると云う[A]二元的思想は起こらないで、一般の国民が、国家の利益を考量する為に、国家機関と為って、これに参与すると云う思想が初めから起こったのである。これは我が国の幸福であった。この思想を法として示したものが、即ち[B]大日本帝国憲法である。

かく、一般の国民をして君主の統治権の行使に参与せしめねばならぬと云う法の原則、換言せば、君主が統治権の行使について、一般の国民の意思を問わねばならぬと云う法の原則は我が憲法で定まったものであるが、しかしながら君主が統治権の行使について、一般の国民の意思を問うがよいと云う思想は、決して憲法に依って始めて出て来たのではない。寧ろ、それは、古から東洋の君主道の真髄であったと思う。

この事については、私はかつて元田永孚《もとだながざね》[注2]先生の進講録を読んで非常に[C]有益な教えを受けた。先生は『書経』舜典「闢《ひらキ》二四門《ヲ》一」明《ラカニシ》二四目《ヲ》一達《ス》二四聡《ヲ》一」の「明四目達四聡」と云うを説明して、次の如く言うて居られる。「又明四目達四聡と云うて、凡そ天下の広き、人君一人の耳目を以て、悉く天下の事情を見尽くし、聴き届くることは、成り難き道理なり。故に、大舜は、一人の目、一人の耳を以てせられず、天下四方の耳目を以て、己の耳目と致され、四方の人民の見る所、聞く所、隠忌する所なく、直言する様に致され、四方の目を明らかにし、四方の耳を達せられしなり。故に四方の民情、漏るる所なく、大舜の耳目に達し、困苦の状も、②エン嗟の声も、誹謗の声も、善も、悪も、賢も、愚も、悉く朝廷の上に羅列して、何一つ壅蔽《ようしょう》注3のなき様に相成りし也。」と。又先生は、「四目を明らかにし、四聡を達すれば、天下一身となる。」とて、之を四門を開くことと併せて、実に天下を治むるの基本だとせられて居る。而して、その「しかれども、その賢才を挙げ（筆者曰う、これは元田先生の「闢四門」の解である）、言路を開くの方法は一概にはあらず。輿論を発達せしむれば、全く四門を闢いて四目四聡を達すると一般の旨趣なり。舜をして、当世に生まれしむれば、必ずこの議院法を設くる事もあるべし。」と云わるるに至りては、特に傾聴すべきものである。

又ア『孟子』を読む者は、その中に、君主が事を決するに当たって、一部少数者のみの意見を聴くことを避けて、一般の国民の意見を聴くべきを力説してあることを知るであろう。D「左右皆曰《フ》レ賢《ナリト》、未《ダ》レ可《ナラ》也。諸大夫皆曰《フ》レ賢《ナリト》、未《ダ》レ可《ナラ》也。E国人皆曰《ヒ》レ賢《ナリト》、然《ル》後《ニ》察《シ》レ之《ヲ》、見《テ》レ賢《ナルヲ》焉、然《ル》後《ニ》用《ヰヨ》レ之《ヲ》。左右皆曰《フ》二不可《ナリト》一、勿《カレ》レ聴《ク》。諸大夫皆曰《フ》二不可《ナリト》一、勿《カレ》レ聴《ク》。国人皆曰《ヒ》二不可《ナリト》一、然《ル》後《ニ》察《シ》レ之《ヲ》、見《テ》二不可《ナルヲ》一焉、然《ル》後《ニ》去《レ》レ之《ヲ》」。「左右皆曰《フ》レ可《シト》レ殺《ス》、勿《カレ》レ聴《ク》。諸大夫皆曰《フ》レ可《シト》レ殺《ス》、勿《カレ》レ聴《ク》。国人皆曰《ヒ》レ可《シト》レ殺《ス》、然《ル》後《ニ》察《シ》レ之《ヲ》、見《テ》レ可《キヲ》レ殺《ス》焉、然《ル》後《ニ》殺《セ》レ之《ヲ》」。これは全く古来儒家の説の如く、国家の政治は君主の［イ］すべきものでないと云う根本精神に基づくのであろう。しかれば、君主が統治権の行使について、一般の国民の意思を問うがよいと云う思想は、寧ろ東洋の君主道の特徴である。立憲主義は即ちこの君主道を法の原則とするものに過ぎないのである。

果してしかりとせば、何故に特に憲法と云う法を作るのか。君主道において既に、一般の国民の意思を問うとせらるるならば、それで十分ではないか。何人でも、少しく深く考えるときは、この問題に逢着するであろうが、又更に深く考えるときは、容易にこの問題に答え得るであろう。
　君主が一般の国民の意思を問うことについて、特に憲法で規定を設けねばならぬ理由の主なものは、二つある。その一は、これに依って君主が一般の国民の意思を問うの方法を一定して置くのであるが、これは別に説明するまでもない。その二は、これに依って、如何なる君主の時代でも、一様に、一般の国民の意思を問うと云う結果を、生ぜしめようとするのである。既に君主道において、君主が一般の国民の意思を問うがよいとせば、多くの君主はこの君主道を守るであろう。殊に我が国の如きにおいてはそうである。しかしながら、国家は、いつでも明君のみの出現を待ち受け得るものではない。特に、一般の国民の意思を問うことを望まざる君主を戴くと云う場合も考えられる。これは、一般に云ったのであるが、君臣の義や情の特別な我が国といえども、独りその例外を為すものだとは云えない。ここにおいてか、我が国においても、かの君主道を永久に維持しようと思うならば、その君主道を法の原則とするの必要が出て来るのである。即ち従来は、右の君主道は、寧ろ君主一個の心得とも云うべきものであったが、憲法の制定と共に法の上の義務となった。それ故に③仮令一般の国民の意思を問うことを望ませられざる君主といえども、これを問わせられねばならぬ。かく考え来たると、凡そ明君に向かっては、憲法があっても、なくても、同じことであるが、しかしながら、世界常に明君の出ずることを必《ひっ》とし難いから、如何なる君主の下であっても、君主道の行われるようにするのが、即ち憲法の目的である。

（佐々木惣一の文章による）

注１　ルイ十四世＝一六三八〜一七一五。フランス王（在位一六四三〜一七一五）。ブルボン王朝最盛期の王。
注２　元田永孚＝一八一八〜一八九一。漢学者。明治天皇の侍講・侍補を務めた。
注３　壅敝＝ふさぎおおうこと。「壅蔽」に同じ。

問１　傍線部①「漸」・③「仮令」の本文中での読みを、現代仮名遣いのひらがなで記し、傍線部②「エン」を漢字で書きなさい。

問２　傍線部ア『孟子』は、儒学の経典のなかで特に重要とされる「四書」のひとつである。「四書」には、『孟子』のほかに、『論語』、『中庸』があるが、あとひとつは何か。その書名を漢字二文字で記しなさい。

問３　空欄［イ］に当てはまる漢字一文字を、本文中から抜き出して記しなさい。

問４　次の一文は、いずれかの段落の最後に置かれていたものである。この文が入るべき位置の直前の五文字（ただし、句点を除く）を、解答欄に記しなさい。

しかれば、立憲主義を以て、東洋の固有の君臣の関係を破壊するものであるかの如く考うるは大いなる誤解ではあるまいか。

問５　傍線部Aの「二元的思想」に基づく政治体制が、長期的な安定をもたらさなかったのはなぜか。「［　　］だから」の形で説明する場合、空欄に入る適当な記述を、本文中から二十七文字で抜き出し、その最初と最後の三文字を、解答欄に記しなさい。

問６　傍線部B「大日本帝国憲法」が発布される以前において、東洋の君主道とはどのような性質の規範意識であったか。本文中から七文字で抜き出して、解答欄に記しなさい。

問7　傍線部C「有益な教え」とはどのようなものか。次の選択肢の中から、もっともふさわしいものを選び、その番号をマークしなさい。

1　四門を闢いて四目四聡を達するという君主道の根本精神が、東洋の為政者の間で絶えず受け継がれてきたこと。
2　東洋においては、国民の意思が尊重されていて、憲法制定以前から議院法による政治制度が確立していたこと。
3　国民主権を基盤とする儒教道徳に基づき、君主が広く国民から意見を求める立憲君主制度が取られていたこと。
4　東洋においては、君主が統治権を行使する際に、国民の意見を尊重する考え方が原則的に是とされていたこと。

問8　傍線部D「左右」の本文中における意味としてもっともふさわしいものを、次の選択肢の中から選び、その番号をマークしなさい。

1　君主の近臣たち　　2　賛成派と反対派　　3　左大臣と右大臣　　4　国政の諮問機関

問9　傍線部E「国人皆曰ヒレ賢ナリト、然ル後ニ察シレ之ヲ、見テレ賢ナルヲ焉、然ル後ニ用ヰヨレ之ヲ」の内容としてもっともふさわしいものを、次の選択肢の中から選び、その番号をマークしなさい。

1　国中の人が賢人だと考える人材に対し、君主は能力にふさわしい待遇を用意する必要がある。
2　国民が賢人だと認めた人材に対し、君主自身もその能力を吟味した上で登用する必要がある。
3　国家運営の際には、国民のなかから優れた人材を抜擢するための法整備を進める必要がある。
4　人材登用の際には、君主は国民がその人物の力量を見定めるための機会を設ける必要がある。

問10　本文の内容と合致するものを、次の選択肢の中からひとつ選び、その番号をマークしなさい。

1　特権階級から構成される級団は、租税の賦課や立法など、君主の統治権に参与する国家機関だった。

2　「闢四門」とは、国民全員の意見に耳を傾けることであり、東洋の君主道の真髄もまたそこにある。

3　東洋の君主道は民主政治を理想とするが、理想通りにならないこともあるので、憲法は必要である。

4　特権階級による利益追求と国民による統治権の参与という二元的思想により、級団制度は失敗した。

【解答・解説】

出典　佐々木惣一「立憲非立憲」（今井清一編集『近代日本思想大系33　大正思想集1』筑摩書房）

講評

西洋の歴史と対比させながら、東洋には君主の統治権の行使に一般の国民が参与するという君主道の思想があったことを説き、そこから憲法の目的にまで触れた法学部らしい文章である。文語体の文章と漢文も挿入されており、読むのに骨が折れるだろう。しかしこれらの文章の時代的な違いに怯まず、それらに通底する主張を理解することは、難関大受験生に求められる能力である。恐れずに冷静に取り組もう。また抜き出し・欠文挿入・知識・説明型など、問題のバリエーションも豊かなので、設問の要求の読み間違いがないように注意してもらいたい。全体の難易度はやや難。

要旨

本文は全部で十一段落ある。これを大きく三つの意味段落に分けて内容をまとめてみる。

1 西洋における級団制度から立憲君主制度までの沿革（第一〜五段落）

議会制度ができる前に、欧州には級団制度というものがあった。これは特権階級の者が結んだ級団という団体が君主の統治権の行使に参与するもので、立憲君主制度と同じく制限君主制度である。その後、君主が級団に打ち勝ち、再び専制君主制度に立ち戻るが、結局は専制君主制度が敗れ、代わって立憲君主制度が成立した。

2 東洋での立憲君主制度への沿革の特徴と、君主道との関係性（第六〜九段落）

一方東洋では歴史上、級団制度はなく、日本では専制君主制度から直ちに立憲君主制度に入った。これは一般国民が君主の統治権の行使に参与するという思想が初めから起こったということである。この思想を法として示したものが大日本帝国憲法だが、この思想は大日本帝国憲法に依ってはじめて出てきたのではなく、昔から東洋の君主道の真髄としてあった。そのことは『書経』『孟子』などの書籍でも示されている。

3 君主が一般の国民の意思を問うために憲法が必要な理由（第十〜十一段落）

君主が一般の国民の意思を問うことを憲法で規定する理由は、国民の意思を問う方法を決めておくためと、いかなる君主の時代でも君主道が行われるようにするためである。国家は常に明君のみの出現を待ち受け得るとは限らないので、いかなる君主であっても東洋の君主道を徹底させるには、その君主道を法の原則とし、憲法の制定と共に法の上の義務とする必要があった。それこそが憲法の目的なのである。

設問解説

問1　漢字の問題　難

②「怨嗟」の意味は〝恨み嘆くこと〟。③「仮令」は元々漢語であり、語源はハ行四段活用動詞「たとふ」の連用形と推測される。

問2　文学史問題　やや難

「四書」は、儒教の経書のうち『**大学**』『中庸』『論語』『孟子』の四つの書物を総称したもの。知識としてはこれに合わせて五経《ごきょう》（『易経』『書経』『詩経』『礼記』『春秋』）も知っておきたい。

問3　空欄補充問題（抜き出し）　標準

空欄イを含む文の前に『孟子』が引用されているが、それは段落冒頭の文中にある「君主が事を**決**するに当たって……一般の国民の意見を聴くべき」を示す具体例である。この内容をまとめたのが空欄イを含む部分であり、「国家の政治は君主の**決**すべきものでない」とすれば段落の冒頭文と意味が通じる。〈為すべきものでない〉としても文意は通じるが、君主が〈政治を為さない〉という文脈は君主の役割を根本から否定してしまうため、「決」が正解。なお、今回の『孟子』のような漢文が本文中に引用されていると戸惑うかもしれないが、次のことを踏まえて落ち着いて対処してほしい。

ポイント　現代文の本文に別の文章が引用されているとき

本文中の引用文（古文漢文含む）は**〈直前の抽象的内容を説明するための具体例〉**であることが多い。引用文の直前に書かれている抽象的内容との関連を意識しながら、筆者が伝えようとしている内容を理解するようにしよう。

問4　欠文挿入問題　標準

欠文挿入問題は、最初に、**挿入する文の内容を押さえておくこと**。この挿入文の主旨は**〈立憲主義は東洋の固有の君臣の関係を破壊しない〉**ということ。それが「しかれば」（＝したがって）で前の部分から続く内容になっている必要がある。「東洋の固有の君臣の関係」について説明しているのは第八～九段落。**第九段落最終文**に「立憲主義は即ちこの君主道を法の原則とする」とあり、**立憲主義と君主道の深い関係性**について述べている。〈立憲主義と君主道の関係が深い〉→〈したがって〉→「立憲主義を以て……の如く考うるは大いなる誤解」だ、という流れとなる。

問5　傍線部の理由説明問題（抜き出し）　やや難

要旨で段落を分けたように、第六段落から東洋についての検討が始まる。傍線部Aの文において、「或る特権……二元的思想」が起こったのが西洋で、「一般の国民が……初めから起こった」のが東洋だとまず押さえる。「二元的思想」が長期的な安定をもたらさなかった直接の理由は、直前にある「**或る特権ある階級に属する国民の団体が……自己の利益を主張する**」ことが良くないと捉えられたからである。このように考えると、「『二元的思想』に基づく政治体制」において〈対立する〉ものを、西洋について述べた箇所から探すとよい。解答すべき箇所は、級団制度と君主との対立が記された第二段落の最後の文「国家を代表する君主と級団とは、**両両対抗**……考えられて居た」である。それは、直後の第三段落冒頭に「かくの如き**二元的思想**……害すること勿論であって」とあることから確かめられる。制限字数に沿う正解箇所は「**君主と……るもの**」となる。

問6　傍線部説明問題（抜き出し）　やや難

抜き出し問題においては、解答が傍線部から離れた所にあることも多いので、設問の要求すべてをしっかり踏まえて探す必要がある。この場合は「『大日本帝国憲法』が発布される以前」「東洋の君主道」「規範意識」「七文字（ちょうど）」という要求をすべて踏まえているかを念頭において探す必要がある。

最終段落の後ろから五行目以降に「即ち従来は、右の君主道は、寧ろ君主一個の心得とも云うべきものであったが、憲法の制定と共に法の上の義務となった」とある。「憲法の制定と共に」という表現を境目にして憲法の制定〈以前〉と〈以後〉が記されている。憲法が「発布される以前」が問われていることから、正解は「**君主一個の心得**」となる。

問7　傍線部説明問題　標準

傍線部Cのある第八段落最後で、筆者は元田先生の言を「傾聴すべきもの」としている。第九段落で『孟子』の例が挙がるのも第八段落を補うものと考えられる。第九段落の冒頭文の「君主が事を決するに当たって……一般の国民の意見を聴くべき……知るであろう」ということを筆者は「有益な教え」と解しているのである。第九段落の後ろから二文目に「しかれば、……東洋の君主道の特徴である」とあるのも念押しになっている。選択肢では「東洋においては、君主が統治権を行使……国民の意見を尊重……原則的に是」とある**4**が適当。

1は「東洋の為政者の間で絶えず受け継がれてきた」、2は「憲法制定以前から議院法による政治制度が確立していた」がそれぞれ本文にない。3は第九段落の五〜六行目に「古来儒家の説の如く……根本精神」とあるので、儒教が君主の専制を否定していることはわかるが、それがすなわち「国民主権」を示しているかどうかは断言できない。また、選択肢後半の「立憲君主制度が取られていた」は、そもそも〈憲法が定まる前（＝立憲君主制度の前）に君主道として国民の意思を問う形が推奨されていた〉ということを説明しなければならない本問の趣旨と異なる。

なお、『書経』の「闢四門明四目達四聡」（第八段落）は〝（都にある東西南北の）四つの門を開いて東西南北四方への視聴を広めて四方に対して聡明であるべきだ〟という意味合いになる。「元田永孚先生」はこれに対して「又明四目達四聡と……直言する様に致され」（＝明四目達四聡といっても、天下は広いので、君主一人の耳目では、天下すべての事情を目にし、耳に入れることは、困難である。そこで舜（＝古代中国の伝説上の皇帝。堯と合わせて優れた天子として有名）は、〈中略〉人民の見ること、聞くことを、隠すことなく、直言するようにさせ）と説明し、これこそが天下を治める基本であるという趣旨のことを言っている。

問8　傍線部説明問題　やや易

「左右」は、後にある「諸大夫」「国人」と対になっている言葉である。**「君主」にとって〈近い人〉から〈遠い人〉を順番に並べた**格好である。君主にとっていちばん近い人はいわゆる側近で、選択肢では**1**の「君主の近臣たち」が適当である。

この「左右」は漢文重要語として覚えておく必要がある。ちなみに「左右す」となるとサ変動詞となり〝（近臣が天子を）補佐する〟という意味になる。

問9　傍線部説明問題　標準

問3で検討した第九段落冒頭文を再確認する。「君主が事を決する」際には「一部少数者」（＝「左右」「諸大夫」）の言葉だけにとどまらず、「**一般の国民の意見を聴くべき**」という考えを尊重する文脈である。「察之」は〝これ（＝国民が皆『あの人は賢い』と言う声）を察し〟となる。「見賢」は〝君主自身が（その人物が）賢いことを見て〟で、ここから「君主自身もその能力を吟味し」とある**2**が正解。「用之」は〝その人物を登用する〟ということである。訓点もふられているので、漢文を正確に読解できるかどうかが関わってくる。

1は、国民の意見とは別に君主が「能力」によって判断するということになってしまう。3は「国民のなかから」人材を抜擢するのではなく、「国民の意見を聴く」ことが大事なので誤り。「法整備を進める」も傍線部Eと合致しない。4は「国民が……見定めるための機会」の必要性に言及しているが、本問の趣旨とずれている。

問10　内容真偽問題　標準

選択肢を一つずつ吟味することにする。

1は最後の「国家機関」が間違い。第二段落の三～四行目に「初めは、級団は、国家機関たるものではなく」とある。

2の「闢四門」は、第八段落の後ろから四行目に、「元田先生の『闢四門』の解」として「賢才を挙げ」ることだとある。選択肢の「国民全員の意見に耳を傾けること」は、むしろ「明四目達四聡」の意味として第八段落で説明されている（二行目以降の「天下の広き、人君一人の耳目を以て、悉く天下の事情を見尽くし、聴き届くること」が該当する）。したがって誤り。

3の「民主政治を……理想通りにならないこともある」は第十一段落の「しかしながら、国家は、いつでも明君のみの出現を待ち受け得るものではない」「国民の意思を問うことを望まざる君主を戴くと云う場合も考えられる」という部分と合致する。そこから憲法の必要性につなげるという論展開も第十一段落の内容と合致する。

4は、「二元的思想」について、「国民による統治権の参与」を挙げているのが間違い。第二段落最終文に「国家を代表する君主と級団とは……各自の利益を主張するもの」とあり、第四段落三～四行目にも「級団制度において、君主と級団とが互いに対抗して居た結果に外ならぬ」とある表現が根拠となる。

以上より正解は**3**である。

解答

問1　①ぜん　②怨　③たとい
問2　大学　問3　決
問4　いのである
問5　君主と～るもの
問6　君主一個の心得
問7　4　問8　1　問9　2　問10　3

演習９　法学部　二〇一六年度　一

目標解答時間　三五分

次の文章を読んで、設問に対する答えを、解答用紙の該当欄に記入、またはマークしなさい。なお、文中の「現在」「今」とは、この文章が発表された大正十二年(一九二三)当時である点に注意すること。

自由主義は、明治維新とともに極めて力強く我が国に侵入した。封建治下における多年の圧制コウ[1]束に疲れた人々は、自由にあこがれた。そうして自由の名の下に、何事をもなしとげようとした。無論、同じ明治時代でも、その間に行われた自由主義の思想には、自ずから多少のショウ[2]長はあった。また、自由主義の主張のうちある種のものは、いまだになお充分行われていないし、当時といえども、必ずしも欧米人が理解したと同じ意味において自由主義を理解したものとは思われない。けれども、そのうち最も重要なる職業の自由と、契約の自由と、財産の自由とは、既に明治の当初において早くも制度の上に実現されて、その後漸次にその根底を深めていった。

まず第一に、今まではある種の階級、またはある種の人々に限って従事することのできた各種の職業が、維新とともに漸次、四民にむかって平等に開かるることとなった。それが職業の自由である。第二にはまた、従来各種の法律関係が、当事者任意の合意による自由決定に任さるることなく、直接法律によって規定せられ、また干渉せられていた。それを、当事者自由の合意契約に一任する主義をとるに至ったことは、明治の法制の一大特色である。なお第三に、明治以前の法制においては、ひとり[A]封建法の適用を受けた武士の領地、扶持の類のみならず、一般平民の財産といえども、公力によって制限せらるるところが多かった。それを変更して財産の自由を確立し、絶対的なる私有財産制度を作り上げたものもまた、明治である。

万事を武士本位に考えた徳川時代の法制においては、国家が物価、地代、家賃、労銀(賃金)等に対して、干渉的の立法を試むることは、決して珍しいことではなかった。

大火災、暴風雨等天災の後において、材木商、大工その他の職人らが、不当に物価ないし労銀を高騰せしむることを禁止したる幾多の法令あるはもちろん、天保十二年(一八四一)辛丑《かのとうし》四月十日の町触れのごときは、

諸色《しょしき》(諸々の品物)直段《ねだん》(値段)の儀は、元方《もとかた》(製造元や問屋)相場を見合はせ売買いたし候へども、諸職人手間賃・人足《にんそく》賃は、元方にかかはらざる品なれども、地代《ちだい》(借地料)・店賃《たなちん》(家賃)引き上げ候ふに従ひ、商ひ品はもちろん、諸職人手間賃・人足賃に至るまで、引き上げ候ふ道理にこれあり候ふところ、まれにはB御主意《ごしゅい》を相弁《わきま》へ、引き下げ候ふ向き(人や場所)もこれあるやに候へども、聊《いささか》の儀にて、C総体の響きにも相成らず。右は畢竟地主ども、沽券高《こけんだか》の歩合に当たり候ふ程(土地の価格にふさわしい程度)の地代・店賃取り置き候ふ故、自然高直にも相成り候ふ間、何によらず、すべて寛政《かんせい》度(一七八九〜一八〇一)以前の振り合ひ(釣り合い。バランス)に見合はせ、直段引き下げ、職人手間賃・人足賃の儀も、地代・店賃引き下げ候ふ上は、同様の振り合ひに立ち戻り、早々引き下げ候ふ様《やう》いたすべし。もし心得違ひの者これあり、相用ゐざるにおいては、吟味(取り調べ)の上、きつと沙汰(厳しい処罰)に及ぶべく候ふ条、町中もれざる様、相触るべきものなり。

というように、一般的に、物価・地代・家賃・労銀等にむかって、3概カツ的な制限を試みた法令もあり、また古く明暦《めいれき》元年(一六五五)乙未《きのとひつじ》八月二十一日には、「上《うは》職人」の労銀率を、法律をもって公定し、「其下《そのした》より(下級)の職人」についてのみ、「D相《あひ》対《たい》」の契約を許しているような例がある。

無論、明暦《めいれき》三年を初め寛文《かんぶん》十一年(一六七一)、天和《てんな》二年(一六八二)、貞享《じょうきょう》元年(一六八四)、正徳《しょうとく》元年(一七一一)等に、労働者の賃銀率申し合わせを禁じた法令を出した例もあるけれども、これらはただ、万事武士本位の政策から、物価を引き下げようとして、町人に極度の干渉を加えたものにすぎぬ。従って、当時問屋《とひや》、組合、仲間等の名義をもって、商工業を独占していた排他的同業組合のごときも、これによる弊害ははなはだしきに至れば、たちまちその全部を廃止して、万事を自由競争に委ね、もって物価の引き下げを計るようなことをしているけれども(天保十二・十三年＝一八四一・四二)、その結果が事実はかばかしからず、「諸品下直にも相成らず、かへって不融通の趣も相聞こえ候ふ」というようなことになれば、再び昔の問屋・組

合の制度を再興するような次第であって（嘉永元年＝一八四八）、近代的意義における自由主義の俤《おもかげ》は、いまだ到底これを認めることができないのである。

　ところが明治とともに、万事は段々と自由の契約に放任されることとなった。今まで法令をもって決められていたいろいろの事柄は、漸次「相対」の契約をもって定められることとなった。それでまず第一には、諸地方の法定運賃率――それは極めて低廉で、従来各地方の百姓等をはなはだしく苦しめたものであった――を漸次に廃止した。しかしこの新主義を最も明瞭に宣言したものは、明治五年八月二十七日の太政官《だじょうかん》布告第二四〇号であって、その正文は左の通りである。

　地代・店賃の儀、従来東京府下をはじめ、間々《まま》その制限を立て置き候ふ向きもこれあるやに相聞こえ候ふところ、以来は双方とも相対をもつて取り極め、貸し借りいたし候ふ儀、勝手たるべき事

一　諸奉公人・諸職人・雇夫ら、給金雇ひ料の儀、これまた今より、双方とも相対をもつて取り極め候ふ儀、勝手たるべし。もつとも、諸職人ら、これまで得意、あるいは出入り場と唱へ、E常に傭《やと》はれ先《さき》を極め置き候ふ分、雇ひ主方《かた》にて他の職人雇ひ入れ候ふ節、彼是《かれこれ》故障の筋申し掛けの者もこれある由。向後《きやうこう》右様の心得違ひこれなき様いたすべき事

右の通り相達し候ふ条、各府県において、管内もれなく触れ示すべき事

　この布告は、言うまでもなく、その前段において地代・家賃に関する制限を撤廃し、後段においてはまた労銀に関する制限を廃止して、全然これを当事者「相対」の「取り極め」に任せることとしたものであって、後段末尾は、今日米国・仏国等においてしばしば論議される注1 open shop・closed shop の問題と似た事項、すなわち、ある労働者が、ある雇主を自己の独占とし、他の労働者が自由競争をもってその雇主に雇われることを妨げようとする問題について、自由主義の立場から、かかる独占は許すべからざるものとして、open shop 主義を宣明したものである。

　なお、この布告を読むについて、大いに注意すべき事柄が一つある。それは、従来の法令の労銀に対する干渉制限は――先に一言した通り――、労銀の最高率を決めてその高騰を妨げることを目的としたものであって、近来労働問題の勃興とともに

最低賃銀率を法定することが要求せられ、また立法されているのとは、全く正反対の精神を有するものである。従って今、新たなる布告をもって、「給金・雇料の儀、これまた今より、双方とも相対をもつて取り極め候ふ儀、勝手たるべし」と定めたのは、従来の最高賃銀率を撤廃することによって、「諸奉公人・諸職人・雇夫ら」の利益を増進せんとする目的に出たのである。これは丁度、英国の産業革命以前におけるエドワード三世やエリザベス女王の労働者条例 Statutes of Labourers における労働賃銀への干渉は、その最高率を定むることによって、雇主ないし社会全体の利益を図らんとする目的を有したるに反し、産業革命とともに起こった自由主義の思想は、かかる制限を撤廃して、賃銀の決定を雇主・労働者間の自由契約に一任することを要求したのと同じであって、東西、事の経過にほぼ同じきものあるを見るは、極めて興味ある事柄と言わねばならぬ。

かくのごとく、明治の法制は既にその初頭より、契約自由の原則をもって始まっている。

ところがその後、我が国には機械工業が段々と輸入されて産業革命が始まるとともに、内に無秩序なる産業競争が起こり、外においてはまた、我が国も、列強と肩をならべて世界的産業競争の［ア］中に投ぜねばならぬこととなった。そうなると、せっかく万事を「相対」の契約に任せて労働者の保護を図った新制度も、たちまちに、かえって彼らを禍《わざわい》することとなった。資本の集積にともなって、漸次に大資本家が出できた。彼らは、資力において優秀なるはもちろん、その手足として優れたる知識と秩序立ちたる組織とを有するがゆえに、これと個々の引き離されたる労働者との間における労銀の協定は、形式上自由契約ではあるものの、実質上決して自由ではなかった。無制限なる自由契約、それは強者にとってのみの自由であって、弱者にとっては強制である。賃銀はもちろん、労働時間その他の労働条件は、全くただ資本家の任意にディクテート(命令)し得るところであって、その日その日のパンを得るに忙しい労働者、企業界ならびに労働市場の状況に通暁せざる労働者にとっては、ただ、かくしてディクテートせられたる労働条件をそのまま受諾するのほか、何らの自由もない。

なるほど、資本家のすべてが鬼である訳がない。彼らの中の多数者は、実は大いに温情主義者であるかも知れない。しかしながら、彼らといえどもまた、自由競争の荒浪の中に揉まれているのだ。資本をもって競争し、原料をもって競争し、更に経営をもって、品質をもって、激烈な、そうしてきわどい競争をやって、強食弱肉の巷に苦闘している彼らが、どうして「労働の低廉」をもってその武器としなかろう。彼らが企業者として競争場裡《り》に生きんがためには、あらゆる利用し得べき武器の利用を怠ってはならぬ。そこで彼らは、自ら生きんがために、何らの遠慮会釈もなく労銀を切り下げてゆく。個々の企業者の温情も聡明も、この傾向を止むべく何らの効もないのである。殊に、経済的帝国主義の思想によって讃美せられ、奨レイせられている対外的産業競争は、この意味における賃銀の切り下げを更にはなはだしからしめる。しかしながら、一歩一歩向上の一路を踏みしめつつ進みくる労働者がどうしてか、よくこの悲惨なる運命を甘受することができよう。労働問題は自然、ここに起こらざるを得ないのである。

しかるに、現在我が国の為政者は、一方において充分なる労働立法の制定を躊躇しつつ、同時に労働組合の発達その他、労働者の団体的行動を極力妨害しようと考えている。彼らは恐らく、我が国の労働者は力が弱い、従って彼らのために特に立場を作ってやるような苦心をせずとも、自分らの政治的地位には何らの支障も起こらぬものと、高をくくっているのであろう。けれども、一方において極力団結を阻止しつつ、他方において立法的保護を怠ることは、畢竟、契約自由の利益を強者たる資本家にのみ与えんとするものであって、明々白々たる不公平である。背理である。彼ら自らの尊重する自由主義の真精神に戻《もと》ること、極めてはなはだしきものである。

（末弘厳《いず》太《た》郎《ろう》の文章による）

注１　open shop＝労働者が、労働組合への加入・非加入にかかわらず、労働条件などについて、使用者から平等の扱いを受ける制度。これに対して closed shop の制度下では、特定の労働組合への加入が雇用の条件となる。

問一　傍線部１～６について、１・２・３・５のカタカナを漢字一文字に直し、４・６の読みをひらがなで記しなさい。

問二　空欄 [ア] は、慣用句の一部です。当てはまる一文字を、解答欄に漢字で記しなさい。

問三　傍線部A「ひとり」を、より分かりやすい別の言葉に置き換える場合、次の中からもっともふさわしいものを選び、その番号をマークしなさい。

1　例外的に　　2　個人的に　　3　ただ単に　　4　一例として

問四　傍線部Bの「御主意を相弁へ」について、次の問いに答えなさい。

①　この「御主意」の背景には、どのようなものがありますか。本文中から九文字で抜き出し、解答欄に記しなさい。

②　「相弁へ」の意味としてふさわしいものを次の中から選び、その番号をマークしなさい。

1　対処する　　2　堪忍する　　3　称賛する　　4　理解する

問五　傍線部C「総体の響き」とは、この場合どのような意味でしょうか。次の中からもっともふさわしいものを選び、その番号をマークしなさい。

1　大局への影響　　2　全国的な流行　　3　総合的な判断　　4　大勢の共感者

問六　傍線部Dの「相対」とは、どのような意味でしょうか。その説明として適当な記述を、本文中から十五文字で抜き出し、その箇所の最初と最後の三文字を、それぞれ解答欄に記しなさい。

問七　傍線部E「常に備はれ先を極め置き」とは、どのような意図をもって行われた行為でしょうか。「[　　] するため」の形で説明する場合、空欄に入る適語を、本文中から十八文字で抜き出し、その箇所の最初と最後の三文字を、それぞれ解答欄に記しなさい。

問八　傍線部F「全く正反対の精神」について、以下のように説明する場合、空欄に当てはまる適語を、それぞれ（　）内の文字数で本文中から抜き出し、それぞれ解答欄に記しなさい。ただし①・③は、最初と最後の三文字を記すこと。

江戸幕府は法令により ①(25) のに対して、明治政府は ②(6) を目的として、 ③(21) した。

問九　傍線部G「肩をならべて」と同じ意味で、やはり「肩」の字を含む二字の熟語を、解答欄に記しなさい。

問十　傍線部H「実質上決して自由ではなかった」とあるのは、なぜですか。次の中からもっともふさわしいものを選び、その番号をマークしなさい。

1　弱者である資本家や労働者は、国家からの干渉を受けざるをえなかったから。
2　弱者である労働者は、強者である資本家からの強制に対抗できなかったから。
3　資本家は、数の上で勝る労働者に対して、対抗する手段を持たなかったから。
4　労資の双方に異なる思惑があり、どちらも相手に妥協する必要があったから。

問十一　傍線部Ｉの「鬼」とは、どのようなものの比喩ですか。次の中からもっともふさわしいものを選び、その番号をマークしなさい。

1　自分の利益のみをひたすら追求し、自由競争のルールを守らない資本家。
2　自身の利益を第一に考え、他の事業者との競争も辞さないような資本家。
3　国家の政策に対して配慮せず、自分の意志を押し通して憚らない資本家。

4　自分の事業のみに邁進し、労働者階級の生活に対する配慮を欠く資本家。

問十二　傍線部J「「労働の低廉」をもってその武器としなかろう」について、次の問いに答えなさい。

①　「労働の低廉」を実現するために、資本家はどのような手段を用いましたか。本文中から七文字で抜き出し、解答欄に記しなさい。

②　「武器としなかろう」とは、どのような意味ですか。次の選択肢の中から、もっともふさわしいものを選び、その番号をマークしなさい。

1　労働者への対抗策としないことがあるだろうか。
2　競争者への対抗手段とはしないであろう。
3　競争者への対抗策としないことがあるだろうか。
4　労働者への対抗手段とはしないであろう。

問十三　次の選択肢の中から、本文の主旨に沿うものを一つ選び、その番号をマークしなさい。

1　明治時代の法制には、資本家に有利な契約が結ばれないよう、厳格な規定が設けられていた。
2　明治時代以降、労資間に「相対」が認められたものの、実際には資本家側の決定権が強かった。
3　明治時代には、西洋の closed shop に倣って、雇夫らに「出入り場」を設けることが推奨された。
4　江戸時代には、庶民の生活を安定させるため、お触れ書きによる物価の統制が行われていた。

【解答・解説】

出典　末弘厳太郎「改造問題と明治時代の省察」（末弘厳太郎『新装版　嘘の効用』日本評論社）

講評

大正・昭和期の法学者であった末弘厳太郎による、明治維新とともに日本に入ってきた自由主義について述べられた文章である。明治維新以降と江戸時代の法制度の違いを整理しながら読み取り、産業革命以降の労働問題の発生原因を正確に理解しよう。古文調で書かれた法令が引用されていることを必要以上に恐れることはない。なお、法学部は二〇一七年度から大問三題の出題となったが、本問はそれ以前の大問二題の年度の問題なので、文章・設問ともに分量が多い。今後また大問二題に戻る可能性も否定できないので、この分量の問題にも慣れておきたい。全体の難易度はやや難。

要旨

本文は全部で十二段落ある（引用のみの段落は段落数に数えない）。これを大きく四つの意味段落に分けて内容をまとめてみる。

1　明治維新における自由主義の侵入（第一～二段落）

明治維新とともに日本に侵入した自由主義は、封建治下における拘束に疲れた人々を惹きつけた。その中で重要なのは職業の自由、契約の自由、財産の自由である。これによって、封建的な法律によって規定・干渉されていた職業・契約・財産管理などが当事者の意思に任されることになっていった。

2　徳川時代における干渉的な法制度（第三～五段落）

徳川時代の法制においては、万事を武士本位に考えていた国家が物価、地代、家賃、労銀などについて干渉的な立法を試みることも珍しくなかった。排他的同業組合を廃して万事を自由競争に委ねることなどもあったが、物価を引き下げる結果にならず、近代的意義における自由主義の俤を認めるところまでいかなかった。

3 明治時代から始まる自由契約の原則とその意義（第六～九段落）

明治時代になると万事が自由の契約に放任され、「相対」の契約をもって定められることとなった。それは地代、家賃、労銀の制限の廃止だけでなく、労働者による雇主の独占の禁止に及ぶ。また、労銀の干渉制限に関しては、従来の最高賃銀率が撤廃された。これらは「諸奉公人・諸職人・雇夫ら」の利益を増進させることを目的としている。

4 資本家による労銀の切り下げと、それに抵抗する労働問題（第十～十二段落）

産業革命が国の内外で進むと、自由競争の荒波の中で、競争に勝つため資本家は労働者の賃銀を切り下げる。労働者もこの悲惨な運命に甘んじることはできないので、労働問題が起こるべくして起こる。為政者は、日本の労働者は力が弱いと高をくくっているのだろうが、労働者の団結を阻止しつつ、立法的保護を怠るのは明白な不公平であり、真の自由主義の精神に反することはなはだしい。

設問解説

問一　漢字の問題　やや難

2の「消長」が思いつかないかもしれない。意味は〝勢いが衰えたり盛んになったりすること〟。4の「通暁」は、問われているのが読みなので問題ないとは思うが、意味も知っておいてほしい。〝詳しく知りぬいていること〟である。

問二　空欄補充問題（慣用句）　標準

文脈から、日本も世界的産業競争に入っていかねばならなかった、という意味になると読める。空欄アの前の行に、「無秩序なる産業競争」とあるので、空欄に「**渦**」という字を入れて、〝混乱している（＝「無秩序なる」）物事の中〟

の意の「渦中」という熟語を作ればよい。

ポイント 知識を問う問題への対策

明治大学の場合、ことわざ・故事成語・慣用表現などは、本問のように漢字で書かされる場合もある。おおまかな意味を理解するだけでなく、自信をもって記述できるよう、しっかり対策しておこう。

問三 語句問題 やや易

副詞の「ひとり」には〝ただ、単に〟の意味がある。傍線部Aの含まれる節の最後に、「のみならず」とあるので、ここからも**〝ただ単に〟**（**3**）という意味を推測できる。

問四 ① 傍線部説明問題（抜き出し） やや難

「主意」とは、〝主君の考え・意志〟の意。傍線部Bの前後で書かれているのは、借地料や家賃を引き上げるのに従って、商品の値段や職人の手間賃などに至るまで、引き上げる道理があるが、まれには主君の考えを「弁へ」（＝理解し）引き下げる動きもある、ということ。傍線部Bを含む第四段落は、第三段落の「万事を武士本位に考えた徳川時代の法制」の具体例が書かれている段落であるから、「御主意」の背景にあるのは**〈万事を武士本位に考える法制〉**であると解釈できる。さらに第五段落に、第四段落の具体例についての補足説明があり、二行目に**「万事武士本位の政策」**という一節があるので、この部分を選べばよい。

演習8の問3の**ポイント**で述べたように、**本文中の引用文（古文漢文含む）は「直前の抽象的内容を説明するための具体例」であることが多い**。筆者が伝えようとしている抽象的内容の理解を重視すること。

② 語句問題 易

「弁《わきま》へ」と読み仮名が振られているので、知識問題としては容易である。

問五　傍線部説明問題　やや難

傍線部Cの含まれる文に、「まれには御主意を相弁へ、引き下げ候ふ向き（人や場所）もこれあるやに候へども、聊の儀にて、総体の響きにも相成らず」とある。まれには主君の考えを理解して引き下げる人や場所もあるが、そういった行動をとるのは少しだけの人や場所にとどまっており、「総体の響き」にはならない、ということ。「響き」という漢字から「影響」に繋げて、「総体」を「**大局**」と考えればよい。したがって正解は**1**となる。「大局」とは〝全体を見渡した場合の状況〟という意味なので、主君の考えを理解して引き下げる人や場所が少々あっても、全体に影響を与えるところまで行かず、結局傍線部Cの次の行にあるように「自然高直にも相成り候ふ」となる。

4が少々迷うが、賃銀の引き下げは経営的なことなので「共感」という感情的な表現と結びつけるのも違和感があるし、前後関係を考えてみると〈引き下げる人や場所もあるが……大勢の共感者にもならない〉という、文法的におかしな内容になってしまう。「共感者」なら「成らず」ではなく「増えず」などの表現になるはずである。

問六　傍線部説明問題（抜き出し）　やや難

傍線部Dの含まれる文に、「『上職人』の労銀率を、法律をもって公定し、『其下より（下級）の職人』についてのみ、『相対』の契約を許していた」とある。上級の職人の賃銀は法律で定め、下級の職人の賃銀は「相対」の契約を許していた、ということであるから、「相対」とは、法律によって定めるのではなく、お互いの合意によって定める決め方であると考えられる。この部分だけに関していえば、どちらかというと明治維新以降の自由契約的な形をとっていると言える（第六段落冒頭参照）。したがって、明治維新以降の労働契約について書かれている部分に注目する。第二段落に、明治の当初において制度上実現した職業の自由、契約の自由、財産の自由についての説明があり、ここで問題になっている「契約」の自由についての記述を見ると、二～三行目に「**当事者任意の合意による自由決定**」とあり、この部分が答えである。

問七　傍線部説明問題（抜き出し）　やや難

「太政官布告第二四〇号」については、次の第七段落で説明されている。傍線部Eの含まれる「諸職人ら、これまで得意、あるいは出入り場と唱へ、常に傭はれ先を極め置き候ふ分、雇ひ主方にて他の職人雇ひ入れ候ふ節、彼是故障の筋申し掛けの者もこれある由」という部分について、第七段落二行目以降では、「後段末尾は……ある労働者が、ある雇主を自己の独占とし、他の労働者が自由競争をもってその雇主に雇われることを妨げようとする問題」と説明がある。つまり、「常に傭はれ先を極め置き」とは、「**ある労働者が、ある雇主を自己の独占と**」するための行為である。

問八　傍線部説明問題（空欄補充・抜き出し）　難

こういう空欄補充問題は**まず空欄を含む文の内容をしっかり理解する**必要がある。傍線部Fの前後を読むと、江戸幕府（「従来」）は「労銀の最高率を決めてその高騰を妨げることを目的とした」のに対し、明治政府（「今」）は「従来の最高賃銀率を撤廃することによって、『諸奉公人・諸職人・雇夫ら』の利益を増進」することを目的にしていたことがわかる。これらの部分はそれぞれ①・②に相当する内容であるが、求められている字数に合わない。そこで、江戸幕府と明治政府の労銀に関する正反対の姿勢を示す表現を、それぞれ本文から広く探す必要がある。明治時代の法制については、次の第九段落に「契約自由の原則」とまとめられている。これをもう少し詳しく言い換えた部分を探すと、傍線部Fの四行後の末尾からの部分に「産業革命とともに起こった自由主義の思想は、……**賃銀の決定を雇主・労働者間の自由契約に一任**することを要求した」とある。③はこの部分から、字数に合うように抜き出せばよい。次に②について、先に述べたように、賃銀の決定を自由契約に一任したのは「『諸奉公人・諸職人・雇夫ら』の利益を増進」するためであるから、この部分を六字で言い換えている箇所を探すと、空欄アの次の行に「万事を『相対』の契約に任せて労働者の保護を図った新制度」とあるので、ここから「**労働者の保護**」を抜き出せばよい。最後に①であるが、江戸幕府の法令については第五段落に詳しい記述があるので見てみると、「万事武士本位の政策から、**物価を引き下げようとして、町人に極度の干渉を加えた**ものにすぎぬ」とあるので、この部分を答えればよい。全体の流れをつかみながら該当箇所を探す必要のある難問であった。

問九　語句問題　標準

「**比肩**」で〝肩を並べる、同等である〟の意。語句の知識がなければ解けなかった問題だろう。問二と同じく、語彙知識は意味を理解するだけでなく、正しく書くことまでできるようにしておこう。

問十　傍線部の理由説明問題　易

傍線部H以後の説明をもとに考えればよい。次の行から段落末尾までに「賃銀はもちろん、労働時間その他の労働条件は、全くただ**資本家の任意にディクテート**（命令）し得るところであって、……労働者にとっては、ただ、かくしてディクテートせられたる労働条件をそのまま受諾するのほか、何らの自由もない」とあるので、**2**が適当。他の選択肢は、〈資本家＝強者、労働者＝弱者〉という点を示せていない。

問十一　傍線部説明問題（比喩）　やや易

傍線部Ｉの直後に、「彼らの中の多数者は、実は大いに温情主義者であるかも知れない」とあり、「鬼」と「温情主義者」を対比して書かれていることがわかる。前の段落では資本家と労働者の自由契約について述べられていたので、ここで言う「鬼」や「温情主義」とは、**資本家の労働者に対する態度**のことだと解釈でき、**4**の選択肢が選べる。他の選択肢は、労働者に関して触れていない。

問十二　①　傍線部説明問題　やや易

「廉」という漢字には〝値段が安い〟という意味がある。「労働の低廉」、つまり労働の値段を下げるためには、賃銀を下げることが必要であるから、傍線部5の次の行の「**賃銀の切り下げ**」が答え。

②　傍線部説明問題　易

「どうして……武器としなかろう」という表現であるから、**反語の用法**だと解釈するのが適当。2・4は推量の意味で捉えているので外す。1と3について、ここは、資本家が**経済の自由競争を闘うための手段として労働者の賃銀を下げる**という文脈なので、闘う相手は自分が雇用している「労働者」ではなく、他の資本家などの「**競争者**」となる。したがって**3**が正解。

問十三　内容真偽問題　標準

1は第十段落に合わないので不適。厳格な規定がなく、「相対」の契約に任せた結果、資本家に有利な契約が結ばれるようになったと書かれている。

2は適当。第十段落後半部分の記述と一致する。

3は第六～七段落の内容にそぐわないので不適当。第七段落の後半を読むと、closed shop ではなく、open shop 主義が宣明されている。「出入り場」という表現は傍線部Eの直前にあるが、〝ひいきにされていつも出入りしている得意先〟という意味を持つ。

4は「庶民の生活を安定させるため」が不適。第三～四段落の記述の通り、江戸時代には武士の生活が中心に考えられていた。

解答

問一　1、拘　2、消　3、括　4、つうぎょう　5、励　6、ちゅうちょ

問二　渦　問三　3

問四　①万事武士本位の政策　②―4

問五　1

問六　当事者～由決定

問七　ある労～独占と

問八　①物価を～加えた　②労働者の保護　③賃銀の～に一任

問九　比肩　問十　2　問十一　4

問十二　①賃銀の切り下げ　②―3

問十三　2

演習10　全学部統一入試　二〇二三年度　二

目標解答時間　二〇分

次の文章は室生犀星「原稿遺失」（一九三四年発表）の全文である。これを読んで、後の問に答えよ。

上野駅で降りると信州の山の中で暮していた僕は、久潤振《ひさしぶ》りで東京の煤《すす》くさい臭いをかいで、円タク(注1)を大阪ビルディング(注2)の前で下りた。今夜、芥川君の全集普及版の下相談があるのだ。レインボーグリルに這入《はい》ってゆくと、編輯《へんしゅう》委員は僕をのぞく外《ほか》はみんな集まっていて料理を食べている最中であった。久保田万太郎氏は普及版には振仮名《ふりがな》をつけた方がよいといわれ、僕はその反対の説であった。応酬している間にこうなるとあなたと議論をするような面倒なことになるがというと、佐藤春夫君が久保田君も君と議論をすると面倒になるんだと、出なくともよい時にこの君が出《で》しゃ張《ば》って喋った。

すると小島政二郎氏が1原稿に振り仮名のある分だけに振り仮名を付けたらどうか、原稿にない分は……と、僕の耳に原稿という言葉がことさらに大きい注意力を呼びさました。はあてと、おれも原稿を持っていた筈《はず》だが、先刻、汽車のなかで直していた原稿を風呂敷に入れると、それをかかえて夜になった上野駅で円タクに乗り込んだ筈だが、此所《ここ》の建物の前で下りたときにあの風呂敷包みをかかえていたか知らと、僕の頭は非常な急速度の回転作用で円タクを降りた折の状態をやたらに反芻《はんすう》して考えて行った。

そうっと風呂敷包みをかかえると階段を登って帽子をあずけた時に、洋杖《ステッキ》と一しょに風呂敷包を青い服を着た女のひとに手渡した。たしか女の人がそれを受取ったようであった。いや風呂敷包はあのとき渡さなかったようだぞ——僕はこう考えると慌てて食堂から階下に下りて行った。所持品の預かり所に行くと青い服を着た女事務員に、番号の札を示してこの番号の預かり品に風呂敷包みがあった筈だが、それを鳥渡《ちょっと》調べて貰いたいと申し述べた。あってくれればいいがと待っていると、帽子と洋杖だけしかございませんと女事務員がいい、僕は始めて腹の底まで青くなって了《しま》った。

相談が少しずつ進行していたが、隣に坐《すわ》っている小穴隆一氏は誰かの顔を写生して僕に示した。大切な相談会にも小穴氏はそんな相談に一言も説を挿《はさ》まないで、勝手に人の顔を写生しているような［　ア　］人であった。僕はそれを見ると僕の泣面《なきつら》のように見えた。佐々木茂索氏に小穴氏がその写生画を見せると、これは落選だぞと、佐々木氏らしくたしなめるように云った。僕は原稿を落したというと、小島政二郎氏はそれは出ますよきっと、といってくれた。

署名した原稿のほかに西洋剃刀《かみそり》が一挺《ちょう》、万年筆が一本、アダリンが一筒、歯ブラシと髭刷毛《ひげはけ》が一本、それらは皮の袋におさめて風呂敷包みにした軽いものであった。僕は悲観したままに心が落ちついてゆくと、急に体力の衰えを呼吸の間にまで感じ溜息《ためいき》ばかり出て来た。何かお落しになったのですかと[2]故友の未亡人がそういわれたが、僕は付元気《つけげんき》の声で大したものではありません（注3）と云った。原稿は明日はすぐに金に換える心算《つもり》だったし、ひと月くらいかかって原稿の枠に両手をかけて、がたぴしする奴を指《さし》物師《ものし》のように毎日はめ込むものをはめ込んで仕上げたものであった。作中の人物がごちゃごちゃした町の中にまぎれ込んで夕方から罩《こ》めた霧のあいだを迢《さまよ》うているような気にさえなった。おれは少々薄野呂《うすのろ》だぞ。ここにいる諸君よりもよほど［　イ　］男だぞと僕は益々《ますます》悲観した。

相談が終ると先刻の預り品のかかりの女事務員に、若《も》し明朝運転手君が風呂敷包みを届けてくれたら郵税先払いでこれこれのところに送って下さいと、［　ウ　］僕は名刺を出してから、運転手君の住所姓名を中に書付にして入れてくれるように託した。すると背後から久保田万太郎氏がこのあいだわたしも落し物をしましたよ、しかしそれは出なかったといわれ、お金ですといわれた。佐々木茂索氏が新選小説集の原稿を七百枚落したが、それも出なかったといった。

翌朝、眼をさますと昨夜レインボーグリルの食堂にはいって、食卓のイスにつく前に風呂敷包みを隅の方の空いたテーブルの上に置いてから食事をし、そのまま会議室に這入ったような気がした。それなら原稿は安全なわけである。とにかく電話をかけて見ようと公衆電話をかけて見ると、わざわざ調べてくれたが矢張《やは》り風呂敷包みはないとのことであった。僕は又新しい絶望を感じて電話室を出ると警察へ届を出して置いた。

風呂敷包みのなかに西洋剃刀があったことと、西洋剃刀というものは甚《はなは》だ便利な使い途《みち》があることを僕は考えた。それから万年筆というものも即刻に使われるものであることも同様に便利であった。歯ブラシも練歯磨も新調であるから熱湯をかけてすぐに用いることが出来るものである。只《ただ》、何やら訳の分らぬ小説のようなものはきっと三文文士(注4)の真似ごとを書いたものであろう。

名前を見ると室生犀星と書いてあるが、そんな人の小説など読んだことはない。だから先《ま》ず小説家の卵のような奴であろう。それにしても叮嚀《ていねい》に手巾(注5)にまでつつんであるが或いは大切なものかも知れない。初まりを読んで見ると、「もんには三人の子供があった。」とあるが二枚三枚と読んでみても一向面白くも可笑しくもない小説であった。よほど下手な小説らしく思われた。上野から乗ったが言葉つきや面つきは田舎者らしく大阪ビルの前に来て、大阪ビルの分らないほど頭の悪い男であった。それに乗車賃を定めて乗るほど吝《けち》な奴だから少しは懲《こ》らしめた方がよいかも知れないのだ。

この原稿をこのままに持っていることは、後に面倒な証拠になるから裂いて捨ててしまわねばならぬ。そこでその人は四十枚綴《つづり》の原稿を鷲摑《わしづか》みにして、油のしみた指さきにちからを入れて裂こうとしたが、一遍には紙質が厚くて裂き切れなかった。今度は改めて紙の耳の方から裂いて、それを裂目からこま切れのように裂いてしまった。丸められた紙切れが起き上ろうとする奴を一挙にまとめると、裏の塵埃《ちり》箱のなかに投げ込んだが、殆《ほとん》ど塵埃箱一杯に白い菊のように重なり散って、そのまま身悶《もだ》えもしない観念した静かさであった。蓋《ふた》をしめるとその人は大阪ビルへたずねて行ったら幾らかになったかも知れぬという考えを頭に置いたが、もう原稿を裂いたあとでどうにもなるものではなかった。こんな下手くそな小説の真似ごとを持って行っても金にはならないであろう。それより剃刀で髭でもあたってやろうとその人は閾《しきい》(注6)に鏡を立てて徐《おもむ》ろに剛《こわ》い髭をあたり出した。

よく切れらあ畜生、円タクを値切りやがってそれの十倍もする剃刀やら万年筆やらを忘れるなんて、何てトンカツ野郎だと、その人は剃《そ》って了うとさっぱりした顔つきになって秋近い冷たい水道で顔を洗うと、そのまま気持よく仕事に出かけるのであった。友人に聞いて見れば分る筈のアダリンと書いた薬品をポケットに入れて、いつもよりずっと元気になって出掛けて行った。自動車置場の隣にある薬局でこれは何の薬かとたずねると、これは催眠薬でよく眠れない人間が服《の》む薬だ。そんなものを忘れた奴があるのかねと薬局生がいうと、その［エ］人は高い薬かとたずねるとそれは高い薬だ薬局の人が答えた。昨夜乗った奴は昨夜ひとばん眠れなかったのであろうと、何か少々しんみりした気持になって［エ］人はぼんやりとそう考えた。

二週間経ったが原稿はとうとう届出がなく、[3]僕はやっと諦《あきら》めかねる気持でいながら無理にあきらめることに努力した。そして二週間目の翌朝からまた失《な》くした原稿を書きはじめた。文学というものは一度書いたものを再度書きなおせるものであるか、書き直しても同じい文学がもう一遍出来あがるものかどうか。そんな同じい努力が果して続けられるものであろうか。全然違ったものが出来上っても仕方のないことだ。僕は少し怖いような気がしながら書きはじめた。そして一週間後には四十枚の原稿を書きあげることが出来たのである。

事件のすじや会話のようなものが先に書いた覚えが出て来て、それは慕《した》わしげに僕の胸にじゃれついていた。失くした原稿は特に入念に書いていたせいか、原稿紙の上にみんな失われた文字が畳み込まれて、作中人物と暫《しばら》く振りで邂逅《かいこう》したような懐かしさを感じた。そして消すべきところを独《ひと》りでに直してゆき書き落しをしたところを埋めて、却って先の原稿にくらべると頭のよいものが出来たような気がした。絵画なんかは同じいものは書けないであろうが、小説なぞは書き直してゆくとむだのないものが出来るようであった。只、出駄羅目《でたらめ》を厭々《いやいや》でかいていたら二度と書けなかったであろうし、そうでなかったことが嬉《うれ》しかった。

二度目の原稿ができあがると、原稿を失くした事実についてそんなこともあったかな、というような清爽《せいそう》な気がし出した。それは原稿を遺失したということであるよりも、[4]僕は何か人生に過失をしていたような気になったのである。僕はうっすりした悲哀の情を僕のまわりに感じて、遙《はるか》に眼をあげてそれを謝まり眺めるような気持であった。そんな悲しい切ない経験は僕には始めてであった。

僕はその遺失を謹慎している最中に萩原朔太郎君が山中の仮寓《かぐう》に訪ねて来てくれ、この親友とあちこちを歩き廻ることを喜んだ。或晩沓掛《くつかけ》という町にでかけて行くとうそ寒い雨がしょぼついて、荒廃した田舎の町は鰯《いわし》の腹がやぶれて見えるように、赤茶けた灯を点《つ》けてくろぐろと家なみをつづけていた。

僕らはその一軒の飲屋に酒を飲みに這入って雨の音を聞いていたが、女が二人いて、ひとりは軍鶏《しゃも》の脚に着物を着せてお白粉《しろい》と口紅とつけたようなのと、ひとりは唇から上が四十くらいのお婆さんのように見える若い女であった。それはとても悲しくて見ていられぬ人達で、その女だちの垢《あか》じみた畳からすぐ近いところに東京という都会があるようであった。上野停車場、停車場前、円タク、大阪ビルディング、レインボーグリル、それから原稿、そんなふうに僕は畳の目を見つめながら考えて行った。考えまいとしながらまだ過失をかんがえているのだ。

女は梨の皮をむいて冷たい夜の水につけていた。平鉢の底に食塩がしらじらと沈んでいて、ここではこれ以上に清いものが見られなかった。僕はそれを見ながら例の5塵埃箱にくしゃくしゃになっている筈の、微かな悲鳴を上げているような原稿を思い出していた。

（注）

1円タク——大正末期から昭和初期にかけて、都市部を一円均一で走ったタクシーのこと。場合によって運転手と値段交渉も可能だった。

2大阪ビルディング——東京都千代田区内幸町にあったビル。現在の日比谷ダイビルのこと。

3指物師——板材を差し合わせて、箱、机、たんす、椅子などを組み立てる家具職人のこと。

4三文文士——いっこうに原稿が売れない文士、つまらない作品しか書けない文士のこと。

5手巾——てぬぐい、ハンカチのこと。

6閾——板戸、障子、ふすまなどの引戸を開け閉めするための溝をつけた敷居のこと。

問一　傍線部1「原稿に振り仮名のある分だけに振り仮名を付けたらどうか」とあるが、この提案の意図とは何か。その説明として最も適切なものを次の中から一つ選び、その符号をマークせよ。解答番号は 14 。

A　振り仮名をつける、つけないは編輯委員の見解に基づくものではなく、著者に尋ねながら決めるべきだということ。
B　対立する主張を持つ編輯委員たちの見解に折り合いをつけ、その場の雰囲気をこれ以上乱さないようにすること。
C　振り仮名をつける際、原稿がかすれて読めない部分については、資料保存のため手を入れるべきではないということ。
D　相反する意見を持った委員の議論の終息に向けて、さらに異なる見解を提示して議論を活発化させようとすること。

問二　空欄 ア ～ エ に当てはまる語の組み合わせとして最も適切なものを次の中から一つ選び、その符号をマークせよ。解答番号は 15 。

A　ア　油くさい　イ　無邪気な　ウ　馬鹿くさい　エ　虫のよい
B　ア　無邪気な　イ　馬鹿くさい　ウ　虫のよい　エ　油くさい
C　ア　馬鹿くさい　イ　虫のよい　ウ　油くさい　エ　無邪気な
D　ア　虫のよい　イ　油くさい　ウ　無邪気な　エ　馬鹿くさい

問三　傍線部2「故友」とあるが、「故友」の書いた作品として最も適切なものを次の中から一つ選び、その符号をマークせよ。解答番号は 16 。

A　「蜜柑」
B　「西瓜」
C　「檸檬」
D　「桜桃」

問四　傍線部3「僕はやっと諦めかねる気持でいながら無理にあきらめることに努力した」とあるが、それはどういうことか。その説明として最も適切なものを次の中から一つ選び、その符号をマークせよ。解答番号は 17 。

A　遺失した原稿よりも書き直した原稿の方が良い内容に仕上がった場合の精神的負担や絶望感を軽減しようとすること。

B　書き直している最中に原稿が発見されたとしても、その原稿は使わずに書き直した原稿を採用しようとすること。

C　原稿が見つかることへの期待よりも、既に存在しないものとして新たに書き直すことに意識を集中しようとすること。

D　遺失した原稿と同程度の内容の文学が新たに書けなかった場合、それは仕方のないこととして割り切ろうとすること。

問五　傍線部4「僕は何か人生に過失をしていたような気になった」とあるが、それはなぜか。その説明として最も適切なものを次の中から一つ選び、その符号をマークせよ。解答番号は 18 。

A　原稿遺失によって、書き直すことで原稿料も増えていくことに気づき、これまでの自身の作家人生に金銭的な損害があったことを知る機会を持つことになったから。

B　原稿遺失によって、特に入念に書いた原稿ならば短時間で書き直すことが可能であることを発見し、入念に書くことの重要性を知る機会を得ることになったから。

C　原稿遺失によって、出鱈目な文章をやむを得ず書いてきたような作家人生を自身は送ってこなかったということを改めて確認する機会を持つことになったから。

D　原稿遺失によって、これまで原稿を書き直す機会を持たず、原稿ができあがるとすぐに金に換えてしまう自身の作家人生を顧みる機会を得ることになったから。

問六　傍線部5「塵埃箱にくしゃくしゃになっている筈の、微かな悲鳴を上げているような原稿」とあるが、本文においてこの「原稿」はどのようなものとして表現されているか。その説明として最も適切なものを次の中から一つ選び、その符号をマークせよ。解答番号は 19 。

A　塵埃箱の中の原稿とは、上野駅から大阪ビルディングへ向かう時に利用した円タクに置き忘れたものであり、その運転手が拾得したものである。運転手は「僕」を吝な乗客と判断し、懲らしめるためにその原稿をこま切れのように切り裂いてしまった。円タクに置き忘れたという過失にさいなまれた「僕」は、書き直した原稿が完成した後も元の原稿に対する未練が残っており、それをいつまでも忘れまいと思っている。

B　塵埃箱の中の原稿とは、信州から上野へ向かう汽車の中で直していた原稿であり、その後レインボーグリルに這入るまでの間で遺失したものである。青い服を着た事務員に所在を尋ねても明らかにならず、「僕」は想像の世界でしか原稿を見ることができなかった。最初はこま切れのように切り裂かれた状態で捨てられていた事を意識していたが、書き直した原稿が完成した際にはすっかりその存在を忘れてしまっている。

C　塵埃箱の中の原稿とは、円タクの中に原稿を置き忘れたと思った「僕」が、円タクの運転手の視点に立って遺失した原稿を想像したものである。そこではこま切れのように裂いて修復不可能な状態で捨てられていた。その後「僕」は新たに書き直すことでその原稿の存在を意識しなくなっていくが、書き直したことによって人生に対する過失を感じ始め、そのきっかけとなった原稿を再び意識するようになっている。

D　塵埃箱の中の原稿とは、二度と「僕」の目の前に現れることのないものであり、その喪失感が生み出した想像上のものである。それを拾得した円タクの運転手が、同じ風呂敷包の中の西洋剃刀でこま切れのように切り裂いてしまう様子を思い描くことによって、「僕」がいかに自身の創作態度がでたらめだったかということを、運転手の立場を通して自らを相対化して捉える自己批評の象徴となっている。

問七　本文に登場する作家のうち、明治大学の教壇に**立ったことがない**人物を次の中から一人選び、その符号をマークせよ。解答番号は 20 。

A　久保田万太郎
B　萩原朔太郎
C　佐藤春夫
D　室生犀星

【解答・解説】

出典　室生犀星「原稿遺失」（竹村書房『慈眼山随筆』所収）

講評

近年明治大学でも随筆や小説の出題が目立つようになってきた。本作品は戦前に書かれたもので、現代からするとややわかりづらい名詞が多いが、内容としてはさほど読みづらくもなく、原稿をなくした筆者の焦燥と、新たに原稿を書き直したことから筆者が感じた思いを読み取れれば、読解は問題ないだろう。設問も、傍線部や空欄前後の内容を正しく読み取れれば正解できるはずだ。ただ問七に限れば、通常の文学史の勉強ではどうにもならない難問ではある。しかしそのような問題が一つあったからといって焦らず、冷静に本文を読解し、設問にあたっていけば、全体として合格ラインを越えることは問題ないはずである。全体的な難易度は標準。

要旨

故芥川龍之介の全集の編輯委員として上京したが、その途中で自作の原稿の入った風呂敷包みを紛失してしまった。手を尽くして探したが見つからず、駅から利用した円タクの運転手が風呂敷包みを着服して原稿を引き裂いて捨ててしまったような空想にもとらわれたが、見つけ出すのを諦めて再び原稿を書き直した。そうしたら一度目の原稿の上に書き直しを加えていくことになって、却って最初の原稿よりよいものができたような気になった。そこから、今まで自分は書き飛ばしては金に換えてしまい、書き直して推敲する機会を持たなかったという「過失」に気づいて、過去の姿勢を反省する機会となった。

設問解説

問一　傍線部説明問題　やや易

第一段落からの流れに注目。ここで話題になっているのが作品の本文に施す振り仮名をどうすべきかであり、本文の筆者室生犀星と久保田万太郎とで意見が対立し、そこに佐藤春夫が余分な口出しをしているという状況である。そこで出てきた発言が傍線部の「提案」である。この流れを考えると、**B**が最も適当である。したがってこれが正解。Aの「著者に尋ねながら決めるべき」というのは、著者が故人である（問三解説参照）以上不可能なことであり、Cの「資料保存のため」云々というのはここでの内容と全く異なる。Dの「さらに異なる見解を提示して議論を活発化させよう」では「議論の終息に向」かわなくなってしまう。

問二　空欄補充問題　やや易

アには「大切な相談会にも……勝手に人の顔を写生しているような」という修飾部があり、「無邪気な」が当てはまる。イは「薄野呂」という言葉と並列の関係になっているので、「馬鹿くさい」が適当。またウは「若し明朝運転手君が……送って下さいと」と風呂敷包みが見つかるという自分にとって都合の良い展開を期待する記述で修飾されており、「虫のよい」が適当である。エに入る言葉が修飾する「人」とは（筆者の想像上ではあるが）風呂敷包みを着服した円タクの運転手のことだが、この人物については第十段落に「油のしみた指さき」という描写がある。したがってエの「油くさい」が適当。以上より**B**が正解。

問三　文学史問題　やや難

芥川龍之介の没年（一九二七年）を知らなくとも、傍線部の「故友」の後は「の未亡人」と続いていて、編輯委員が集う場に顔を出している「未亡人」であることがわかる。また第一段落から第二段落にかけて、「芥川君」の全集普及版に施す振り仮名について著者本人に意見を徴することなく議論しており、「原稿に振り仮名のある分だけに振り仮名を付け」るという提案がなされているので、「芥川君」つまり芥川龍之介がすでに故人、つまり「故友」であることは容易に推察できるだろう。したがって**A**の「蜜柑」が正解。一九一九年に発表された作品である。Cの「檸檬」は梶井基次郎、Dの「桜桃」は太宰治の作品である。ただ「蜜柑」という作品は芥川龍之介の作品の中で代表的な方とは言えず、やや難と言える。

※芥川龍之介の主な作品（時代順）

『羅生門』『鼻』『芋粥』『戯作三昧』『蜘蛛の糸』『地獄変』『奉教人の死』『藪の中』『河童』『歯車』

問四　傍線部説明問題　やや易

傍線部の「あきらめる」が遺失した原稿を取り戻すことを「諦め」ることであり、また傍線部直後に「そして二週間目の翌朝からまた失くした原稿を書きはじめた」と続いている点から**C**が正解。A、「遺失した原稿よりも書き直した原稿の方が良い内容に仕上がった場合」、D、「遺失した原稿と同程度の内容の文学が新たに書けなかった場合」はこの時点で想定されていることではなく、B、「（発見された）原稿は使わずに……」は「あきらめる」の内容ではない。

問五　傍線部の理由説明問題　標準

傍線部の感慨は書き直した原稿が出来上がった直後のものであり、原稿の書き直しの経験について語っている直前の第十二～十三段落の内容をみれば、筆者が今まで書き直した経験がないことや、今回は書き直した結果、よりよいものが出来上がったことがわかる。したがって傍線部でいう「過失」とは、今まで書き直して推敲する習慣をもたなかったことである。A、「書き直すことで原稿料も増えていく」、C、「出鱈目な文章を……送ってこなかった」は本文に根拠がない。B、「入念に書くことの重要性」を知ったのではなく、原稿を書き直すことの重要性を知ったのである。

問六　傍線部説明問題　標準

傍線部直前に「例の」とあることから、この原稿が円タクの中に置き忘れて、こま切れのように裂いて捨てられた（と、筆者が思い込んでいる）原稿のことであるとわかる。しかし筆者はその後新たに原稿を書き直すことで、人生に対する過失に気づいた。そしてそのきっかけとなった紛失した原稿のことをここで思い出しているという流れとなる。この内容に合致しているCが正解となる。

A、「書き直した原稿が完成した後も元の原稿に対する未練が残っており」が、第十四段落冒頭の部分と異なる。

B、「書き直した原稿が完成した際にはすっかりその存在を忘れてしまっている」が、Aと同じく第十四段落冒頭部分と異なる。筆者はここで元の原稿のことを〈思い悩んでもいないし、忘れてもいない〉のである。

D、「西洋剃刀でこま切れのように切り裂いてしまう様子」が第十段落の内容と異なる。また、「運転手の立場を通して自らを相対化」というのは、筆者が自己と円タクの運転手を対比して捉えているわけではない以上、無理がある。

問七　文学史および明治大学の歴史　難

本問に驚いた受験生も多かったであろう。しかしこの設問は、〈明治大学で学びたい受験生にとっては、明治大学の歴史を知ることも重要である〉という出題者からのメッセージかもしれない。正解はCの佐藤春夫である。明治大学の教壇には、歴代、名だたる文学者が立っていることを知っておきたい。明治大学の沿革について、以下に簡単に記しておく。

※明治大学は「明治法律学校」として岸本辰雄・宮城浩蔵・矢代操によって創立された。正式に法学校として開校されたのは一八八一（明治十四）年であり、自由民権の風潮の中、「権利自由」を校訓とし（現在の建学の精神は「権利自由・独立自治」）、フランス法を中心として教育にあたった。やがて一九二〇（大正九）年に大学令によって大学となり、一九四九（昭和二四）年に新制明治大学として認可された。なお、元々は法律学校ではあったが、渋沢栄一などの尽力によって開設された商学部や、私学で初めて開設された経営学部など、伝統的に商学でも知られている。夏目漱石・山本有三・小林秀雄などの、近代日本の有名文学者たちが多く教壇に立った。

解答

問一　B

問二　B

問三　A

問四　C

問五　D

問六　C

問七　C

演習 11 情報コミュニケーション学部 二〇一二年度 二

目標解答時間 二〇分

次の文章を読み、後の問に答えなさい。

大学の煉瓦塀《れんがべい》に沿うて歩き煉瓦塀を外れて高等学校の前にさしかかると、白く立ち並んだ棒で囲われた校庭の黒い葉桜の下の仄暗《ほのぐら》い叢《くさむら》から虫の声が聞えて来る。虫の声に少し足を緩め耳を傾け、更に虫の声を惜しんで高等学校の庭から離れないため道を右に折れ、そして左に折れると、立棒の代りにからたちの植わった土手が始まる。左に折れた角で、はて！と輝いた眼を前へ投げて私は小走りに急いだ。

前方の土手の裾《すそ》に、可愛らしい五色の提燈《ちょうちん》の灯の一団が寂しい田舎の稲荷《いなり》祭《まつり》のように揺れていたからである。近づかなくとも、子供達が土手の叢の虫を捕っているのだと分る。提燈の灯は二十ばかり。そして提燈の一つ一つが紅桃色藍《あい》緑紫黄などの灯をともしているばかりでなく、一つの灯が五色の光をともしているのである。店で買ったらしい小さい紅提燈もある。けれども多くは子供等が思案を凝らして自分の手で作った可愛らしい四角な提燈である。この寂しい土手に二十人の子供が集まり美しい灯が揺れるまでには①一つの童話がなければならない。

街の子供の一人がある夜この土手で鳴く虫を聞いた。次の夜は紅提燈を買って鳴く虫の居所を捜した。その次の夜は子供が二人になった。新しい子供は提燈が買えなかった。小さい紙箱の表と裏を切り抜いて紙を貼り底に蠟燭《ろうそく》を立て頭に紐をつけた。子供が五人になり七人になった。紙箱を切り抜いて明り取りに貼る紙を色どり絵を描くことを覚えた。そして智慧のある小さい美術家達は紙箱のところどころを円く三角に菱形に木の葉形に切り抜き、小さい明り窓を一つずつ違った色に彩り、更に円や菱形や紅や緑をつかって一つの纏《まと》まった装飾模様とした。紅提燈を買った子供も店で買える趣きのない提燈を棄て、自作の提燈を持つ子供も単純なイショウ[a]の提燈を棄て、昨夜携えた光の模様は翌日もう不満足で、昼は紙箱と紙と絵筆と鋏《はさみ》と小刀と糊を前に日々新しい提燈を一心に創り、我が提燈よ！　最も珍しく美しかれ！　と夜の虫取りに出かけるのであろう。そうして私の目の前の二十人の子供と美しい提燈とになったのではあるまいか。

私は目を見張って佇[b]んだ。四角な提燈は古代模様風に切り抜かれ、花模様に切り抜かれているばかりでなく、たとえば「ヨシヒコ」とか「アヤ子」とか製作者の名が片仮名で刻み抜かれているのである。紅提燈に絵を描いたのと違って、厚紙の箱を切り抜いてそれに紙を貼ったのであるから、その模様だけが窓になって模様通りの色と形で蠟燭の光が洩《も》れているのである。そうした二十の灯が叢に射し照らされて子供達は悉《ことごと》く一心に虫の声を頼りに土手にしゃがんでいるのである。

A「誰かバッタ欲しい者いないか。バッタ！」と、一人だけほかの子供から四五間《けん》離れたところで草を覗いていた男の子が伸び上ると突然言った。

「お呉れ！　お呉れ！」

六七人が直ぐ駈け寄って虫を見つけた子供の背に重なるようにしながら叢を覗き込んだ。そして駈けつけた子供達が差し出す手を払い退け虫のいる叢を守るような姿で両手を拡げて突っ立った男の子は右手の提燈を振ると、再び四五間彼方《かなた》の子供達に叫んだ。

B「誰かバッタ欲しい者いないか。バッタ！」

「おくれ！　おくれ！」

四五人走って来た。全くバッタでも貴いほどに虫は捕れないらしい。男の子は三度び呼んだ。

C「バッタ欲しい者いないか。」

二三人近寄った。

「頂戴《ちょうだい》な。頂戴。」

新しく近寄った女の子が虫を見つけた男の子のうしろで言った。男の子は軽く振り返ると素直に身を屈めて提燈を左に持ち代え右手を草の間に入れた。

D「バッタだよ。」

「いいから頂戴！」

男の子は直ぐ立ち上ると握った拳を、それ！　という風に女の子の前に突き出した。女の子は左の手に提げていた提燈の紐を手首に懸け両手で男の子の拳を包んだ。男の子が静かに拳を開く。虫は女の子の親指と人差指の間に移っている。

「あら！　鈴虫だわ。バッタじゃなくってよ。」と、女の子は褐色の小さい虫を見て眼を輝かせた。

「鈴虫だ！　鈴虫だ！」

子供達は羨ましそうな声を合わせた。

「鈴虫よ。　鈴虫よ。」

女の子は②明るい智慧の眼をちらと虫をくれた男の子に注いでから腰につるしている小さい虫籠を外してその中に虫を放した。

「鈴虫よ。」

E「ああ、鈴虫だよ。」と、鈴虫を捕えた男の子は呟き、③虫籠を顔の真近に掲げて眺め入っている女の子に自分の五色の美しい提燈を掲げて明りを与えてやりながらちらちらと女の子の顔を見た。

そうか！　と私は男の子がちょっと憎くなると共に、初めてこの時④男の子のさっきからの所作が読めた我が愚しさを嘆いたのである。更に、あっ！　と私は驚いた。見給え！　女の子の胸を、これは虫をやった男の子も虫をもらった女の子も二人を眺めている子供達も気がつかないことである。

けれども、女の子の胸の上に映っている緑色の微かな光は「不二夫」とはっきり読めるではないか。女の子が持ち上げた虫籠の横に掲げた男の子の提燈の明り模様は、提燈が女の子の白い浴衣に真近なため「不二夫」と男の子の名を切り抜いた所へ緑の色を貼った形と色そのままに女の子の胸に映っているのである。女の子の提燈はと見ると、左の手首に懸けたままたらりと垂れているので「不二夫」ほど明らかではないが、男の子の腰のあたりに揺れている紅い光を読もうなら「キヨ子」と読める。⑤この緑と紅の光の戯れを――戯れであろうか――不二夫もキヨ子も知らない。

そして、不二夫は鈴虫をやったことを、キヨ子は鈴虫をもらったことを、いつまでも覚えていようとも、不二夫は自分の名が緑の光でキヨ子の胸に書かれキヨ子の名が紅い光で自分の腰に書かれ、キヨ子は自分の胸に緑の光で不二夫の名が誌《しる》され不二夫の腰に自分の名が紅い光で誌されたことを、夢にも知らねば思い出しも出来ないであろう。

不二夫少年よ！　君が青年の日を迎えた時にも、女に「バッタだよ。」と言って鈴虫を与え女が「あら！」と喜ぶのを見て X の笑を洩し給え。そして又「鈴虫だよ。」と言ってバッタを与え女が「あら！」と悲しむのを見て X の笑を洩し給え。

更に又、君が一人ほかの子供と離れた叢で虫を捜していた智慧を以てしても、そうそう鈴虫はいるもんじゃない。君も亦《また》バッタのような女を捕えて鈴虫だと思い込んでいることになるのであろう。

そうして最後に、君の心が曇り傷ついたために真《まこと》の鈴虫までがバッタに見え、バッタのみが世に充ち満ちているように思われる日が来るならば、その時こそは、今宵君の美しい提燈の緑の灯が少女の胸に描いた光の戯れを、君自身思い出すべを持っていないことを私は残念に思うであろう。

（川端康成『掌の小説』より）

問一　傍線aのカタカナを漢字で書きなさい。

問二　傍線bの漢字の読み方をひらがなで書きなさい。

問三　傍線①「一つの童話がなければならない」とあるが、この場合「一つの童話」にあたるのは課題文のどの箇所か。その箇所の始めと終わりの五字をそれぞれ抜き出しなさい。（ただし、句読点は字数に含めないものとする）

問四　傍線A～Eの五つの「」で括られた箇所からは、ことばを発した男の子の心の動きが読み取れる。それを示したものとしてもっとも適切なものを次の中から一つ選びなさい。

1　A―得　意　B―焦　り　C―不　安　D―邪　心　E―慢　心
2　A―挑　発　B―優しさ　C―弱　気　D―不　信　E―無関心
3　A―支配欲　B―自　慢　C―諦　念　D―不　満　E―超　然
4　A―ひらめき　B―期　待　C―もどかしさ　D―焦らし　E―得　意
5　A―自　慢　B―配　慮　C―腹立たしさ　D―驚　き　E―独占欲

問五　傍線②「明るい智慧の眼」の説明としてもっとも適切なものを次の中から一つ選びなさい。

1　男の子の勘違いを優しくたしなめる気遣い
2　男の子のもくろみを了解したという目配せ
3　男の子の悪戯をそれとなく戒める批難のまなざし
4　男の子がついた嘘を軽く咎めるメッセージ
5　男の子のユーモアのセンスを賞賛する尊敬の視線

問六　傍線③「虫籠を顔の真近に掲げて眺め入っている女の子に自分の五色の美しい提燈を掲げて明りを与えてやりながらちらちらと女の子の顔を見た」とあるが、このときの男の子の気持ちとしてもっとも適切なものを次の中から一つ選びなさい。

1　女の子が自分だけ特別扱いされてきまりが悪くなっていないかどうかを確かめようとする気持ち
2　悪戯をした自分に対する女の子の批難の気持ちが収まったかどうかを見届けようとする気持ち
3　バッタだと思った虫が実は鈴虫だったことに女の子がどのような反応を示しているのかを確認しようという気持ち
4　顔に映った五色の灯の配色の妙によって際立った女の子の美しさを心ゆくまで堪能しようとする気持ち
5　本当は自分のものにしたかった鈴虫を与えてしまった後悔を、女の子の喜ぶ顔を見て吹っ切ろうとする気持ち

問七　傍線④「男の子のさっきからの所作」が指すものとして適切とはいえないものを次の中から一つ選びなさい。

1　一人だけ皆から離れた場所で虫を捜していたこと
2　虫を見つけたことを大勢の子供たちに知らせたこと
3　見つけた虫に皆が近寄れないようにして隠したこと
4　女の子がやってくるまで何度も叫び続けたこと
5　捕まえた虫がバッタであることを強調したこと

問八　傍線⑤「この緑と紅の光の戯れを――戯れであろうか――不二夫もキヨ子も知らない」とあるが、この部分に表れている作者の意図を説明したものとしてもっとも適切なものを次の中から一つ選びなさい。

1　傍観者である作者だけが光の戯れに気付いたことを確認し、密かに自分の胸中にしまっておこうと決意している。
2　いずれは結ばれることを暗示する兆候を思いがけなく目の当たりにして、男の子と女の子の将来を祝福している。
3　目の前の出来事を、遠く過ぎ去った作者自身の経験と重ね合わせ、ノスタルジックな想い出に浸ろうとしている。
4　知恵を絞った人為や目的実現のために弄した策以上の、作為を超えた一瞬の巡り合わせをほのめかそうとしている。

5　宿命や運命など人知を超越した存在の前では、人間はいかに無力でちっぽけな存在に過ぎないかを指摘している。

問九　空欄Xには同じ語が入る。その語としてもっとも適切なものを次の中から一つ選びなさい。

1　会　心　　2　安　堵　　3　満　面　　4　軽　蔑　　5　自　嘲

問十　この文章について説明した次の文のうちで明らかに間違っているものを一つ選びなさい。

1　暗闇を背景にとりどりの色彩を配置した風景描写を行うことで、艶やかな雰囲気を作品に与える効果を狙っている。
2　子供達に芽生え始めた、まだ意識的にはなっていない異性関係の心理の機微を大人の立場から鋭く描き出している。
3　子供達の心の交流を描くことで、思春期に体験した純粋な恋愛感情を大人である読者に想い出させようとしている。
4　男の子の大人びた心理操作に対して、多くの人生経験を踏んできた年長者の立場から忠告している。
5　何気ない遣り取りや仕草に、すでに子供たちの人生を暗示する個性の発露が窺えることを示そうとしている。

問十一　この文章の作者が属するといわれている思潮、および、この作者と同じ思潮に属する作家の組み合わせとして正しいものを一つ選びなさい。

1　耽美派―谷崎潤一郎　　2　新感覚派―横光利一
3　自然主義―島崎藤村　　4　白樺派―有島武郎
5　第三の新人―遠藤周作

【解答・解説】

出典　川端康成『掌の小説』〈バッタと鈴虫〉（新潮社）

講評

川端康成の『掌の小説』からの出題。登場人物の行動やセリフなどから心情を正確に読み取り、作者の意図の説明を選択する問題が中心で、内容と選択肢を照合して妥当なものを判断していく必要がある。特に問四はA～Eそれぞれのセリフに対応する心情を、選択肢と一つ一つ照らし合わせながら考えていかなければならない。新感覚派作家の作品で、多少読み辛い部分もあるが、男女の恋心という、小説における心情表現の王道も含む作品である。文学部以外でもこのような物語文が出題される可能性もあるので、しっかり対策しておきたい。全体的な難易度は標準。

要旨

私が土手にさしかかると、子供達が提燈を灯して虫取りをしている。二十ほどの提燈の多くは子供達が自分で作ったもので、製作者の名前が刻み抜かれている。一人の男の子が、「バッタ欲しい者いないか」と言う。子供達が駆け寄るが、男の子は二度、三度と同じ呼びかけをする。そして、新しく来た女の子に虫を渡し、女の子はそれが鈴虫であることに気づき眼を輝かせた。私は、男の子の所作の意味を理解し、さらに、提燈に刻んだ名前がそれぞれ相手の体に映っていることに気づくが、男の子も女の子も気づかない。私は男の子の将来を想像し、男の子の名前が女の子に描かれたこの象徴的な出来事を彼が思い出すすべを持たないことに思いを致す。

設問解説

問一・問二　漢字の問題　標準

ａの「**意匠**」の意味は、本文では〝外観を美しくするため、その形・色・模様などに工夫を凝らすこと〟である。

問三　傍線部説明問題（抜き出し）　標準

傍線部①直前に、「土手に二十人の子供が集まり美しい灯が揺れるまでには」とあるので、その間の「童話」であるとわかる。したがって、この直後の段落（第三段落）にある、**夜の虫取りに子供達が集まり、色とりどりの手製の提燈を持つようになったいきさつを作者が想像した部分**が「童話」であると読み取れる。その始めと終わりの五字を答える。「一文」「何文字以内」などの指定がないが、該当箇所を正確に抜き出さなければならない。段落末尾の一文「そうして……ではあるまいか」の箇所は「私」の感想であり、「童話」そのものではないので除外しなければならないことに注意したい。

問四　傍線部説明問題　やや難

子供達の動作や前後関係を客観的に分析して、一つ一つ丁寧に考えていこう。男の子は女の子の気を引く意図で、見つけたのは鈴虫であるのに、「誰かバッタ欲しい者いないか。バッタ！」と言い、女の子が来るまで叫び続けたのである。傍線部Aを含む文の文末に「伸び上ると突然言った」とあることから、Aは女の子の歓心を得るための策略を思いついた「**ひらめき**」となる。「得意」や「自慢」なら、鈴虫を見つけたことを正直に言った方がその気持ちを表現できるので不適切。そしてBは女の子が来ることに対する「**期待**」、Cは女の子が来ない「**もどかしさ**」と読み取ることができる。Dは直後の「いいから頂戴！」という女の子の言葉から「**焦らし**」、Eはバッタと思わせて、価値のある鈴虫（鈴虫に価値があるのは女の子が虫を見て「眼を輝かせた」ことや、周りの子供達が「羨ましそうな声」を出したことからわかる）を渡した「**得意**」が心情としてそれぞれあてはまる。

ポイント　小説の心情読み取り

小説で登場人物の心情を読み取るためには、一つ一つの〈動作〉〈セリフ〉に注目する必要がある。さらに〈登場人物の周囲の情景描写〉などが人物の心情とリンクしている場合も多いので、それらにも注意し、過不足なく正確に心情を分析しよう。

問五　傍線部説明問題　標準

傍線部②「明るい智慧の眼」は、男の子がバッタと言って鈴虫をくれた**意図に少女が気づいた**と解釈でき、**2**の「男の子のもくろみを了解した」という内容が最適。「智慧」は「知恵」と同じで、意味は〝物事の筋道がわかり、うまく処理していける能力〟である。

1は、男の子は勘違いをしたわけではないので不適切。3は「批難のまなざし」、4は「咎める」が女の子の「明るい智慧の眼」にふさわしくない。5は少々悩むが、「ユーモアのセンスを賞賛する」は「智慧の眼」の説明とはならないし、鈴虫をバッタと偽ることが笑いを狙った「ユーモア」とも言い難い。

問六　傍線部説明問題　標準

男の子は「ああ、鈴虫だよ」と言って提燈を掲げて、その明かりで**女の子の顔を「ちらちらと」見ている**ので、**4**の「女の子の美しさを……堪能しようとする気持ち」がもっとも適切。

1は、女の子が周囲の子供達に気を遣っている表現は読み取れない。2は、女の子の「批難の気持ち」が本文から読み取れない。3は、すでに女の子はこの虫が鈴虫であることに気づき、男の子に確認し、傍線部②のような反応を示しているので、改めて反応を確認しようとするのはおかしい。5は、男の子が鈴虫を自分のものにしたかったという内容は本文中から読み取れない。

問七　傍線部説明問題　標準

「適切とはいえないもの」を選ぶことに注意。「男の子のさっきからの所作」とは、女の子に鈴虫を渡すための一連の言動である。2の「大勢の子供たちに知らせたこと」は、暗闇の中で女の子を呼び寄せるため仕方なくしたことであり、**女の子だけへの意図を含んだ所作ではない**ので、**2**の選択肢が適切とはいえない。

1は、最後から二つ目の段落に「君が一人ほかの子供と離れた……智慧」とあることから、女の子に鈴虫を渡すために考えた上での行動であることがわかるので、傍線部④が示す行動にあてはまる。3の皆から虫を隠したこと、4の女の子が来るまで叫んだこと、5のバッタであると言ったことは、すべて女の子の気を引くための意図的なものである。

問八　傍線部説明問題　やや難

傍線部⑤の「光の戯れ」は、提燈の明り模様によって相手に映った互いの名前である。それが「戯れ」と表現されているので、**意図的な策略とは異なるもの**と解釈する。さらにそれに「戯れであろうか」という表現が追加されていることから、これがただの偶然や策略を越えた**運命的な巡り合わせ**とも言えるものであり、二人の結びつきを暗示しているものであると読める。このことから、**4**の「人為や目的実現のために弄した策以上の、**作為を超えた一瞬の巡り合わせをほのめかそうとしている**」が最適。

1は、「密かに自分の胸中にしまって」おくのでは「戯れであろうか」の自己への問いかけの意味が説明できない。また、2の「将来を祝福している」という心情までは読み取れない。3は、「作者自身の経験」についての記述はないので不適切。5の「宿命や運命など人知を超越した存在」という確定的内容までは読み取れない。

問九　空欄補充問題　標準

空欄Xは、二箇所とも、青年となった「不二夫少年」が、「女」を意図的に喜ばせたり、悲しませたりしようとしてそれが成功したときの笑いを表現するものが入るので、**1**の「**会心**」がもっとも適切である。「会心」は〝うまくいった、思い通りだと、心に叶うこと〟という意味。3の「満面」が紛らわしいが、これは笑顔の度合いを示した表現であり、その笑顔が何によるものかを示したものではない。

問十　内容真偽問題 標準

「明らかに間違っているもの」を選ぶことに注意。**5**の「子供たちの人生を暗示する個性の発露」に該当する部分がない。「不二夫少年」が「青年の日を迎えた時」のことは「私」の想像であり、「人生を暗示する」ような根拠があるわけではない。

1は第二〜四段落にある、色とりどりの提燈の描写に合致している。2の「芽生え始めた、まだ意識的にはなっていない異性関係の心理の機微」は、傍線部②の段落から傍線部③の段落の描写に合致している。3の「子供達の心の交流」「思春期に体験した純粋な恋愛感情」は、傍線部A以降の内容に合致している。「読者に想い出させようとしている」も、本文全体に通底する作者の意図を示すものとして自然な読み取りだと考えられる。4は最後から三つ目の段落の「不二夫少年よ！」以降で「私」が「〜し給え」などの命令口調で訴えていることが、「年長者の立場から忠告」と合致する。

問十一　文学史問題 やや易

川端康成は「新感覚派」の作家として、横光利一とともに著名である。代表作は『伊豆の踊子』『雪国』など。

解答

問一　意匠　**問二**　たたず
問三　街の子供の〜のであろう
問四　4　**問五**　2　**問六**　4　**問七**　2　**問八**　4
問九　1　**問十**　5　**問十一**　2

第2章　古文

【古文の問題を解く前に】

まず、明治大学の古文について、全体的な傾向を押さえておこう。明治大学では、国語が課されているすべての学部および全学部統一入試で古文が一題出されている。最近四カ年（二〇二三～二〇二〇年度）の出題は巻末の出典一覧表に示したとおりであるが、この三六題について、全体的な傾向をまとめてみる。

出題作品の時代は、**三六題中、中世が一七題**（他の時代との融合問題も含む。以下同じ）で、半数近くを占める。**中古（平安時代）は一三題、近世は八題**となっている。中古・中世を中心に、バランスよく選ばれていると言える。

作品のジャンルとしては、日記、物語、説話、歴史物語が目立つが、さまざまなジャンルから出題されている。問題文に**和歌の含まれる割合は約五割**である。このほか、俳句を含む問題文が出されることもある。

文法問題はほとんどの問題で出されている。助動詞や敬語に関する問題が多い。識別問題も目立ち、品詞分解が出されることもある。**文学史**は二六題で出題されており、出題率は七割を超えている。

■学部ごとの傾向と対策

ここでは、古文の最近の出題傾向を、学部ごとに解説する。

法学部

全体的に難解な文章は少なく、毎年記述式の問題が出題されているが、しっかり展開を追うことができれば人物・該当箇所の指摘など、きちんと解けるものになっている。内容に関する設問も紛らわしい選択肢が少ないため、確実に正解できる読解力を身につけておきたい。そのために、短めの比較的平易な古文の文章を、**時間をかけずにさらりと読んで大意をつかむ**ことができるように練習しておこう。また、古典常識・文法・語彙・敬語・文学史・和歌修辞などの問題も、過去十年バランスよく出題されている。幅広い知識が必要である。

法学部独自の特徴は、**漢文訓読文的要素の強い出典**が他学部よりも多くみられ、**漢文の知識を問う問題**が出題されていることだ。ただし、訓点、基本的な句形の知識があれば解ける問題で、共通テストの漢文対策をしていれば十分対応でき、漢文の句形の問題集を一通り学習しておけば問題はない。文学部の漢文の問題も対策として使用できるだろう。

政治経済学部

中古の有名出典からの出題が多い。二〇二一年度は二つの文章（同じ出典の二箇所）から出題された。ページ数の都合上、本書に政治経済学部の問題は収載できなかったが、全体的に文章は読みやすく、主語を押さえながらしっかり展開を追うことができれば内容を把握できる問題が多い。これは**法学部や農学部と同様の傾向**である。ただ最近の傾向として、**文章量は標準～やや多**で、法学部や農学部より長めである。他学部を含め、いろいろなタイプの問題にあたっておくとよい。

設問は、容易に答えを選ぶことができるものもあるが、設問の数が少なくはないので、**本文を早く読み解く**こともポイントである。バランスの良い広い知識が求められる。記述問題も出題されるが、あてはまる助動詞を活用させて入れる問題は取り立てて難しいものではない。基礎的な文法、古典常識、文学史などの知識の定着に努めよう。

商学部

標準的～やや難あたりの難易度である。**中古の正統派古典作品が出典となることが多い**ため、ある程度の慣れと読解力がないと読み進めることが難しい。主語判定や和歌の解釈も問われるので、日ごろから多くの古文を読み、主語、対象などを適宜補いながら読み進めていく練習が効果的である。正確な読み取りのために、語彙・文法力の増強は必須である。文法は助動詞だけでなく助詞の知識（用法・意味・接続）にも一通り着手しておこう。

商学部の特徴は、他学部に比べて**記述式の問題が多く出題されている**ことだ。単語の読み、書き取り、文学史、和歌修辞、敬語などを問う問題について、選択肢に頼らずに解けるよう、知識を身につけておきたい。経営学部、国際日本学部などの問題も、内容説明・抜き出し問題などの対策として使用できるだろう。

経営学部

中古・中世の有名作品からの**出題が多い**。ジャンルは多岐にわたり、記述式での内容説明や該当箇所の抜き出しなどもよく出題されるため、正確な内容理解が求められる。単語の読み、古文常識、文学史などの**知識問題はやや難の設問が出題される**こともあり、応用的な知識が必要である。

普段の学習では、あらゆるジャンルの文章を多く読み解き、和歌の解釈や古典常識についてぱっと反応できるようにしておきたい。文学史の問題では選択肢に挙がっている他の作品にも注意して、知らないものがあれば毎回辞書や国語便覧などで調べて確認しておくとよい。商学部・文学部・国際日本学部の問題も記述対策として使用できるだろう。

文学部

聞き慣れない珍しい作品から出題されている。**歌論や歌集からの出題もあり**、馴染みがなく難解に感じるかもしれない。全体的には標準～やや難。深い知識、高い読解力が要求される。**記述式で現代語訳が毎年出題されている**ため、語彙は単語だけでなく**慣用表現**（「いふかひなし」「なのめならず」など）まで身につけておくこと。文法事項は助動詞、敬語だけでなく、助詞や特殊な用法も含めて身につけておこう。**文学史、和歌修辞は頻出**で、基礎的なものから応用問題にも触れておいてほしい。

現代語訳や和歌の解釈は知識だけでは解けない問題もあるので、前後の文脈から判断することになる。このような問題にも対応するためには普段の学習であらゆるジャンルの文章を数多く読み、**古文的な背景知識を養う**ことが重要。**こなした問題の数が鍵を握る**。自分の解けない問題は他の受験生も簡単には解けまい、と自信をもって判断できるほど多くの問題を解いておきたい。

国際日本学部

文学部同様、聞き慣れない珍しい作品から出題されている。**近世の作品の出題も多い**ため、話の展開が読みやすいものもあるが馴染みがなく読みにくい出典もある。

記述式での現代語訳はないが、空欄補充・抜き出しなどは記述式で出されている。丁寧な本文理解と知識がないと解けない。文学史は毎年のように出題されるので注意したい。やや難しいものも出題されている。語彙、敬語、文法、古典常識、和歌が**バランスよく出題され、広く深い知識が求められている**。過去問や問題集にあたる際には、設問に解答するだけでなく、その文章から学習できることは何でも学習しようという姿勢を持って取り組んでほしい。経営学部・商学部の問題も記述対策に使用できるだろう。

情報コミュニケーション学部

以前は中古の有名出典から多く出題されていたが、近世の文章の出題が増加した。**比較的文章は長い**。難易度としては標準的な文章が多く、語彙や古文常識を土台として正確な内容把握ができていれば、内容理解の点も含めて問題はないだろう。設問では人物（主語など）を指摘させるものが頻出である。文法問題は基礎的な助動詞の用法や活用を問うものが多く、確実に正解しておきたい。

他学部とは異なる**「大学入学共通テスト」を意識した**ような出題形式がみられる。二〇二二年度・二〇二三年度では、同じ題材を扱う二つの文章を比較する問題、二〇一八年度では**絵巻物**である『源氏物語絵巻』の一部を用いて、描かれている調度品や人物を指摘させる問題、二〇二〇年度では芥川龍之介『藪の中』と『今昔物語集』を用いた**現・古融合問題**が出題された。**表現技法の説明や調度品の名称、文学史の記述式問題**などは、対策していないと解答できない。他の設問は解答しやすく正解がはっきりしているので、このような設問で得点に差がつくと思われる。国語便覧などで、漢字の読みや文学史、古典の背景知識、調度品や衣装関係などの名称まで、さまざまなものに触れておいてほしい。

農学部

時代を問わず、**有名出典の有名箇所**が多く出題されている。設問は、文法、古典常識、文学史など広く出題されており、毎年記述式の問題が出題されているが、基礎的な文法知識、語彙力で解けるものである。二〇一九年度は俳句の知識（季語とその季節）や俳句に込められた心情が問われた。本書には、ページ数の都合上、農学部の古文の問題は収載していないが、**法学部や政治経済学部と記述問題の傾向が近い**ため、同様の対策を行うとよい。なお、文章量は、法学部や政治経済学部と比較するとやや短めである。

全学部統一入試

中古の有名出典からの出題が多かったが、二〇二一・二〇二二年度は近世の文章も出題されている。二〇二二年度は関連する内容の二つの文章が出題された。**文章は比較的長め**で、人物関係や動作の主体などがわかりにくい。**うまくストーリーをつかむことがポイント**になる。そのために主語や省略された語を丁寧に補いながら、**古文のありがちな展開を知っておく**必要がある。

本文の読解はやや難しく感じられても、設問と合わせて考えると、全体的な難易度は標準である。すべてマーク式で比較的簡単な設問もあるため、文法問題や基礎的な語彙問題は絶対に正解できるように仕上げておこう。文学史や和歌の問題もバランスよく出題されているため、広い知識が必要である。

演習 12

国際日本学部 二〇二一年度 三

目標解答時間 一五分

次の文章を読み、後の問に答えよ。

淀橋を渡り行き、宝仙寺と云ふ寺あり。それより三町程の山の中に小さき塔あり。中野の塔と云ふ。この脇に道心者一人、庵を結びて住めり。辺りはみな茅野にて、小さき木所々にあり。さびしさいはんかたもなし。この道心が庵へ立ち寄り、さてさて物さびしき住居にて候。狐狸［　A　］はとひ来るものあるべからずといへば、[a]道心が云ふ。仰せのごとく人気はまれにて、狐のみ参り候。馴れ候へば、人よりは結句むつましくいたいけなる物にて御座候。初めは、日暮れ候へば、軒のあたりへこそこそいたし、庵の上などかけ歩き候ひつるが、次第次第たがひに馴染み候へば、後は少しも恐れず、寒き夜は、来りて火にあたり、足を伸ばしてとくと寝入り候ひて、明くれば帰り候。わたくし鉢に出で遅く帰り候時は、火を焚き付け、湯をかけ置き候ひて待ち請け候。後々は人のやうに物語もいたし候。過ぎし暮れ大雪降り鉢にも出でられ候はぬ故、一日伏せり候。夜狐来たり、坊様は今日はさびしく御座候ひつらん。寒く候へば何にても御振舞ひ候へと云ふ。その事に候。雪ゆゑ里へ出る事もならず、これゆゑ食事もなし。いかがせんといへば、さてさて[b]いとほしきことかな。しからば少し御待ち候へとて、やがて表へ出づるかと思ひたれば、小袋を一ツ持ちてきたる。開けてみれば、小豆と米なり。これを粥にて[c]まゐり、我等にも［　B　］なども云ふ。その夜、寒く寝られ候はぬまま、一ツに伏せり候はんとて、[d]衾の中に寝て帰る。さて狐が申しけるは、かやうに親しく馴れ候へば、今までの御恩の報じに、何にても私かなへ候はんやうなる御望みも候はば、御申し候へと云ふ。然れどもかやうに世を捨てのがれたる身に、何の望みもなし。寒き日は暖かに日影に向かひ、暑き日は涼しき風ならで願ふことなしといへば、それは天の成せる事にて、この狐などが心にまかす事になく候。かやうに一ツ屋に御座候へば、第一類火のなきやうに守り申すべく候。夏は清水を冷たく、冬はぬるく致して、朝夕の垢離《こり》の水、御かかりよくいたし候はんと申しつるが、そのごとく類火にも会ひ申さず、夏の清水冷たく、冬の清水ぬるく御座候ひて満足いたすと語る。

（戸田茂睡『紫の一本』による）

〈注〉道心者…仏道修行者。
茅…ススキ・チガヤ・スゲなどの屋根を葺《ふ》く草の総称。
鉢…ここでは托鉢の意。
我等…ここでは単数の自称。わたくし。
垢離…神仏に祈願するときに冷水を浴びて心身を清めること。

問一　空欄 A に入るひらがな三文字の言葉を本文中から抜き出せ。

問二　傍線ａ「道心が云ふ」とあるが、道心の発話は「仰せのごとく」からどこまでか。最後の五文字（句読点は含まない）を本文中から抜き出せ。

問三　空欄 B に入る六文字の言葉を本文中から抜き出せ。

問四　傍線ｂ「いとほしきことかな」の意味として正しいものを次の中から一つ選び、その番号をマークせよ。

1　困ったことだなあ
2　いとしいことだなあ
3　いじらしいことだなあ
4　大変ほしいことだなあ
5　かわいそうなことだなあ

問五　傍線c「まゐり」と同じ意味の「まゐり」を次の中から一つ選び、その番号をマークせよ。
1　春宮の生まれ給へりける時にまゐりてよめる
2　御粥、強飯めして、まらうどにもまゐり給ひて
3　今宵はなほしづかに加持などまゐりて出でさせ給へ
4　宮にはじめてまゐりたるころ、ものはづかしきことの数知らず
5　月さし出でぬれば、大御酒などまゐりて昔の御物語などしたまふ

問六　傍線d「衾」の説明として正しいものを次の中から一つ選び、その番号をマークせよ。
1　「しとね」と読み、炬燵《こたつ》の一種を意味する。
2　「しとね」と読み、夜具の一種を意味する。
3　「しとね」と読み、着物の一種を意味する。
4　「ふすま」と読み、夜具の一種を意味する。
5　「ふすま」と読み、着物の一種を意味する。

問七　次の1～5の中から、本文の内容に合致するものを一つ選び、その番号をマークせよ。

1　道心は、一人住まいを、寂しいと感じていた。
2　狐は、寒い日に限って道心のところへやってきた。
3　狐は、道心への恩返しとして、防火の役割を果たした。
4　狐は、天に働きかけて、暑さや寒さを和らげることができた。
5　道心は、托鉢に出ても、思うように施しを受けられなかった。

問八　この文章を書いた戸田茂睡と同じく元禄時代に活躍した人物を次の中から一人選び、その番号をマークせよ。

1　松永貞徳　　2　契沖　　3　上田秋成　　4　本居宣長　　5　滝沢馬琴

【解答・解説】

出典　戸田茂睡『紫の一本』〈巻三　野〉

講評

難解な単語もほとんどなく読みやすい。道心者が、狐との会話を語っている場面であると理解できれば、問二・問三・問七は容易。問四・問五の語意問題も必ず正解しておきたい。問一は、該当語句を探すのに手間がかかる。必要な文法知識は標準レベルだが、難しいと感じた受験生もいただろう。問六・問八のような知識問題は知らないと苦労すると思われる。

要旨

1 道心者の庵に立ち寄る（一～三行目〈～道心が云ふ。〉）

淀橋を渡り、宝仙寺から山の奥に行くと中野の塔がある。人がいない寂しい場所であったが、その近くの庵に道心者がひとりで住んでいた。

2 道心者の語る狐の話・前半（三～十一行目〈仰せのごとく～寝て帰る。〉）

道心者の話によると、この庵には狐がやってきて最初は警戒していた様子だったが、お互いが打ち解けたあとでは何かと助け合う生活をしていた。雪の日に食事を求めて庵にやってきた狐に、食料がないことを告げると、狐が食料を持ってきてくれることもあった。

3 道心者の語る狐の話・後半（十一～十六行目〈さて狐が～〉）

狐から日頃の恩返しとしてなにか望みを叶えたいと申し出があったが、道心者は修行中の身で願うことはなく、望むとしたら過ごしやすい気候ぐらいであると答えた。狐は、それは天にしか叶えられないことだが、できる範囲で叶えると約束し、火事から家を守り、夏冬に触れる水の温度を適温にしてくれた。

重要語句

（本文中の意味は網掛けで、頻出語義に関しては**太文字**で示す）

1 **いはんかた（も）なし**【慣用表現】**何とも言いようがない**
候（ふ）【動詞】❶謙譲の本動詞**お仕えする・伺候する**　❷丁寧の本動詞**あります・います**　❸丁寧の補助動詞**〜です・ます**

2 **いかがせん**【慣用表現】❶**どうしようか**　❷**どうしようもない**
いとほし【形容詞】❶**気の毒だ・かわいそうだ**　❷いとしい　❸困る・いやだ
やがて【副詞】❶**そのまま**　❷**すぐに**

3 **世を捨つ・世をのがる**【慣用表現】**出家する・隠遁する**

全訳

淀橋を渡って行くと、宝仙寺という寺がある。それより三町ほど（奥）の山の中に小さい塔がある。中野の塔という。この脇に道心者が一人、庵を結んで住んでいる。付近はみな茅野で、小さい木が所々にある。さびしさは言いようもない。この道心者の庵に立ち寄り、「それにしてもものさびしい住居でございます。狐狸ではないものは訪れて来るものもいないだろう」と言うと、道心者が言う。「おっしゃるように人気はまれで、狐だけが参ります。（狐は人に）馴れますと、人よりはむしろ親しみやすくかわいらしいものでございます。初めは、日が暮れますと、（狐は）軒のあたりでこそこそとして、庵の上などを歩き回っていましたが、だんだんとお互いに馴染みますので、それからは少しも恐れず、寒い夜は、（狐が近くに）来て火にあたり、足を伸ばしてよく寝入りまして、夜が明ければ帰ります。私が托鉢に出て遅く帰りますときは、火を燃やし始め、湯をかけ置きまして（私を）待ち受けています。後々は人間のように話もいたします。以前暮れに大雪が降り托鉢にも出られませんので、一日寝ていました。夜に狐が来て、『坊様は今日はきっと心細いでしょう。寒いですから何でも（いいので）ごちそうしてください』と言う。（私が）『そのことでございます。雪のせいで人里に出ることもできず、そのせいで食事もない。どうしようもない』と言うと、（狐は）『それにしてもかわいそうなことだなあ。それなら少しお待ちください』と言って、（狐が）そのまま外へ出るかと（私が）思っていたところ、（狐が）小袋を一つ持ってきた。開けてみると、小豆と米である。（狐は）『これを粥にして召し上がり、私にもごちそうしてください』などと言う。その夜は、『寒くて寝つけませんので、一緒に寝てしまいましょう』ということで、夜具の中で寝て（から狐は）帰る。さて狐が申したことには、『このように慣れ親しんでおりますので、今までのご恩のお礼に、何でも私が叶えられそうなお望みがございますならば、お申しつけください』と言う。『しかしこのように出家している身に、何の願い事もない。寒い日は暖かさ（のため）に日光に向かい、暑い日は涼しい風ではなくて（他に）願うことはない』と言うと、（狐は）『それ（＝気候）は天が変えていることで、この狐などが自由にできることではありません。このように（この庵は）一軒家ですので、第一に類焼がないように守り申し上げましょう。夏は清水を冷たく、冬はぬるくしまして、朝夕の清めの水を、（お体に）おかかりよくいたしましょう』と申しましたが、その（言葉の）ように類火にも会い申し上げず、夏の清水は冷たく、冬の清水はぬるくございまして満足しております」と語る。

設問解説

問一　空欄補充問題（抜き出し）　やや難

まず、空欄に当てはまるものを推測する。本文二・三行目「さびしさいはんかたもなし」「物さびしき住居にて候」

から、道心者の暮らしている所は非常に寂しく人がいないことがわかる。しかし四行目「狐のみ参り候」から狐だけは訪れてくることが読み取れるため、空欄Aを含む前後は〝狐狸**以外**は訪ねてこない〟という意味だと考える。このように空欄が〝**〜以外・〜でないもの**〟という意味となることを推察できるかがポイント。あとは本文から〝以外＝ではない〟に当たる三文字の語をさがす。後ろから四行目にある「風ならで願ふことなし」の「なら」は「風」という**体言に接続しているため、断定の助動詞「なり」**。**未然形に接続している「で」は打消の接続助詞（〜ないで）**である。つまり〝風**でなくて**願うことはない＝風**以外に**願うことはない〟と解釈する。正解は「**ならで**」となるが、内容を把握しつつ直訳ではわかりにくい言い換えを探すのはやや難しい。

問二　会話箇所指摘問題　標準

発話（会話文）の終わりを見分けるときは、まず**格助詞「と」「とて（＝〜と言って・〜と思って）」に注目し、その直前で会話が終わっている**と考える。本文の途中で、道心者と狐との会話文が挟まれるので注意したいが、狐とのやりとりを含め、**ここでの暮らしぶり**を話しているのは道心者であるので、最終行「〜と語る。」の「と」の直前、「**満足いたす**」までが発話であると考える。

問三　空欄補充問題（抜き出し）　標準

道心者と狐とがどのような会話をしていたのか整理しよう。本文八行目「坊様は……御振舞ひ候へ」までは〝何でもいいのでごちそうしてください〟と大雪の日にやってきた狐の言葉である。それに対して道心者は「その事に候。……いかがせん」と〝雪のせいで**托鉢**に行けず食べ物が手に入らず、どうしようもない〟ことを告げたので、狐が外に出て小豆と米を持って帰ってきて「これを粥にて……我等（＝私）にも［B］」と言っている。最初の狐の要求と食べ物を入手してきたことから考えて、空欄Bには「**御振舞ひ候へ**（＝ごちそうしてください）」が入るとわかる。

問四　語意問題　やや易

形容詞「いとほし」の意味は**重要語句**を参照。辞書的な意味では、1、「困った」、2、「いとしい」、3、「いじらしい」、5、「かわいそう」が可である。何も食べるものがない状態の道心者に対する感情として、2、「いとしい」、3、「いじらしい」は不適当。1、「困った」は文脈に全く合わないというわけではないが、道心者と狐の交流を思うと**5**、「かわいそう」の方がよい。

問五　語意問題　標準

ポイント　動詞「参る（まゐる）」（ラ行四段活用）

① **「行く」の謙譲語**　〝参上する・お仕えする・参詣する〟
② **「与ふ」の謙譲語**　〝差し上げる・献上する〟
③ **「食ふ・飲む」の尊敬語**　〝召し上がる・お飲みになる〟
※「参る」には補助動詞の用法はない。
※①、②、③の意を覚えておけばよいが、以下のような意味もある。
- **「す」の尊敬語**　〝おやりになる・なさる〟
- **「す」「仕ふ」の謙譲語**　〝してさしあげる・奉仕する〟
- **「行く・来」の丁寧語**　〝参ります〟

本文では「**粥**にてまゐり」と**食べ物**があるので、③〝**召し上がる**〟がふさわしい。1・4は、①〝**参上する・お仕え**する〟の意。2は、②〝差し上げる〟の意。「まらうど**に**」とあるので〈まらうど（＝客人）に振舞っているのだ〉と読み取れる。3は、「す」の尊敬語〝**おやりになる**〟の意。**5**は、「大御酒（＝神・天皇が飲むお酒）」とあるので、③〝**召し上がる**〟の意味で、これが正解。

問六　知識・古典常識問題　標準

「**衾**《ふすま》」は**寝るときに体の上にかける夜具**。なお「**褥**《しとね》」は**畳やむしろの上に敷く敷物**である。

問七　内容真偽問題　標準

狐は、本文後ろから五～六行目の「かやうに親しく……御申し候へ」で、道心者に対する恩返しとして望みを叶えることを提案している。その後「第一類火のなきやうに守り申すべく候」と言い、道心者は「そのごとく類火にも会ひ申さず」と言っていることから、**狐が「類火」（＝他から燃え移った火事）から守ってくれている**とわかる。よって**3**が正解。1は、本文二～三行目の「さびしさいはんかたもなし。……物さびしき住居にて候」と感じていたのは道心者ではなくここを訪れた者である。道心者が寂しいと明言している箇所はないので不適。2は「寒い日に限って」が不適。大雪の日の話が例に挙げられているので迷うかもしれないが、**寒い日だけという限定は文中にはない**。4は「天に働きかけて」が不適。後ろから三行目で「それは天の成せる事にて、この狐などが……」とは言っているものの、「天に働きかけ」をしたということは書かれていない。5については、「施しを受けられなかった」のは、問三の解説にもあるように、**大雪で托鉢に行けなかったときだけ**であるので不適。

問八　文学史問題　やや難

元禄時代とは江戸時代の年号で元禄年間（一六八八～一七〇四年）を中心とした徳川綱吉の治世をいう。1の松永貞徳（一五七一～一六五三年）は桃山時代～江戸前期の歌人・歌学者。**2**の契沖（一六四〇～一七〇一年）は江戸前期の国学者・歌人。これが正解。3の上田秋成（一七三四～一八〇九年）は江戸中期の読本《よみほん》作家・国学者・歌人。国学では本居宣長と論争した。読本『雨月物語』が有名。4の本居宣長（一七三〇～一八〇一年）は江戸中期の国学者。賀茂真淵を師とした。『古事記伝』『玉勝間』『源氏物語玉の小櫛』が有名。『源氏物語玉の小櫛』では「もののあはれ」の文学論を展開した。5の滝沢馬琴（一七六七～一八四八年）は江戸後期の読本作者。『南総里見八犬伝』が有名。

解答

問一　ならで

問二　満足いたす

問三　御振舞ひ候へ

問四　5　問五　5　問六　4　問七　3　問八　2

演習 13　法学部　二〇二三年度　三

目標解答時間　二〇分

次の文章は、室町時代後期に編まれた『榻鴫暁筆《とうでんぎょうひつ》』の一節であり、司馬遷の『史記』に由来するエピソードである。よく読んで、設問に対する答えを、解答用紙の該当欄に記入、またはマークしなさい。

昔唐土《もろこし》晋《しん》の世に、趙遁《てうとん》・智伯《ちはく》とて二人の者、趙《てう》の国を争ふこと年久し。ある時智伯、趙遁に取り巻かれ、討ち死にせんとしける時、智伯の兵に程嬰《ていえい》・杵臼《しょきゅう》注1とて兄弟の者あり。智伯、彼らを呼びて、「我が軍命注2すでに究《きは》まる、夜明けには討ち死にすべし[ア]。汝等はひそかに城をしのび出で、我が三歳の孤《みなしご》を隠し置き、人とならば敵《かたき》趙遁を亡ぼすべし[イ]」とぞ申しける。兄弟の者ども、これを聞き、「君臣ともに今討ち死にせん事は近くして易く、三歳の孤を隠して命を全くせん事は遠くして難《かた》し」とて、その夜ひそかに落ちにけり。夜《よ》明けければ、智伯遂《つひ》に討ち死にして、趙国みな趙遁に従へり。

ここに兄弟二人が間に、智伯[1]が孤を隠さんとするに、趙遁これを聞きて討たんとする事しきりなり。程嬰これを怖《おそ》れて杵臼に言ひけるは、「旧君の孤を二人の臣に託したり。死して敵を欺《あざむ》くと、座《ざ》して孤を取り立てんと、いづれか難かるべき[ウ]」。杵臼[2]答へていふ、「死は一心の義に向かふ処に定まり、生は百慮の智を尽くす中に全《まつた》し。しからば我は生を難しとす」。程嬰、「さらば我は難きに付きて命を全くすべし[エ]。汝は易きに付きて討ち死にせよ」といふ。「さらば謀《はかりごと》をめぐらすべし」とて、杵臼が子の三歳になるを、主の孤なりといひて、山深き栖《すみか》に隠し置き、程嬰は趙遁が許《もと》に行きて、降参のよしを申すに、趙遁これを許さず。程嬰重ねて申しけるは、「はるかに君の徳恵《とつけい》注3を聞き奉る[3]に、智伯に勝ち給へり。あに亡国の先人[4]の為に、有徳の賢君[5]を謀《はか》らんや。君もし臣たる事[6]を許し給はば、智伯が孤を杵臼隠し置きたる所を、我これを知れり」とぞ申しける。趙遁これを聞き、7さては偽りなしと思ひて、程嬰に武臣を授け、杵臼が隠れ居たる所へ数万騎の兵を遣はし、これを討ち取らんとす。杵臼かねて相謀りし事なれば、我が子を刺し殺し、「　A　、運拙《つたな》くしてすでに傾きぬ」と呼ばはつて、腹かき破《やぶ》つて死ににけり。趙遁喜びをなし、程嬰に重禄《ちゅうろく》を与へ高官を授《さづ》く。

ここに智伯が孤、程嬰が家に人となりしかば、たちまちに義兵を起こし、三年がうちに趙遁を亡ぼし、終に智伯が孤に趙国を保たせり。この大功、程嬰が謀《はかりごと》より出でしかば、趙王これを賞し、大官を与へんとし給ひしかども、これを受けず。「われ官禄を得て世をむさぼらば、杵臼と共に謀りし道にはあらず」とて、杵臼が死して埋し塚の前にて、8みづから剣の上に臥して、同じ地にぞ埋れける。

注1　杵臼＝『史記』には「公孫杵臼」とあり、程嬰の友人とされている。
注2　軍命＝戦士としての運命。
注3　徳恵＝恵み、慈しみ。

問1　傍線部ア～エの助動詞「べし・べき」の中で、「命令」の意味で用いられているものはどれか。次の選択肢の中から一つを選び、その番号をマークしなさい。

1　アの「討ち死にすべし」　　2　イの「亡ぼすべし」
3　ウの「難かるべき」　　4　エの「全くすべし」

問2　傍線部1「智伯が孤」と同じ人物を指す二文字の語を、本文中から抜き出しなさい。

問3　傍線部2「杵臼答へていふ」からはじまる一文は、『史記』における以下のような記述を潤色したものである。

程嬰曰《ク》、「死《スルハ》易《ク》、立孤難耳」。

波線部の読み下しとしてもっともふさわしいものを、次の選択肢の中から選び、その番号をマークしなさい。

1　孤は立てども難ぜんのみ　　2　孤を立つれども難ぜんか
3　孤は立ちて耳を難しとす　　4　孤を立つるは難きのみ

問4　傍線部3「奉る」は、誰に対する誰の敬意を込めたものか。次の選択肢の中からもっともふさわしいものを選び、その番号をマークしなさい。

1　智伯に対する程嬰の敬意　　2　趙遁に対する語り手の敬意
3　趙遁に対する程嬰の敬意　　4　程嬰に対する語り手の敬意

問5　傍線部4「亡国の先人」ならびに5「有徳の賢君」は、それぞれ誰を指すものか。次の選択肢の中から、それぞれもっともふさわしいものを選び、その番号をマークしなさい。

1　程嬰　　2　杵臼　　3　趙遁　　4　智伯

問6　傍線部6「臣たる事」とは、どのような意味か。次の選択肢の中からもっともふさわしいものを選び、その番号をマークしなさい。

1　智伯の家来として死ぬこと　　2　趙遁の家来となること
3　智伯の孤に仕えること　　4　趙遁を服従させること

問7　傍線部7で、趙遁はなぜ「さては偽りなし」と思ったのか。その理由としてもっともふさわしいものを、次の選択肢の中から選び、その番号をマークしなさい。

1　程嬰が智伯の遺児の身替わりになろうとしたから
2　亡き智伯の命令を守る程嬰の態度に感心したから
3　智伯の遺児の所在を、程嬰が教えようとしたから
4　程嬰が自身の息子を犠牲にしようとしているから

問8　空欄 A に入る語句としてもっともふさわしいものを、次の選択肢の中から選び、その番号をマークしなさい。

1　智伯が孤　　2　程嬰・杵臼
3　杵臼が子　　4　趙遁が兵

問9　傍線部8で、程嬰はなぜそのようにしたのか。その理由としてもっともふさわしいものを、次の選択肢の中から選び、その番号をマークしなさい。

1　主君である智伯が志を得ないまま、その息子とともに死んでしまったから
2　杵臼親子を犠牲として、自分だけが栄達することを潔しとしなかったから
3　主君の趙遁を裏切ってしまったことに対して、深い自責の念を感じたから
4　目的を達成した後に兄弟揃って死ぬことが、亡き智伯の命令であったから

問10　次の一文は、本文中から抜き出されたものである。この一文が入るべき位置の直前の四文字を、解答欄に記しなさい。

杵臼喜びて諾《だく》す。

【解答・解説】

出典　一条兼良『榻鴫暁筆』〈第三　程嬰・杵臼〉

講評

和漢混交文体であり、設問にも漢文が含まれている。語意にさほど困難なものは含まれておらず、文法上も解釈に困るようなものはない。ただ、人物がたくさん登場するため、それぞれの名前や関係を理解するのに煩わしさを感じるかもしれない。設問はほぼ標準的であるが、問２は、最後まで読んで本文全体の展開を把握する必要があり、当該箇所は見つけにくい。問10については、「杵臼喜びて諾す」という短い欠文から、これが用いられている場面を推測しなければならない。「諾す」をヒントに「程嬰」が命令した部分を探すことになり、文脈把握力も必要となる。やや難のレベルであろう。

要旨

1 智伯の死と遺言（第一段落）

智伯と趙遁は趙の国を巡って長年争ってきたが、趙遁に囲い込まれた智伯は死を覚悟し、臣下である程嬰・杵臼兄弟を呼びよせて言った。「二人で城から逃げ出し、私の三歳の子を隠し育てて一人前となったとき、趙遁を討て」と。これを聞いた二人は「今ここで主と共に討ち死にするのはたやすいが、三歳の子の命を守り抜くほうが難しい」と思ったが、そのまま落ちのびた。智伯は死に、趙遁は趙の国を手に入れた。

2 程嬰と杵臼の計略（第二段落）

智伯の子が生きていると知った趙遁は何度も追手を送ってくるので、程嬰は杵臼と相談し、程嬰は生きて智伯の子を守り、杵臼は死んで敵を欺くことを選んだ。杵臼の子を智伯の子の身代わりにし、趙遁に寝返ったふりをした程嬰が趙遁に嘘の情報を流した。それによって、杵臼の子は智伯の子として殺されて杵臼も自害し、その結果を喜んだ趙遁は程嬰を厚遇した。

❸ 智伯の子と程嬰のその後（第三段落）

程嬰のもとで智伯の子が大人になったところで兵を起こし、趙遁を滅ぼして智伯の子が趙の王となった。智伯の子はこれまでの程嬰の働きを褒めて褒美を与えようとしたが、程嬰は「これを受けることは杵臼と一緒に考えた道ではない」と言って、杵臼が埋葬された墓の前で自死し、同じ場所に埋葬された。

重要語句

（本文中の意味は網掛けで、頻出語義に関しては**太文字**で示す）

❶

久し【形容詞】❶**長い**　❷**時間がかかる**　❸久しぶりだ

すでに【副詞】❶すっかり　❷**もう・いまや**　❸まぎれもなく・実際に

しのぶ【動詞】「忍ぶ」❶**我慢する**　❷**人目を避ける**　「偲ぶ」**慕わしく思う**

全くす【動詞】**まっとうする・完全に果たす**

❷

全し【形容詞】❶**完全だ・かけた所がない**　❷**安全だ・無事だ**

しからば【接続詞】**そうであるならば・それならば**

さらば【接続詞】❶**それならば**　❷それなのに

申す【動詞】❶謙譲の本動詞**申し上げる**　❷謙譲の補助動詞**〜申し上げる・お〜する**

給ふ【動詞】❶尊敬の本動詞**お与えになる**　❷尊敬の補助動詞（四段）**〜なさる・お〜なる**　❸謙譲の補助動詞（下二段）**〜ております**

謀《はか》る【動詞】❶計画する・企てる　❷欺く・だます　❸相談する

拙し【動詞】❶劣っている・下手だ　❷不運だ　❸みっともない・みすぼらしい

全訳

むかし唐の国の晋の時代に、趙遁と智伯という二人の者が、趙の国を（手に入れようと）長年争っていた。あるとき智伯が、趙遁に取り囲まれ、討ち死にしようとしたときに、智伯の家来に程嬰と杵臼という兄弟がいた。智伯は、彼らを呼んで、「私の戦士としての運命はもはやこれまでだ、夜明けには討ち死にするだろう。お前たちはこっそりと城を抜け出し、私の三歳になる遺児をかくまい、成人したならば（私の子と共に）敵の趙遁を滅ぼせ」と申し上げた。兄弟は、これを聞いて、「主君と臣下が一緒に今討ち死にするようなことはすぐにできることでたやすい（ことであるが）、三歳の遺児を隠して命を無事に保つようなことは将来にわたることで難しい」と言って、その夜こっそりと落ちのびた。夜が明けたところ、智伯はそのまま討ち死にをして、趙の国はみな趙遁に帰属した。

さてそこで兄弟二人で、智伯の遺児を隠そうとするが、趙遁はこのことを聞いて（遺児を）討とうとすることを何度も繰り返すのである。程嬰はこれ（＝趙遁が遺児を討つこと）を恐れて杵臼に言ったことには、「亡き主君（＝智伯）は遺児を臣下（である私たち）二人に託した。（自ら）死んで敵を欺くのと、このままで（＝生き永らえて）遺児に力添えをするようなことと、どちらが困難（な道）であろうか」（と）。杵臼が答えて言う、「死はひたすら義を果たそうという心からもたらされ、生は知恵をこらすことによって保たれる。そうであるなら私は生が困難だと思う」（と）。程嬰は、「それならば私は困難な方を選んで生を全うしよう。お前はたやすい方に身をおいて討ち死にせよ」と言う。杵臼は（程嬰の提案を）喜んで受け入れる。「それでは計略を練ろう」と言って、杵臼の子で三歳になる者を、主君の遺児であると偽って、山深い住み家に隠しておき、程嬰は趙遁の所に行って、降伏する旨を申し出るが、趙遁はこれ（＝降伏）を認めない。程嬰が重ねて申し上げたことには、「はるか遠くからあなた様の（備えているという）慈悲の徳を聞き申し上げるが、（その徳によって、あなた様は）智伯に勝利なさった。どうして国を亡ぼすような（悪徳の人である）先に仕えた人（＝智伯）のために、徳のある賢君であるあなた（＝趙遁）を欺くことがあるだろうか、いやそんなことはない。あなた様がもし（私があなた様の）家来になることをお許しになるならば、智伯の遺児を杵臼がかくまっている場所を、私は知っている（それをお教えしよう）」と申し上げた。趙遁はこれを聞いて、それならば嘘はないと思って、程嬰に臣下を与え、杵臼の隠れ住んでいる所に数万騎の兵を派遣して、これを討ち取ろうとする。杵臼は前もって（程嬰と）示し合わせたことであるので、自分の子どもを刺し殺し、「智伯の遺児は、武運に恵まれずすでに敗死した」と叫んで、腹をかき切って死んでしまった。趙遁は喜んで、程嬰に多くの俸禄を与え高い位につける。

さてやがて智伯の遺児が、程嬰の家で（成長し）成人になったので、（程嬰は）すぐに忠義のための戦を起こし、三年のうちに趙遁を滅ぼし、ついに智伯の遺児に趙の国を平定させた。この大きな手柄は、程嬰の計略から生まれたことであるので、趙王（＝智伯の遺児）は程嬰を褒めたたえ、高い身分を与えようとなさったが、（程嬰は）これを受け入れない。「私が官職や俸禄を手に入れて栄華をほしいままにするならば、（それは）杵臼と一緒に一計を案じた（忠義の）道ではない」と言って、杵臼が死んで埋葬された墓の前で、自分から剣の上に倒れ伏して（死に）、同じ場所に埋葬された。

設問解説

問1　文法問題　標準

助動詞「べし」の訳出がポイントである。

ポイント「べし」の意味判別

①**推量**　〜だろう　※三人称の動作につきやすい
②**意志**　〜よう・つもりだ　※一人称の動作につきやすい
③**可能**　〜できる　※下に「ず・じ・まじ・なし」などの打消表現を伴うことが多い
④**当然**　〜はずだ・ちがいない　※「べし」の一番主要な意味
⑤**命令**　〜せよ　※文末にあることが多い
⑥**適当**　〜（するのが）よい　※①〜⑤の意味でない場合に当てはめて考えるとよい

推量、意志…の頭文字をとって**「すいかとめて」**と覚えよう。※で示した**判別のポイントはあくまでも目安で、文脈に合わせて訳すことが必須である**。また、**義務**（〜ねばならない）、**予定**（〜することになっている）の意味も併せて覚えておくとよい。

ア・イは、「智伯」が「程嬰・杵臼」の兄弟に語っている会話文の中にある。アの「討ち死にす」の主語は「智伯」。「夜明けには」と敵に囲まれた自分の未来を想像しているので、アは「**推量**」の意。「当然」でも訳出できるが「命令」ではない。イの「亡ぼす」の主語は「汝等」で、智伯の語りを聞いている「程嬰・杵臼」である。「べし」が文末にあることと、〈死を覚悟した智伯から、家来である程嬰・杵臼への遺言〉という文脈から判断して「**命令**」の意。**イ**が正解である。ウは、「程嬰」が「杵臼」に向かって、「いづれか難かるべき」と、〈生・死のどちらがより困難であるか尋ねている〉部分であるため「**推量**」がふさわしい。エは、「程嬰」が「杵臼」に語っている部分である。「命を全くす（＝命を全うする）」の主語は、「我（＝語り手である程嬰）」なので、判別のポイントとその後の程嬰の行動から判断して「**意志**」の意である。

問2　抜き出し問題　標準

最終段落の最初の文に「終に**智伯が孤**に趙国を保たせり」とあり、「程嬰」は「智伯が孤」に趙の国を平定させたことがわかる。趙の国を平定した者とは、すなわち「趙王」となった人物である。続いて「この大功、程嬰が謀より出でしかば、趙王これを賞し」とあり、ここから「**趙王**」を抜き出す。

問3　漢文句形の問題　標準

「難」は、上にある形容詞「易《やす》し（＝容易である）」と対になっており、「難《かた》し（＝困難である）」と読む。第二段落二行目「いづれか難かるべき」、三行目「生を難し」からも「**難《かた》し**」であることがわかるため、「難《なん》ず」と読んでいる1と2は誤り。**「耳」は、「爾、而已、而已矣」などと同様に、「のみ」と読む限定の意**を表す助字である。正解は**4**である。

問4　敬意の方向の問題　標準

敬語の種類と敬意の方向は確実に身につけておこう。まず、敬語の種類を特定することが重要である。

ポイント　「奉る」の意味判別

本動詞　①「着る」の尊敬語　〝お召しになる〟
②「乗る」の尊敬語　〝お乗りになる〟
③「食ふ・飲む」の尊敬語　〝召し上がる〟
④「与ふ」の謙譲語　〝差し上げる・献上する〟
補助動詞　⑤謙譲語　〝〜申し上げる〟

「奉る」の意味は頻出であるからおさえておこう。このとき、本動詞と補助動詞の用法に分けて整理すると覚えやすい。本文では「聞き奉る」とあり、動詞「聞く」に「奉る」が接続しているため、**補助動詞の用法で⑤の謙譲語の意**になり、〝聞き申し上げる〟と訳出する。

ポイント　敬語の種類と敬意の方向

敬意の方向

誰から
- 地の文…筆者から
- 会話文…話し手から
- （手紙文…書き手から）

誰へ
- 尊敬語…動作の主体への敬意
- 謙譲語…動作の受け手への敬意
- 丁寧語…読者・会話の聞き手への敬意

これを図に書くと次のようになる（矢印の方向が敬意の方向）。

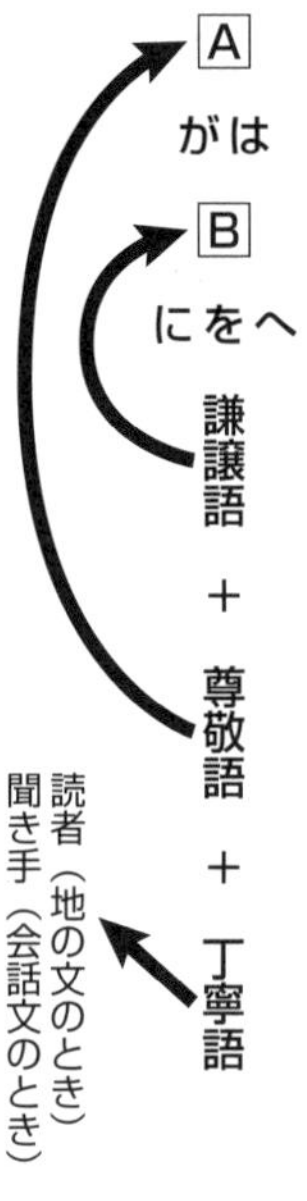

傍線部の「奉る」は、「程嬰」が「趙遁」に向かって話している会話文なので、**「程嬰」からの敬意**である。「聞き奉る」というのは、「程嬰」が〝遠くで趙遁の（持つ）慈しみを聞き申し上げる〟ということなので、図にあてはめると

となって**「趙遁」への敬意**となる。正解は**3**「趙遁に対する程嬰の敬意」である。

問5　人物指摘問題　標準

傍線部4・5があるのは、「程嬰」が降参を許さない「趙遁」に（偽って）取り入ろうとする会話である。「君」は、面と向かっている「趙遁」を示す。「趙遁」が「徳恵」を持った人物であり、その力で「智伯」を打ち破ったなどと述べて、趙遁の疑念を晴らそうとしている。**「あに～んや」は、漢文では「豈《あ》に～未然形＋んや」などと表記する反語の用法。**「謀る」は〝だます、欺く〟の意。〝どうして「亡国の先人」のために「有徳の賢君」を欺くだろうか、いやそんなはずはない〟と言っている。よって「有徳の賢君」は持ち上げられている「趙遁」、これに対比して貶めた「亡国の先人」は、〝国を亡ぼすほどの悪徳の先に仕えた人〟の意で、「智伯」を指すことになる。

問6　解釈問題　標準

問5の解説にあるように、ここでは〈「程嬰」が「趙遁」を持ち上げている場面〉であり、「君」は「趙遁」を指す。傍線部の「臣」は〝臣下、家来〟の意（臣下の自称としても使われる）。「たる」は、「臣」という体言に接続している**ため断定の助動詞「たり」〝～である〟**の連体形である。傍線部の前後は**〝趙遁がもし家来であることを許しなさるならば〟**と直訳できる。この後「趙遁」は、傍線部7以降「さては偽りなしと思ひて、程嬰に武臣を授け」たとある。「趙遁」は「程嬰」に家来を与え、「杵臼」を攻撃させたのだから、**「程嬰」が申し出たのは、「趙遁」の家来となって「杵臼」を攻撃すること**である。正解は**2**。

問7　理由説明問題　易

傍線部6の後ろに「**智伯が孤を杵臼隠し置きたる所を、我これを知れり**」とある。「趙遁これを聞き、さては偽りなしと思ひて」とあるので、**智伯の孤の所在にふれた3**が正解。他の選択肢の内容はどれも直前の「程嬰」の会話の中にはない。

問8　空欄補充問題　標準

空欄 A の直前に「かねて相謀りし事なれば、我が子を刺し殺し」とある。「かねて相謀りし事」とは、第二段落四～五行目「**杵臼が子の三歳になるを、主の孤なりといひて、山深き栖に隠し置**」いたこと。さらに、その上で、**これを「趙遁」に知らしめ、軍隊を派遣させ、「主の孤（＝智伯が孤）」を討ち取ったと思わせる**ことである。すなわち、

「智伯が孤」の身代わりに「我が子を刺し殺」すことで「趙遁」を欺くことであるから、「杵臼」の「呼ばはり（＝大声で叫ぶこと）」は、「趙遁」に「智伯が孤」が討ち死にしたと思わせるものでなければならない。「傾く」は〝敗れ死ぬこと〟の意。**「智伯が孤」**が討ち死にしたとする、**1**が正解。

問9　理由説明問題　標準

後ろから三行目の「程嬰」の会話に「われ官禄を得て世をむさぼらば、杵臼と共に謀りし道にはあらず」とある。「官」は〝官職、役職〟、「禄」は〝俸禄、報酬〟の意。「世をむさぼる」とは〝世俗的な欲望をほしいままにする〟の意で、それは、「杵臼と共に謀りし道」、すなわち、**「（智伯の）三歳の孤」を育てて敵を討てという主君「智伯」の遺命を果たすという「義」のために「杵臼」と共謀した道に背くことになる**、と言っている。よって自分だけの栄耀栄華は、「杵臼親子を犠牲」とした「義」のあり方に背く、とした**2**が正解。1は、「息子とともに死んでしまった」が誤り。「息子」＝「智伯が孤」は「趙遁」を討って趙王となっている。3は、「主君の趙遁を裏切って」が誤り。「程嬰」は「智伯」の遺命を受けて「義兵を起こし」て「趙遁」を滅ぼしている。4は、「亡き智伯の命令」が誤り。「智伯」は「趙遁」を討てと遺命を残しているが、「兄弟揃って死ぬ」ことは命じていない。

問10　脱文挿入問題　やや難

「諾す」は〝承諾する、受け入れる〟の意なので、誰かの提案があり、それを受け入れている箇所を探す。第二段落四行目に「程嬰」の「汝（＝杵臼）は易きに付きて討ち死にせよ」という提案がある。「杵臼」は、これを受け入れて、自らの子を「主の孤」と偽って殺し、自らも死ぬことになるので、この提案の続きに入れるのが適当である。正解は**「といふ。」**である。この提案は「喜びて」承諾する内容ではないと思われるが、「杵臼」自身が第二段落三行目で〝死んで義を果たすよりも、生きて知恵をこらす方が困難である〟ということを述べていることから、「生」よりも「死」の方が受け入れやすかったのであろう。

解答

問1　2

問2　趙王

問3　4　問4　3

問5　亡国の先人：4　有徳の賢君：3

問6　2　問7　3　問8　1　問9　2

問10　といふ。

演習14　経営学部　二〇二〇年度　二

目標解答時間　三〇分

次のⅠは『平家物語』の一節で、Ⅱはそれと関連する『十訓抄』の逸話である。ⅠとⅡを読んで、後の問に答えよ。なお、主な登場人物は次の四名である。

藤原多子《まさるこ》――藤原公能の娘。近衛天皇、二条天皇の二代の后。
藤原実定《さねさだ》――藤原公能の息子。多子の弟。通称、後徳大寺左大臣。左大将、左大臣などを歴任。
小侍従――紀光清(石清水八幡別当)の娘。藤原尹実に嫁し、夫の死後、多子に仕えている。当時の代表的女流歌人。
蔵人

Ⅰ　待宵《まつよひ》の小侍従《こじじゆう》といふ女房も、この御所〔注1〕にぞ候ひける。この女房を待宵と申しける事は、ある時御所にて、「待つ宵《よひ》、帰る朝《あした》、いづれかあはれはまされる」と御尋《おたづ》ねありければ、

待つ宵《よひ》のふけゆく鐘の声きけば①かへるあしたの鳥はものかは

とよみたりけるによッてこそ、待宵とは召されけれ。大将《だいしやう》、かの女房よびいだし、昔いまの物語《ものがたり》して、さ夜《よ》もやう〳〵ふけ行けば、〔注2〕ふるき都のあれゆくを、②今様《いまやう》にこそうたはれけれ。

ふるき都をきてみれば　あさぢが原とぞあれにける
月の光はくまなくて　秋風のみぞ身にはしむ

と、a三反《べん》うたひすまされければ、〔注3〕大宮をはじめ参らせて、御所中の女房たち、みな袖をぞぬらされける。

さる程に夜もあけければ、大将暇《いとま》申して福原へこそかへられけれ。御ともに候蔵人《くらんど》を召して、「侍従があまりなごり惜しげに

思ひたるに、なんぢかへッて、なにともいひてこよ」と仰せければ、蔵人はしりかへッて畏《かしこま》り、「申せと候《ざうらふ》」とて、

物かはと君がいひけん鳥のねのけさしもなどかかなしかるらん

女房涙をおさへて、

またばこそふけゆく鐘も物ならめ③あかぬわかれの鳥の音《ね》ぞうき

蔵人かへり参ッて、このよし申したりければ、④「さればこそなんぢをばつかはしつれ」とて、大将大きに感ぜられけり。それよりしてこそ物かはの蔵人とはいはれけれ。

Ⅱ　後徳大寺左大臣《ごとくだいじのさだいじん》、小侍従《こじじゅう》と聞えし歌よみに通ひ給ひけり。ある夜、ものがたりして、暁《あかつき》帰りけるほどに、この人の供なりける蔵人《くらうど》といふものに、「いまだ入りもやらで、b見送りたるが、cふり捨てがたきに、d立ち帰りて、なにごとにても、いひて来」とのたまひければ、⑤「ゆゆしき大事かな」と思へど、⑥程経《ほど》べきことならねば、やがて走り入りて、車寄《くるまよ》せに、女の立ちたる前についゐて、「申せと候ふ」とは、左右《さう》なくいひ出でたれど、eなにともいふべしともおぼえぬに、をりしも里の鶏《にはとり》、声々鳴き出でたりければ、

ものかはと君がいひけむ鳥の音《ね》のけさしもなどか悲しかるらむ

とばかりいひかけて、やがて走りつきて、「車寄せにて、かくこそ申して候ひつれ」と申しければ、いみじくめでられけり。「さてこそ、使《つかひ》にははからひつれ」とて、後に⑦しる所など賜《た》びたりけるとなむ。

注〔1〕近衛河原の大宮御所。多子が住む。
〔2〕治承四（一一八〇）年に、平清盛は平安京から福原に遷都した。
〔3〕多子

問1　傍線a〜eの主語は誰か。もっとも適切なものをそれぞれ次の中から一つ選び、その番号をマークせよ。

1　小侍従　2　女房たち　3　実定　4　多子　5　蔵人　6　作者

問2　傍線①③⑤の解釈としてもっとも適切なものをそれぞれ次の中から一つ選び、その番号をマークせよ。

①
1　夜が明けないのに鳴き始める鶏の声などとても興ざめです。
2　夜が明けないうちに鳴く鶏の声などなんとも思いません。
3　恋人の帰っていく朝を告げる鶏の声など物の数ではありません。
4　恋人の帰っていった翌日の鶏の声など聞くにたえません。

③
1　名残がつきないのに鶏の声を理由にして別れるのは非情です。
2　名残のつきない別れをせき立てる鶏の声の方がつらいことです。
3　夜が明けないうちに鳴く鶏の声で別れるのは哀しいことです。
4　夜が明けないのに鶏の声が別れをせき立てるのは我慢できません。

⑤
1　これは大変な仕事だ。
2　これは理不尽な仕事だ。
3　これは苦労が多い仕事だ。
4　これは忌まわしい仕事だ。

問3　傍線②は今様歌の略であるが、今様が入っている平安時代後期の作品名を次の中から一つ選び、その番号をマークせよ。

1　閑吟集
2　山家集
3　古来風体抄
4　梁塵秘抄

問4　傍線④で、実定は蔵人のどのような行為に対して感心したのか。十字以内で書け。（句読点は一字と数える）

問5　傍線⑥のよみをひらがな一字で書け。

問6　傍線⑦の意味を漢字二字で書け。

問7　Ⅰの［　　］内とⅡの［　　］内は同じ歌であるが、詠まれた状況が異なる。その説明としてⅠとⅡの内容に合致するものを次の中から一つ選び、その番号をマークせよ。

1　Ⅰではこの歌は多子の御所で蔵人によって詠まれ、Ⅱではこの歌は小侍従のもとから別れる時に実定によって詠まれた。
2　Ⅰでは実定のこの歌を蔵人が小侍従に伝えたのだが、Ⅱではたまたま鶏が鳴いたのを聞いて蔵人がこの歌を詠んだ。
3　Ⅰではこの歌は実定が福原へ帰る時に詠んだものであり、Ⅱではこの歌は実定が福原に帰ってから詠んで小侍従のもとに届けさせたものである。
4　Ⅰでは蔵人のこの歌に小侍従が返歌し、Ⅱでは蔵人がこの歌を詠んできたと実定に報告した。
5　Ⅰではこの歌は蔵人の歌であり、それに女房たちは涙を流し、Ⅱではこの歌は小侍従の歌であり、それを持ち帰った蔵人が実定にほめられた。

【解答・解説】

出典
『平家物語』〈巻五　月見〉
『十訓抄』〈一の十八〉

講評
経営学部は二つの文章を素材とする傾向がみられる。本文の話は非常に有名なので、多くの問題に触れてきた受験生は見覚えがあり有利であったかもしれないが、初見では主体判定がうまくできないことも多い。物語の流れをうまくつかみ、**古典の世界では何が高く評価されるのか**といった理解を深めておくことが必要である。

要旨
リード文に挙げられた四名の登場人物のうち、実定・小侍従・蔵人がⅠとⅡの両方に登場している。実定はⅠでは「大将」、Ⅱでは「後徳大寺左大臣」と書かれている。

Ⅰ　**1**　**小侍従の和歌と実定の今様**（一〜八行目）

大宮御所で詠んだ和歌がもとになって小侍従は「待宵の小侍従」と呼ばれるようになった。ある夜、実定（＝大将）はその小侍従を呼び出して物語に興じ、実定が歌った今様にその場にいた人々は涙する。

2　**実定との別れの朝に、見送る小侍従**（九〜一五行目）

実定の帰路を小侍従が名残惜しそうに見送るため、実定は蔵人に「小侍従になにかうまく言葉をかけてくるように」と命じる。蔵人は小侍従が大宮御所で詠んだ和歌をうまく取り入れた和歌を詠み、小侍従も返歌をする。実定は、蔵人から小侍従との和歌の贈答の報告を受け、蔵人を行かせた甲斐があったと感動した。そこから、蔵人は「物かはの蔵人」と呼ばれるようになった。

Ⅱ　実定との別れの朝に、見送る小侍従

恋人である小侍従のもとから帰る際、実定が「小侍従がまだ中に入らないで私を見送っているため、なにかうまく言葉をかけてくるように」と蔵人に命じる。蔵人は大変な仕事だと思いつつも、すぐに小侍従のもとに向かった。なにを言うべきか困っていたそのとき、鶏が鳴いたので小侍従の和歌を思い出し、それを取り入れた和歌を詠むことができた。このことを評価した実定は褒美として蔵人に領地を与えた。

重要語句

（本文中の意味は網掛けで、頻出語義に関しては**太文字**で示す）

Ⅰ

1　**候ふ**【動詞】❶謙譲の本動詞**お仕えする・伺候する**　❷丁寧の本動詞**あります・います**　❸丁寧の補助動詞**〜です・ます**

召す【動詞】尊敬の本動詞❶**お呼びになる・お招きになる**　❷**召し上がる**　❸**お召しになる**　❹**お乗りになる**

参らす【動詞】❶謙譲の本動詞**差し上げる**　❷謙譲の補助動詞**〜申し上げる・お〜する**

袖をぬらす【慣用表現】**涙で袖を濡らす**

2　**仰す**【動詞】尊敬の本動詞❶**おっしゃる**　❷**お命じになる**

参る【動詞】❶謙譲の本動詞**参上する・参詣する・出仕する・入内する**　❷謙譲の本動詞差し上げる　❸尊敬の本動詞**召し上がる**

よし（由《よし》）【名詞】❶**事情・旨**　❷**理由**　❸**由緒**　❹**手段・方法**　❺**趣・風流**　❻**縁・ゆかり**

感ず【動詞】❶**感動する**　❷過去の行為が神仏に知られて、その報いがあらわれる

Ⅱ
聞《きこ》ゆ【動詞】❶聞こえる　❷**世に知られる**　❸理解される　❹謙譲の本動詞**申し上げる**
❺謙譲の補助動詞**～申し上げる・お～する**
やる（遣《や》る）【動詞】❶**行かせる・送る・与える**　❷**気を晴らす**
❸補助動詞**すっかり～する・完全に～しきる**（下に打消を伴う）
やがて【副詞】❶**そのまま**　❷**すぐに**　❸ほかならぬ
左右なし【形容詞】❶どうともきまらない　❷**考えるまでもない・容易だ**
をりしも【副詞】**ちょうどそのとき**
めづ【動詞】❶かわいがる　❷**褒める**　❸心がひきつけられる

全訳

Ⅰ　待宵の小侍従という女房も、この（＝多子の）大宮御所にお仕えしていた。この女房を待宵と申した理由は、あるとき御所で、「（恋人が来るのを）待つ宵と、（恋人が）帰る朝では、どちらが（別れの）つらさは勝っているか」と（多子から）お尋ねがあったので、

（来るはずの恋人を）待つ宵に、（恋人が来ないまま）更けていく夜を告げる鐘の音を聞くと、（そのつらさと比べれば、来てくれた恋人が）帰っていく朝を告げる鶏（の声を聞くつらさ）は問題であろうか、いや、問題ではない

と（小侍従が）詠んだことによって、待宵と呼ばれた。大将（＝実定）は、その女房を呼び出し、昔や今の話をして、夜も次第に更けていくので、古い都（＝平安京）が荒れていく様子を、今様にお歌いになった。

古い都に来てみると　雑草の生い茂った野原となって荒れてしまった
月の光は曇りがなく　秋風ばかりが身に染みる

と、三度心を込めて歌いなさったので、大宮の多子を始め申し上げて、御所中の女房たちは、皆袖を涙で濡らしなさっ

た。

そうするうちに夜も明けたので、大将は別れの挨拶を申し上げて福原へお帰りになった。お供にお控えする蔵人をお呼びになって、「(小)侍従があまりに名残惜しそうに思っているので、お前は(小侍従のところに)戻って、なにか言ってこい」とお命じになったので、蔵人は(小侍従のところに)走って戻りかしこまって、「(大将がご挨拶を)申し上げよとのことです」と言って、

(悲しさは)問題ではないとあなたが詠んだという鶏の声が、今朝という今朝はどうして悲しいのであろうか

女房(＝小侍従)は涙を押さえて、

(恋人の訪れを)待つのならば更けていく夜を告げる鐘の音もつらいだろうが、名残の尽きない別れをせき立てる鶏の声(の方)がつらいことだ

蔵人が帰参して、この内容を(大将に)申し上げたところ、「だからこそお前を(使者として)遣わしたのだ」と言って、大将は非常に感心なさった。そのようなことがあってから(蔵人は)「物かはの蔵人」と呼ばれた。

Ⅱ　後徳大寺左大臣(＝実定)は、小侍従と申し上げた歌人のもとに通いなさった。ある夜、話をして、夜明け間近の頃に帰ったときに、この人の供であった蔵人というものに、「まだ(小侍従が)中にすっかり入らないで、(私を)見送っているが、(私は)振り捨てて帰るのもつらいので、(お前が小侍従のところに)戻って、なにか、言って来い」とおっしゃったので、(蔵人は)「これは大変な仕事だ」と思うが、間があいてはいけないことなので、すぐに走って戻って、車寄せで、女(＝小侍従)が立っている前にひざまずいて、「(左大臣がご挨拶を)申し上げよとのことです」とは、ためらいなく言い出したが、なんと言ってよいかとも考えつかないが、ちょうどその折に村里の鶏が、あちこちで鳴き出したので、

(悲しさは)問題ではないとあなたが詠んだという鶏の声が、今朝という今朝はどうして悲しいのであろうか

とだけ詠みかけて、すぐに走って戻って、(小侍従に)このように申し上げました」と申し上げたところ、

（左大臣は）非常にお褒めになった。

「だからこそ、（お前を）使者に選んだのだ」と言って、後に領地などを（褒美として）お与えになったと（いうことだ）。

設問解説

問1　主体判定問題　標準

a、傍線部では直前にある今様を歌っていることがわかる。今様を歌っているのは大将（＝**実定**）だと四行目以降で判断できる。

b、Ⅱの一行目に「通ひ給ひけり」とある。これは男性が女性のもとに通う通い婚をさし、夜明け間近に男（ここでは左大臣）が帰るので、それを見送っているのは相手の女、**小侍従**である。

c、bと関連づけて考えるとよい。見送る女を「ふり捨てがた」いと思うのは、男、左大臣（＝**実定**）である。

d、「立ち帰りて」に続けて「なにごとにても、いひて来」とある。「来」は終止形ではなく、**「来《こ》」とよむ命令形**であることに注意しよう。命令されて小侍従のところへ戻るのは**蔵人**である。

e、dにあるように、左大臣に命じられて小侍従のもとに行ったのが蔵人であることを押さえる。その**蔵人**が、小侍従を前にしてなんと言うべきか考えあぐねているのである。

問2　解釈問題（和歌解釈を含む）標準

①傍線部の歌が詠まれた状況が、（恋人を）**「待つ宵」**と（恋人が）**「帰る朝」のどちらがつらいかの比較**であることを読み取る。「ものかは」で〝問題であろうか、いやそうではない・物の数ではない〟と訳出されるので、傍線部の訳は〝帰っていく朝を告げる鶏（の声を聞くつらさ）は物の数ではない（＝待つ夜に比べるとたいした悲しさではない）〟となる。正解は**3**。今回は「ものかは」の意味を知らなくても、「**かは**」は多く**反語**（〝～か、いや～ない〟）で

訳出するので、〈（恋人が）帰る朝のつらさはそれほどでもないと否定している〉と推察できる。

ポイント　疑問か反語か

「や」「か」　疑問・反語の両方の可能性があるので、文脈で判断する

「やは」「かは」　反語の可能性が高い

③「あかぬわかれ（飽かぬ別れ）」は**慣用表現として〝名残の尽きない（男女の）別れ〟のこと**である。これを知らなくても、「あかぬ」の「ぬ」が打消の助動詞「ず」の連体形で「わかれ（別れ）」にかかっていることを押さえる。そこから、下二段活用の「明《あ》く（＝夜が明ける）」ではなく、四段活用の「**飽《あ》く**（＝満足する・満ち足りる）」だと判断したい。「飽く」は「**飽かず（＝満足しない）」「飽かぬ（＝名残惜しい）」の形で用いられることが多い**ので覚えておこう。ここで選択肢1か2に絞られる。「うき（憂き）」は直前の係助詞「ぞ」をうけて係り結びで連体形になっている**形容詞「憂《う》し」**で、「憂し」の意味は〝①**つらい・苦しい**、②いやだ、③つれない・**非情だ**、④気にくわない〟。1は「非情」、2は「つらい」としているが、1は「鶏の声を理由にして別れる」が前後の内容から読み取れないため、正解は**2**である。

⑤**形容詞「ゆゆし」**は、神聖なものや触れてはならないものに対して使われた言葉で、〝①おそれ多い、②不吉だ、③（プラスの意味でもマイナスの意味でも）**程度がはなはだしい**、④すばらしい、⑤ひどい〟などを意味する。ここでは、蔵人が、左大臣に代わって小侍従になにか言葉をかけろと命じられたので、〈**これは責任重大な仕事だ**〉と思ったのである。よって③の意味で、正解は**1**となる。**「ゆゆし」の訳出はよく出題される**ので文脈に沿った解釈ができるように日頃から心がけよう。

問3　文学史問題　やや難

「今様」は平安中期に流行した新しい様式の歌謡である。**『梁塵秘抄』は後白河院編集の歌謡集**。主として七五調四句形式の「今様」が集められている。『閑吟集』は室町後期の歌謡集。**『山家集』は西行の私家集でよく出題される**ので覚えておきたい。『古来風体抄』は鎌倉初期の歌論書で、式子内親王の命により藤原俊成が撰述したもの。

問4　記述式の傍線部説明問題　標準

実定（＝大将）は、蔵人に「なにともいひてこよ（＝小侍従になにか言ってこい）」（十行目）と命じている。蔵人はこの後「物かはの蔵人」と言われたことからも、小侍従に向けて**当意即妙な和歌を詠んだ**点が評価されたと考えられる。**当意即妙とは〝その場に合わせた機転をすばやくきかすこと〟**であり、**和歌の問題の選択肢にもときおり出てくる単語**なので覚えておくとよい。

問5　文法問題　易

「経」はハ行下二段活用（へ／へ／ふ／ふる／ふれ／へよ）の動詞。直後にある助動詞「べし」は終止形接続（ラ変型活用には連体形接続）なので、答えは「**ふ**」となる。

問6　語句問題　標準

「しる（知る）」は漢字で「領《し》る」「治《し》る」とも書き、〝①理解する・わかる、**②領有する・治める**、③交際する、④知られる〟などの意がある。直後の「賜ぶ（＝お与えになる・くださる）」から、ここは絶妙な和歌を詠んだ褒美として**左大臣が蔵人に与えている**と読み取れるので②の意で解釈し、「**領地**」が正解になる。

問7　内容理解問題（和歌）　標準

設問はこの歌が詠まれた状況の相違を読み取ることを求めているが、選択肢を見ると、和歌の詠み手がわかれば正答が選べるようになっている。Ⅰの和歌は、「なんぢかへッて、なにともいひてこよ（＝お前は〔小侍従のところに〕戻って、なにか言ってこい）」（十行目）とあるように、**実定が蔵人に命じて、小侍従の前で詠ませたもの**である。Ⅱの和歌も「立ち帰りて、なにごとにても、いひて来《こ》（＝〔小侍従のところに〕戻って、なにか、言って来い）」（二行目）とあり、Ⅰの和歌と同様である。よって、詠み手を蔵人以外とする選択肢は誤りとなり、**4**が正解。

解答

問1　a－3　b－1　c－3　d－5　e－5
問2　①－3　③－2　⑤－1
問3　4
問4　当意即妙な詠歌。（十字以内）
問5　ふ　**問6**　領地　**問7**　4

演習 15　全学部統一入試　二〇一九年度　三

目標解答時間　二〇分

次の文章を読んで、後の問に答えよ。

俊蔭の娘（尚侍《ないしのかみ》）に思いを寄せる帝（上）はその姿を一目見るべく思案している。

上、「いかで、この尚侍御覧ぜむ」と思すに、「大殿油、物あらはに燈《とも》せば、[1]ものし。いかにせまし」と思ほしおはしますに、蛍、おはします御前わたりに、三つ四つ連れて飛びありく。

上、「これが光に、物は[2]見えぬべかめり」と思して、立ち走りて、皆捕らへて、御袖に包みて御覧ずるに、あまたあらむは[3]よかりぬべければ、やがて、「＊童部《わらはべ》や、候ふ。蛍、少し求めよや。＊かの書《ふみ》思ひ出でむ」と仰せらる。殿上童部、夜更けぬれば、候はぬうちにも、＊仲忠の朝臣は、承り得る心ありて、水のほとり・草のわたりに歩きて、多くの蛍を捕らへて、＊朝服《てうふく》の袖に包みて持て参りて、暗き所に立ちて、この蛍を包みながら[4]うそぶく時に、上、いととく御覧じつけて、直衣《なほし》の御袖に移し取りて、包み隠して持て参り給ひて、尚侍の候ひ給ふ几帳の帷子をうち懸け給ひて、物などのたまふに、かの尚侍のほど近きに、この蛍をさし寄せて、包みながらうそぶき給へば、さる薄物の御直衣にそこら包まれたれば、残る所なく見ゆる時に、尚侍、「あやしのわざや」とうち笑ひて、かく聞こゆ。

X　衣薄み袖のうらより見ゆる火は満つ潮垂るる海女や住むらむ

と聞こえ給ふ様、めでたき人の物など言ひ出だしたる、さらなり、し出だしたる才など、はた、いとめでたく心憎き人の、そのかたち、はた、世に類なくいみじき人の、さる労ある物の光にほのかに見ゆるは、まして、いとなむ[5]切なりける。上、御覧ずるに、譬ふべき人なく、めでたく御覧ずること限りなし。かくて、いらへ給ふ、「年ごろの心ざしは、これにこそ見ゆれ。

Y　しほたれて年も経にける袖のうらはほのかに見るぞかけてうれしき」。

上、おはしまして、よろづにあはれにをかしき御物語をしつつおはしますほどに、夜暁になりゆく。鳥うち鳴き始めなどするに、上、「『*まれに会ふ夜は』と言ふことは、まことなりけり」などのたまふ。

（『うつほ物語』による）

注

＊童部……元服前の姿をした召使い。

＊かの書……『晋書』「車胤伝」の故事をいう。車胤は貧しくて灯火の油が買えず、夏は蛍を集めた光で書物を読んだ。

＊仲忠の朝臣……藤原仲忠。尚侍の子。

＊朝服……朝廷に出仕する際に着る服。

＊まれに会ふ夜は……「一人寝るときは待たるる鳥の音もまれに会ふ夜はわびしかりけり」『後撰和歌集』（恋五・八九五・小野小町が姉）の四句目を引用している。

問一　傍線1について、「ものし」の意味として最も適切なものを次の中から一つ選び、その符号をマークせよ。解答番号は 23 。

A　気味が悪い　　B　厭わしい　　C　風流である　　D　華やかである

問二　傍線2「見えぬ」、傍線3「よかりぬ」を正しく品詞分解したものを次の中から一つずつ選び、その符号をマークせよ。解答番号は2が 24 、3が 25 。

2　A　動詞「見る」の未然形＋助動詞「ず」の連体形

B　動詞「見る」の連用形＋助動詞「ぬ」の終止形
C　動詞「見ゆ」の未然形＋助動詞「ず」の連体形
D　動詞「見ゆ」の連用形＋助動詞「ぬ」の終止形

3
A　形容詞「よし」の連用形＋助動詞「ぬ」の終止形
B　形容詞「よし」の未然形＋助動詞「ず」の連体形
C　形容詞「よろし」の連用形＋助動詞「ぬ」の終止形
D　形容詞「よろし」の未然形＋助動詞「ず」の連体形

問三　傍線4について、「うそぶく」の意味として最も適切なものを次の中から一つ選び、その符号をマークせよ。解答番号は［26］。
A　生意気な態度をとる
B　見えないように隠す
C　口をすぼめて息を吐く
D　無視してそらとぼける

問四　**X**と**Y**の和歌についての解釈として最も適切なものを、次の中から一つ選び、その符号をマークせよ。解答番号は［27］。
A　**X**は尚侍の詠歌で、蛍の火に浮かび上がる自分を「潮垂るる海女」に喩えて謙遜している。**Y**は帝の返歌で、蛍の光のなかでわずかに尚侍の姿を見られたことが嬉しいと詠んでいる。

B　Xは尚侍の詠歌で、帝と離れ涙に暮れて過ごす日々を訴えるとともに、海辺に住まう「潮垂るる海女」に同情している。Yは帝の返歌で、尚侍を思いやりながら、その配慮を嬉しく思う心情を込めて詠んでいる。

C　Xは尚侍の詠歌で、自分を恋い慕って泣いているであろう帝を「潮垂るる海女」に喩えている。Yは帝の返歌で、ようやく恋い焦がれていた尚侍の姿を揺らめく蛍の光のなかに見ることができた感激を詠んでいる。

D　Xは尚侍の詠歌で、帝の薄情な気持ちを衣の薄さに、涙にくれる我が身を「潮垂るる海女」にそれぞれ喩えている。Yは帝の返歌で、片思いをしているのは自分の方だと詠んでいる。

問五　傍線5「切なり」の解釈として最も適切なものを次の中から一つ選び、その符号をマークせよ。解答番号は 28 。

A　切なくも悲しい気持ちになる

B　身を切られるように辛くなる

C　素晴らしいと心に深く感じ入る

D　呼吸が苦しくてやりきれなくなる

問六　本文の内容に**合致しないもの**を次の中から一つ選び、その符号をマークせよ。解答番号は 29 。

A　仲忠は帝の気持ちを受けて水辺や草むらを歩き回って蛍を捕まえ、集めた蛍を帝に差し上げた。

B　仲忠は蛍を尚侍のところに持って行ったが、尚侍は几帳の帷子のかげに隠れたまま返事をしなかった。

C　帝は、灯火の代わりに蛍の光を用いて本を読んでいた車胤の故事を思い出してみよう、とおっしゃった。

D　帝は「愛する人とまれに会っている夜に聞く鳥の声がやるせない」というのは本当だった」と言われた。

【解答・解説】

出典　『うつほ物語』

講評

人物関係や状況がつかみにくいので、**前書きや注などもきちんと把握して内容理解につなげる**ことが重要である。平安時代の文化や生活習慣、物語によく見られるストーリー展開のパターンなどに強くなっておくことが望まれる。もちろん、基本的な語彙力や文法力も必須だが、文脈に合わせて解答を推察する応用力も求められている。

要旨

1 尚侍の姿を見たい帝（一～六行目〈～うそぶく時に、〉）

帝は尚侍の姿を見たいが、大殿油の灯りで直接照らし出すことは尚侍に失礼に当たると思い、蛍の薄灯りでその姿を見ようと蛍を捕まえる。帝の意向を知った仲忠が蛍を捕まえて帝に差し上げる。

2 蛍の光に照らし出される尚侍の美しい姿（六〈上、いととく～〉～十四行目）

帝は蛍を着物の袖の中に忍ばせて尚侍の部屋に行き、その姿を見ることに成功する。帝は尚侍の和歌とその喩えようもない美しさに感動して、姿を見ることができた喜びを返歌として詠む。

3 名残惜しさを感じる夜明け（十五～十六行目）

二人は語り合ううちに夜明けを迎える。そこに尚侍と離れる名残惜しさを感じる帝の姿があった。

重要語句

（本文中の意味は網掛けで、頻出語義に関しては太文字で示す）

1

いかで【副詞】❶どうして（疑問）・どうして〜か、いや〜ない（反語）　❷どうやって
❸〈「いかで」の下に命令・希望・意志・仮定・願望などがあるとき〉なんとかして

大殿油《おほとなぶら》【名詞】宮中や貴族の邸をともした油の灯火

あらはなり【形容動詞】❶まる見えだ　❷明らかである　❸無遠慮だ

おはします【動詞】❶尊敬の本動詞いらっしゃる・おありになる
二行目「おはします御前」は❶の意味
❷尊敬の補助動詞〜（て）いらっしゃる・お〜になる
一行目「思ほしおはします」は❷の意味

候ふ【動詞】❶謙譲の本動詞お仕えする・伺候する　❷丁寧の本動詞あります・います　❸丁寧の補助動詞〜です・ます

承る【動詞】謙譲の本動詞いただく・承知いたす・お聞きする

2

そこら【副詞】❶たくさん　❷たいそう

あやし【形容詞】（賤《あや》し）❶粗末な・見苦しい　❷身分が低い
（奇《あや》し・怪《あや》し・異《あや》し）❶不思議だ　❷おかしい　❸けしからぬ　❹異常だ

潮《しほ》垂《た》る【動詞】❶涙を流す　❷海水などで濡れてしずくが垂れる・雨や霧などに濡れる

めでたし【形容詞】❶立派だ・すばらしい　❷心ひかれる　❸祝う価値のある

さらなり【形容動詞】言うまでもない・もちろんだ

心憎し【形容詞】❶心ひかれる・奥ゆかしい　❷警戒すべきである　❸不審だ

いみじ【形容詞】❶なみなみでない　❷プラスの意すばらしい・すぐれている　❸マイナスの意大変だ・ひどい・悲しい
労【名詞】❶苦労　❷功労　❸熟練・**行き届いた心遣い**
いらふ【動詞】答える・返事をする
年ごろ【名詞】❶長年の間　❷数年来・ここ数年もの間
心ざし【名詞】❶意向　❷愛情　❸贈り物　❹供養

全訳

帝は、「なんとかして、この尚侍の姿をご覧になりたい」とお思いになるが、「灯火を、物がはっきりと見えるように灯《とも》しては、（尚侍に失礼で）厭わしい。どうしたらよいだろうか」とお考えになっておられると、蛍が、（帝が）いらっしゃる前あたりに、三匹四匹と連なって飛び回る。

帝は、「この蛍の光で、きっと物（＝尚侍の姿）が見えるようにできそうだ」とお思いになって、立って動いて、（蛍を）みな捕らえて、御袖に包んでご覧になると、もっとたくさんある方がよいだろうと（思われるので）、すぐに、「童部よ、伺候しているか。蛍を、少し探し求めよ。あの『晋書』の車胤の故事を思い出そう」とおっしゃる。殿上の童部は、夜が更けていたので、伺候していなかったが、仲忠の朝臣は、（帝のお言葉を）承り（そのご意向を）理解する心があって、水辺や草の生えているあたりを歩き回って、多くの蛍を捕らえて、朝服の袖に包んで持って参って、暗い所に立って、この蛍を包んだまま口をすぼめて息を吐く（＝口笛を吹く）と、帝は、たいへん早く見つけなさって、（自らの）直衣の御袖に（蛍を）移し取って、包み隠して持って参りなさって、尚侍が控えていらっしゃる（ところの）几帳の帷子を上にお掛けになって（中に入りなさって）、ものなどをおっしゃりながら、例の尚侍の近い所に、この蛍を近づけて、包んだままで小声をお出しになると、そのような薄い御着物（の袖）にたくさんの蛍が包まれているので、（その光で尚侍の姿が）隠れる所なく見えたときに、尚侍は、「奇妙なことよ」と笑って、このように申し上げる。

衣が薄いので、蛍で満たされた袖の裏（内側）から透けて見える灯りの先には、海水が垂れるように涙に濡れて嘆いている海女が浦に住んでいることでしょう

と申し上げなさる様子の、すばらしい女性がちょっとものなどを言った様子（のすばらしさ）は、言うまでもないが、表に出した才能なども、また、たいそう見事で奥ゆかしい人で、その容貌も、また、この世に例がないほど美しい人が、そのような心遣いのこもった蛍の光にほんのりと照らされて見えるのは、まして、格別のすばらしさであった。帝は、ご覧になって、（尚侍の美しさは）比べることができる者もなく、すばらしいとご覧になることこの上ない。そして、（帝は）ご返事をなさる、「長年の（私の）愛情は、これでわかる（だろう）。

涙を流して長年濡らした袖の裏から（の蛍の光で）、（あなたの姿を）ほのかに見たことは、それだけでうれしいことだ」

帝は、（几帳の中に）いらっしゃって、いろいろしみじみと趣深いお話をなさっていらっしゃるうちに、夜も明け方になってゆく。鶏が鳴き始めたりすると、帝は、「『まれに会う夜は（別れの時刻となる夜明けを告げる鶏の声がつらい）』と言うことは、本当であったなあ」などとおっしゃる。

設問解説

問一　語句問題　標準

形容詞「ものし」は〝①不快だ・いやだ、②不吉だ・あやしい〟の意味で、ここでは前者。単語の意味がわからなくても、傍線部1の前後の内容から、帝が〈尚侍の顔を見たいが、大殿油（＝灯り）ではっきりと照らして見るのは、ものし。どうしたらよいか〉と考える場面とわかり、「ものし」はマイナスの意味であると読み取れる。マイナスの意味にあたるAの「気味が悪い」、Bの「厭わしい」の二つのうち、Aでは文脈に合わないため、**B**の「厭わしい」が該当する。ここは、〈灯りではっきりと照らして見るのは、（相手が）不快に感じるので、よくないと思っている〉場面であ

る。

ちなみに傍線部の直後にある「いかにせまし」の「まし」は助動詞で、〈疑問－まし〉の形で、ためらいの意志（〝～ようかしら、～たらよいだろうか〟）の意味を表す。

問二　文法問題 やや易

２・３ともに「ぬ」の識別がポイントになる。

ポイント「ぬ」の識別

「ぬ」が終止形　→完了の助動詞「ぬ」
「ぬ」が連体形　→打消の助動詞「ぬ」

連用形の後にある「ぬ」→完了の助動詞「ぬ」の終止形
未然形の後にある「ぬ」→打消の助動詞「ぬ」の連体形

※前にある動詞が上一段・上二段・下一段・下二段活用の場合、未然形と連用形が同じなので注意する

傍線部２の直後の「べかめり」は、「べかるめり」→「べかんめり」→「べかめり」と撥音便が無表記になったもので、「べかる」は助動詞「べし」の連体形。「べし」は終止形接続のため「ぬ」は終止形である。「見ゆ」はヤ行下二段活用（え／え／ゆ／ゆる／ゆれ／えよ）、「見る」はマ行上一段活用（み／み／みる／みる／みれ／みよ）であるため、Ｄが正解となる。

傍線部３「よかり」はク活用形容詞「よし」の連用形である。「ぬ」は連用形に接続する助動詞「ぬ」の終止形であり、Ａが正解となる。

問三　語句問題 難

「うそぶく」には〝①口をすぼめて息を吹く、②口笛を吹く、③そらとぼける、④動物などが吠える、⑤詩歌を口ずさむ〟の意味がある。傍線部4の後は〈帝が仲忠の姿を見つけ、仲忠から蛍を受け取っている〉ため、仲忠が帝になにか合図をしている意味だとわかり、②の意味で解釈することが考えられる。しかし、それに対応する選択肢がないことから、①の意のCか、③の意のDに絞られる。帝の意向をくんで蛍を捕らえた仲忠がとぼける必要はないのでDははずれ、**口笛ほどはっきりとした音ではない音で合図をした**と解釈して**C**が正解となる。

問四　解釈問題（和歌）　やや難

和歌の解釈は逐語訳を試みた上で、和歌の前後から意味を補うことが大切である。その際、和歌修辞にも文脈から判断して気づけるように心がけたい。また、和歌に出てくる人物は具体的に誰を指しているのか、適宜考えていくことが、解釈の上で大きなポイントとなる。

Xの和歌、「衣薄み」は〝衣が薄いので〟と訳出される。これは、〈**形容詞の語幹＋み**〉を〝〜ので〟と訳出する形容詞のミ語法と呼ばれる語法で、和歌でよく用いられるので覚えておこう。「うら」には〈着物の裏〉と〈浦〉、「満つ」には〈蛍がたくさんいる状態〉と〈潮が満ちる〉、「潮垂るる」には〈涙を流す〉と〈海水などで濡れてしずくが垂れる〉の意をそれぞれ掛けている。また、「うら（浦）」「潮垂るる」「海女」は**縁語**である。そして「火」は袖の中にたくさんいる蛍の光だと考えられる。

【蛍の灯りに照らし出されて姿が見えるのは誰か】「潮垂るる海女」であるが、主に男性の「海人（＝漁師）」でなく女性のみの「海女」であることからも、**女性である尚侍を海女に喩えている**と理解できる。「海女」は貴族ではなく身分が低いことから、尚侍が自らを卑下して詠んだと判断できる。よってAの「謙遜している」は適切。

Yは「ほのかに見る」ことを「うれしき」と詠んでいることから、**帝が尚侍を見ようとしていたことを踏まえれば、帝が尚侍の姿を見た喜びを表していることがわかる**。したがって**A**が正解となる。なおYの「しほたれて（潮垂れて）」と「うら」にはXの和歌と同様の意味が掛けてある。「潮垂る（＝涙を流す）」の主語がXでは尚侍、Yでは帝、と異なる点にも注意してもらいたい。

問五　**語句問題**　標準

「切《せち》なり」はナリ活用形容動詞「切なり」の連用形で、〝①切実である・ひたすらである、②大切だ、③深く感にうたれる〟の意味がある。ここでは「めでたき」「めでたく」「世に類なくいみじき」などの尚侍のただならぬすばらしさを表現した語と同義であることから、③の意味が該当する。したがって**C**が正解となる。

問六　**内容真偽問題**　標準

「合致し**ないもの**」を選ぶことに注意。Aは本文の「仲忠の朝臣は、……直衣の御袖に移し取りて」、Cは「かの書思ひ出でむ」、Dは「上、『まれに会ふ夜は』と言ふことは、まことなりけり』などのたまふ」の部分にそれぞれ合致する。Bは、蛍を尚侍のところへ持って行ったのは仲忠の朝臣ではなく、その仲忠から蛍を受け取った帝であることから、これが誤りで、正解は**B**になる。

解答

問一　B
問二　**2**―D　**3**―A
問三　C　**問四**　A　**問五**　C　**問六**　B

演習16　文学部　二〇一七年度　二

目標解答時間　二〇分

次の文章は、『新蔵人』の冒頭部分である。これを読んで、後の問に答えよ。（一部表記を改めた箇所がある）

中昔のことにや侍りけん、さまで上臈ならぬ人の、さりとてむげに卑しからぬ、[A]諸大夫ばかりの人あり。男一人、女子三人持ちたりける、いづれもいづれも劣り勝ることなくいとほしく思ふ中にも、「などかいま一人男にてとりかへにもせさせざりけん」とぞ常に申しける。「いづれもありたからんままに、ただ心にまかせて過ぐし給へ。親の掟をも従へぬものは人の心なり。つひには我が心の引くに任する習ひなれば」とぞ申しける。

嫡子はもとより我が品ほどの者なれば、六位に召されて蔵人の大夫と言ふ。見様《みさま》も心も優にやさしきやうなれば、御気色も良くて召し使ふほどに、朝恩などもたまはりて、いと目安し。親どもの心も、ただ一人なれば、良くても良かれ、と思ふに、いとうれし。父も、昇殿など許されぬ。

「さて、娘どもいかがありつかせん」と言へば、次第のままに、姉に「いかに」と言へば、「我はただ、妹姫《おとひめ》たちはいかにも世にあらんことをのみ華やかに願ふも、[Ⅰ]からず。何事を見聞くにも、いつまでか、とあり果てぬうき世の境のみせんなく、[1]いみじきことも果てはなし。あるにつけたる悲しみ、いづれも思ひの晴るることなし。かかる世をいとひ捨てて、とくとく仏になりて、父母をも同じ所に迎へまゐらせて、一つ蓮《はちす》の縁とならんことのみこそ、うれしく候はんずれ。尼になさせ給へ」と、かきくどき言ふ。これほどに思ふらん、と前の世もゆかしくていとほしければ、泣く泣く尼になして、尊く行はせ給ふ真言の尼御禅恵が弟子に参らせぬ。時々里へも出だして、なほもいたはしさに服薬などはせさせて、念仏も申し、真言もして行ふさま、まことに頼もしく、尊く、親たちのためも、げに孝行の子とは覚えたり。

蓮葉の上をぞ契るふたたびと会はぬ親子の仲と聞けども

中の君は、「兄の蔵人も心憎し、宮仕ひに参らすべし」と仰せありければ、「否《いな》」と申すべきことにあらず、と思ひて、参らせぬ。播磨《はりま》の　Ⅱ　とて、心だても優に神妙なれば、人々も良き者に思ひつつあり経るほどに、内の御心にも合ひて候ひける。いつしか、ただならぬさまに悩みけり。いよいよあはれと思し召されけるこそ、いみじく侍れ。

かかるほどに、月も重なりて、「かく」と奏して里へ出づるほどに、めでたく、待ちつくる親どもも、面目ありてうれし、と思ふ。妹姫、かやうのことを聞きて、いと羨ましくて候ふ。母は姉の御弟子になれとあれども、様もなげなる尼になりて、檜《ひ》笠《がさ》被《かづ》きて歩かんことをば口惜しく、後の世は、すずしく、羨ましくもなし、と思ふぞ、はかなくも、をかしきや。

注　禅恵　――　尼僧の名。
　　服薬　――　ここでは、栄養のあるものを食べさせること。
　　檜笠　――　檜を薄くはいで作った笠。尼などが着用した。

問一　傍線１・２を口語訳せよ。
　１　いみじきことも果てはなし
　２　優に神妙なれば

問二　波線ａ〜ｄの主語の組み合わせとして最も適切なものを、次の中から一つ選び出して、その番号をマークせよ。
①　ａ　帝　　ｂ　兄の蔵人　　ｃ　兄の蔵人　　ｄ　中の君の両親

② a 中の君　b 兄の蔵人　c 帝　d 兄の蔵人
③ a 中の君の両親　b 中の君　c 中の君　d 中の君の両親
④ a 帝　b 中の君の両親　c 中の君　d 帝

問三　傍線A「諸大夫ばかりの人」は子どもたちについてどのように言っているか、最も適切なものを、次の中から一つ選び出して、その番号をマークせよ。

① 女の子はどの子もみなかわいいが、育てる費用がかかるので一人を養子に出せばよかったと言っている。
② 子どもはみなかわいいが、男の子が一人なので、女の子の一人を男として育てればよかったと言っている。
③ 子どもの将来は心配だが、好きなようにさせてやれば、いつかは親の望みを叶えてくれると言っている。
④ 子どもの将来を心配するのは親としては当然なので、子どもの思い通りにさせてはいけないと言っている。

問四　[Ⅰ] に入る語として、最もふさわしいものを、次の中から一つ選び出して、その番号をマークせよ。

① やさし　② うれし　③ 羨まし　④ 口惜し

問五　傍線Bの和歌「蓮葉の上をぞ契るふたたびと会はぬ親子の仲と聞けども」に表現された内容として、最も適切なものを、次の中から一つ選び出して、その番号をマークせよ。

① 来世では出会えるかどうか分からないが、修行して極楽浄土に生まれ変わったら、両親を同じ世界に導きたい。
② 現世では今後二度と会えるかどうか分からないが、近い将来、両親が出家した時には仏の前で再会したい。
③ 出家して尼になったからには、両親とは二度と会えないが、死後は同じ極楽浄土に生まれ変わるにちがいない。
④ 出家して尼になっても、仏の前で誓いを立てさえすれば、両親とはいつでも会えるのだから寂しくはない。

問六　［Ⅱ］に入る語として、最もふさわしいものを、次の中から一つ選び出して、その番号をマークせよ。

①国司　②宮司　③内侍　④侍従

問七　傍線C「かやうのこと」とはどのようなことか、最も適切なものを、次の中から一つ選び出して、その番号をマークせよ。

①一番上の姉が出家して静かに修行生活をしていること。
②中の君が帝の寵愛を受けて子どもを身ごもったこと。
③兄の六位の蔵人が宮中で華やかな生活をしていること。
④兄弟がそれぞれの生き方で両親を喜ばせていること。

問八　本文で語られている内容に合致するものとして、最も適切なものを、次の中から一つ選び出して、その番号をマークせよ。

①三人の姉妹のうち一番上の姉は、前世からの因縁もあってか出家を強く願った。
②三人の姉妹のうち二番目の娘は、宮中に仕える身となったが病により退出した。
③三人の姉妹のうち一番下の妹は、尼になった姉をとてもうとましく思っていた。
④嫡子である蔵人の大夫は、宮中での役目を務めながら両親や姉妹の面倒をみた。

【解答・解説】

出典　『新蔵人』〈上巻〉

講評

室町時代に成立したとされる『新蔵人（新蔵人物語）』は、本文に続く箇所で末娘が男装して出仕し「新蔵人」と呼ばれたのが題名のもと。読解のポイントは、「中の君」が「帝」の子を身ごもったのだということが問二の主語問題を解くうちにわかってくるか、また、蓮の上（問五）・内侍（問六）といった古文常識が身についているかという点である。珍しい素材を用いての作問には問題作成者の意欲が感じられ、さすが文学部だと思わせるものであった。

要旨

1　諸大夫には息子が一人、娘は三人いた（第一～二段落）

諸大夫には息子が一人、娘は三人いた。どの子もかわいいと思うが「三人の娘のうち一人を男子として育てればよかった」と言いつつ、「どの子も自分の生きたいように生きなさい」とも言っていた。跡継ぎの息子は、見た目も性格もよく、宮仕えをして帝にも気に入られて順調な様子であった。

2　出家の意向が強い長女（第三段落）

三姉妹のなかでも長女だけは妹たちと異なり、現世での幸せを願うこともなく、世を厭い、出家を強く願った。両親は長女の頑なな出家への想いから、前世との関連もあるのだろうかと思い、泣く泣く長女を尼にした。長女が、両親との極楽浄土での再会を願い、一心に仏道修行を行う姿は尊いものであった。

3 帝の寵愛を受けた次女に対し、うらやましく思う三女（第四～五段落）

次女は帝からお呼びを受けて宮仕えするようになる。気立てのいい次女は帝から気に入られ、やがて帝の子を身ごもり、三女はそんな次女の様子をうらやましく思っている。母親からは長女と同様に出家することを促されるが、三女は尼になることに納得がいかず、来世のために勤行することにも興味はないのであった。

重要語句

（本文中の意味は網掛けで、頻出語義に関しては**太文字**で示す）

1

侍《はべ》り・候ふ【動詞】❶謙譲の本動詞**お仕えする・伺候する**　❷丁寧の本動詞**あります・います**
十七行目「合ひて候ひ」は❶。二十行目「羨ましくて候ふ」は❷。
❸丁寧の補助動詞**～です・ます**
一行目「侍りけん」、十一行目「うれしく候はん」他は❸。

むげに【副詞】❶**ひどく・むやみに**　❷**まったく**（打消と呼応）

いとほし【形容詞】❶**気の毒だ**　❷**いやだ・嫌いだ**　❸**いとしい**
十二行目「いとほしければ」は❶の意味。二行目「いとほしく思ふ」は❸の意味

習《なら》ひ【名詞】❶**習慣・くせ**　❷**由緒**　❸**世の常・さだめ**　❹学ぶこと

召す【動詞】尊敬の本動詞❶**お呼びになる・お招きになる**　❷**召し上がる**　❸**お召しになる**　❹**お乗りになる**

気色《けしき》【名詞】❶**様子・ありさま**　❷**意向**　❸**寵愛・機嫌**　❹きざし・兆候

たまはる【動詞】謙譲の本動詞**お受けする・いただく**

目安《めやす》し【形容詞】**感じがいい・見苦しくない**

2

あり果つ【動詞】**いつまでも生き永らえる**

せんなし【形容詞】**無益である・無意味である・どうしようもない**

いとふ（厭《いと》ふ）【動詞】❶**いやだと思う・うとましく思う**　❷**世俗を嫌って避ける・隠遁する・出家する**
とくとく（疾《と》く疾《と》く）【副詞】**早く早く・すぐに**
かきくどく【動詞】**長々と何度も繰り返して言う**
ゆかし【形容詞】❶**見たい・聞きたい・知りたい・行きたい**　❷手に入れたい　❸心ひかれるさま
3
心憎し【形容詞】❶**心ひかれる・奥ゆかしい**　❷警戒すべきである　❸不審だ
奏す【動詞】❶**帝・上皇・法皇に申し上げる**　❷演奏する
めでたし【形容詞】❶**立派だ・すばらしい**　❷心ひかれる　❸祝う価値のある
すずし【形容詞】❶涼しい　❷澄んでいる　❸さわやかである　❹**いさぎよい**
はかなし【形容詞】❶**たよりない**　❷無益だ　❸**ちょっとしたことだ**

全訳

さほど古くない昔のことだったのでしょうか、それほど高い身分ではない人で、そうかといってひどく低い身分ではない、諸大夫程度の人がいた。男子一人、女子三人を持っていた。どの子もどの子も優劣つけることなくかわいいと思う中でも、「どうして（三人の女子のうち）あと一人を男子として（性別を）取りかえさせ（て育て）なかったのだろうか」といつも申していた。「どの子も生きたいように、ただ心に任せて過ごしなさい。親のいいつけに従えないというものが人の心だ。結局は自分の心が赴くままに任せるのが世の常なのだから」と申していた。

跡継ぎの息子はそもそも家柄に合った者であるので、六位としてお召しを受けて蔵人の大夫と言う。見た目も心ばえもすばらしく上品な様子なので、（帝の）信頼も厚くておそばでお使いになるうちに、朝廷のご恩などもいただいて、まことによい感じである。親たちの心も、（男子は）たった一人なので、（今が）順調でも（もっと）よくあるように、と思うので、とても喜ばしい。父も、昇殿などを許された。

「さて、娘たちをどうやって落ち着かせようか」と言うので、（年上から）順序どおり、姉（＝長女）に「どう（したい）か」と言うと、（長女は）「私はただ、妹たちがなんとかして宮仕えをして栄えるようなことばかりをはなやかに願うことも、うらやましくない。何事を見るにつけ聞くにつけても、（この命は）いつまで（だろう）か、と、いつまでも生き永らえるわけもないつらい一生の境遇ばかり（を考えて）も仕方がなく、（この世では）悲しいことも終わりがない。生きることに付きまとっている悲しみは、どれも思いが晴れることはない。このような現世を嫌って捨てて、早く早く仏になって、父母も同じ所へお迎え申し上げて、同じ（極楽浄土の池に浮かんで咲くという）蓮《はちす》の上にめぐりあう縁を結ぶようなことだけが、喜ばしいことでしょう。尼にしてください」と、長々と繰り返し言う。（親はどうして）これほどまでに（強く出家のことを）思っているのだろう、と（長女の）前世も気になり気の毒でもあるので、泣く泣く（長女を）尼にして、尊く修行をなさっている真言宗の尼御禅恵の弟子として参上させた。時々実家へも出して、やはりかわいそうに思う気持ちから栄養のあるものを食べさせるなどして、（長女が）念仏も唱え申し、真言も修めて修行する様子は、まことに頼もしく、尊く、親たちにとっても、まことに孝行な子だと思われた。

（極楽浄土に咲く）蓮の葉の上で（一緒にいられる）と約束しましょう。（来世では）二度とは会うことはない親子の仲とは聞いていますけれども

中の君（＝次女）については、「兄の蔵人も奥ゆかしい。（中の君を）宮仕えに参内させよ」と（帝の）ご命令があったので、（両親は）「できません」と申し上げることもできない、と思って、参内させた。播磨の内侍といって、心のさまも上品でけなげなので、人々も（中の君のことを）よい者だと思って時を過ごしているうちに、帝のお心にもかなって（帝のお側で）お仕えしていた。（中の君は）いつの間にか、懐妊した様子で苦しんだ。（帝が中の君のことを）ますます愛しいとお思いになったことは、すばらしいことです。

こうしているうちに、（妊娠の）月数も重なって、「こういう事情で」と帝に申し上げて実家に下がったので、よろこばしく、待ち受ける親たちも、世間に対する名誉もあってうれしい、と思う。妹姫（＝三女）は、このようなことを聞

いて、とてもうらやましく（思っ）ております。母からは姉（＝長女）の御弟子になれと（いうお言葉が）あったけれども、みすぼらしい尼になって、檜笠を被って歩くようなことは悔しいし、来世のことは、いさぎよく、うらやましくもない、と思うのは、浅はかながら、おもしろいことよ。

設問解説

問一 記述式の現代語訳問題 標準

1、「いみじ」の訳がポイントである。

ポイント 形容詞「いみじ」の意味

①程度が普通でない場合　はなはだしい・なみなみでない
②望ましい場合（＋）　すぐれている・すばらしい・うれしい・立派だ・えらい…など
③望ましくない場合（－）　大変だ・ひどい・悲しい・恐ろしい…など

形容詞「いみじ」は、現代の「ヤバい」に近い。意味を考えるときは、〈どうヤバいのか〉、ヤバさの方向性を考えてみよう。程度を表しているのか、プラスなのかマイナスなのか、文脈に沿って適切に解釈することが求められる。

傍線部1は長女が出家の意志を述べる場面である。傍線部の前後は「あり果てぬ……晴るることなし（＝いつまでも生き永らえるわけもないつらい一生の境遇ばかりを考えても仕方がなく……生きることに付きまとっている悲しみは、どれも思いが晴れることはない）」と、全体的に**厭世《えんせい》観**にあふれている。

ここから「いみじ」は、マイナスの方向性（**ポイント**で挙げたうちの③）だと仮定し、名詞「**果て**」（〃**①終わり・**

最後、②遠いかなた・きわみ、③喪の終わり、④落ちぶれること〟）の①の意と組み合わせて傍線部を直訳すると「マイナスなことも終わりはない」となって、前後の文脈に合う。厭世観に沿う内容を「いみじ」に当てはめると**「悲しいことも尽きることはない」「つらいことも終わりはない」**などが模範解答となる。

2、傍線部2の**「優に」**（ナリ活用形容動詞「優なり」の連用形）は〝①**上品だ・優美だ**、②**優れている・立派だ**〟、**「神妙なれ」**（ナリ活用形容動詞「神妙なり」の已然形）は〝①人知を超え神秘的な様子、②**けなげ・素直なさま・感心なようす**〟である。直前にある「心だて」は〝心のさま・気質・気立て〟のことで、傍線部は中の君の性格のことを表しているとわかるから、「神妙なり」は②の意味で考える。最後の「ば」は、**已然形に接続しているため、順接確定条件**で、〝①～ので・から、②～と・ところ、③～するときはいつも〟の意がある。傍線部直後に「人々も良き者に思ひ（＝人々も中の君をすぐれている人だと思い）」とあるから、①の意味で解釈する。**「上品でけなげなので」**または**「優美で素直なので」**などが模範解答になる。

問二　主体判定問題　標準

a、「宮仕ひに参らすべし」という「仰せ」（＝命令）をなさるのは**帝**だと判断できる。また次文の「内の御心」の「内」は〝①内部・内側、②宮中・内裏、③**帝**〟の意を持ち、ここでは③の帝のことだと判断できる。

b、傍線部は「参ら／せ／ぬ」となる。「参る」は〝①謙譲の本動詞参上する・参詣する・**出仕する**・入内する、②謙譲の本動詞差し上げる、③尊敬の本動詞召し上がる〟の意があり、aの解説にもあるように〝宮仕えに参内させよ〟という命令に対する動作であるので、①の〝出仕する〟の意。「せ」は、「参ら」（ラ行四段活用**未然形**）に接続していることから、使役・尊敬の助動詞「す」だと判断できる。

助動詞「す・さす・しむ」は、**直後に尊敬の補助動詞「給ふ・おはす・おはします」がないときは使役**の意味で解釈するため、〝出仕させた〟となる。中の君を出仕させることができるのは**中の君の両親**だと考えられる。ちなみに、動詞「参らす」（①謙譲の本動詞差し上げる、②謙譲の補助動詞～申し上げる・お～する）もあるが、文脈から考えて今回はあてはまらない。

c、直前の「ただならぬさま」に着目。慣用表現「ただならず」には〝①普通でない、②なみなみでない、③身ごもっている〟の意味がある。問一の2の解説にもあるように、中の君の人柄の良さから、「内の御心にも合ひて候ひける（＝帝に気に入られている）」ことを踏まえて考えると、〈**中の君**が帝の子どもを身ごもって、「悩みけり」（＝つわりや体調の変化などで苦しんでいる）〉と判断できる。

d、直前の〈中の君が帝の子どもを身ごもった〉という内容を押さえた上で、「思し召す（＝お思いになる）」という、「おぼす」「思ひ給ふ」より敬意が高い**最高敬語**が使われていることに着目。〈**帝**が中の君のことを、ますます愛しいとお思いになる〉と解釈できる。

問三　解釈問題　標準

子どもたちについて言及しているのは、第一段落二文目「男一人、女子三人持ちたりける、いづれもいづれも劣り勝ることなくいとほしく思ふ」である。「子どもはみなかわいい」とした②が候補となる。続く「などかいま一人男にてとりかへにもせさせざりけん」の直訳は〝どうして（三人の娘のうち）いま一人男に取りかえさせなかったのだろうか〟となる。副詞「**などか**」は**疑問・反語**を表し〝**どうして・なぜ**〟の意、後半は「せ（サ変・未）／させ（使役・未）／ざり（打消・連用）／けん（過去推量・連体）」（＝させなかったのだろうか）で、「させ」は使役である（問二のbの解説参照）。

娘が多いから一人を息子に取りかえたいなんてひどい話だと思われるかもしれないが、平安後期の『**とりかへばや物語**』という話を思い出してほしい。**男女を入れ替えて育てられた兄妹の話**であり、室町時代に成立した今回の出典はそれを踏まえていると考えられる。つまり「などか……せさせざりけん」は〈**どうして（三人の女子のうち）あと一人を男子として（性別を）取りかえさせ（て育て）なかったのだろうか**〉と解釈できる。正解は②。他の選択肢は本文と合致していない。

問四　空欄補充問題　標準

妹たちが現世の幸福を「華やかに願ふ」のを、長女がどうとらえているのかを考える。空欄の直後に、打消の助動詞「ず」があることも見落としてはいけない。

①**やさし**＝優美だ・けなげだ・きまりが悪い　→気遣って痩せる思いから、その気遣いがもたらす上品で慎ましい感じ
②**うれし**＝喜ばしい・ありがたい　→喜びに満ち足りている感じ
③**羨まし**＝うらやましい・ねたましい　→自分もそうありたいと願わずにいられない感じ
④**口惜し**＝残念だ・つまらない・物足りない・卑しい　→自分の計画や期待が外れたときの不本意、不満な感じ

単語を見ればどれも当てはまりそうな気がしなくもないが、問一の1で解説したように、〈長女は厭世的で出家の意志が固い〉ため、**長女は妹たちと意向が正反対**である。「→」で示した語感に当てはめて考えると、③〈自分もそうありたい、とは思わない〉が正解になる。

問五　解釈問題（和歌）　やや難

ポイント　蓮の上

蓮《はちす》の上は〝極楽浄土〟のことで、「蓮《はちす》」とは極楽浄土の池に咲く悟りの象徴。仏像や仏画で仏が〈蓮台《れんだい》・蓮《れん》華《げ》の座〉とよばれる蓮の花の上に座しているのは、悟りの世界の象徴である。「蓮葉《はちすば》」とは蓮の葉のこと。

極楽浄土への生まれ変わりに言及した①と③が候補になる。③は「尼になったからには、両親とは二度と会えない」としているが、直前文に「時々里へも出だして」とあり、〈尼になった後も実家に戻って親たちに会っている〉ことが記されているので矛盾する。したがって、①が適切。なお、平安時代以降〈**親子は一世の縁、夫婦は二世の縁、主従は三世の縁**〉と考えられていた。しかし、長女としては、自分が仏道修行して極楽に生まれ変わり、なんとか両親をそこ

へ導きたいのである。傍線部より四行前の「父母をも同じ所に迎へまゐらせて」という内容とも合致する。

問六　空欄補充問題　やや難

問二のa・bの解説にもあるように、「中の君」は帝のもとに出仕した。帝にお仕えする「中の君」（女性）の呼び名であるから「**内侍**《ないし》」が適切。「内侍」は後宮の役所である内侍司《ないしのつかさ》に勤めた**女官の総称**。「国司《こくし》」は、中央から派遣された地方官。「宮司《ぐうじ》」は、神社で祭事をする職の者。「侍従《じじゅう》」は、天皇に近侍し供奉する者。

問七　指示内容説明問題　標準

傍線部Cの前の段落で、〈**中の君が帝の子を身ごもっている**〉ことを押さえる（問二のcの解説参照）。直前文の「かかるほどに……待ちつくる親どもも、面目ありてうれし」から、中の君が出産のため里帰りして、両親も帝の子を宿した中の君のことを喜ばしく思っているとわかる。よって、妹がうらやましく思うのは、②である。

問八　内容真偽問題　標準

①は、第三段落中に長女の言葉を受けて「これほどに思ふらん、と前の世もゆかしくていとほしければ」とあるのに合致する。「らん」は助動詞「らむ」で、ここでは**長女が出家を強く願うのは前世に何かあったからだろうか**、と現在の原因を推量しているところである。

②は「病により」が不適。

③は最終段落に「様もなげなる尼になりて……羨ましくもなし」とあり、長女のような尼にはなりたくないという妹姫の気持ちが読み取れるが、ここだけで「姉をとてもうとましく思っていた」とまでは言い切れない。

④は蔵人の大夫が自ら「両親や姉妹の面倒をみた」とは書かれておらず、不適。

解答

問一　1、悲しいことも終わりはない　2、上品でけなげなので

問二　④　問三　②　問四　③　問五　①　問六　③　問七　②　問八　①

演習 17　商学部　二〇一五年度　三

目標解答時間　二〇分

次の文章は阿仏尼の書いた「うたたね」の一節である。失恋を理由に出家した作者は、かつて恋人であった男を忘れられずにいた。これを読み、後の問に答えよ。

「おのづから事のついでに」などばかり、Aおどろかし聞こえたるにも、「世のわづらはしさに、思ひながらのみなん、さるべきついでもなくて、みづから聞こえさせず」など、なほざりに書き捨てられたるもいと心憂くて、

消え果てん煙の後の雲をだによも眺め［ a ］な人目もるとて

と覚ゆれど、心の中ばかりにてくたし果てぬるは、いと甲斐なしや。

そのころ、心地例ならぬことありて、命も危ふきほどなるを、ここながらともかくもなりなばわづらはしかるべければ、思ひかけぬ便りにて、愛宕〈注1〉の近き所にて、はかなき宿り求め出でて、移ろひなんとす。Bかくとだに聞こえさせまほしけれど、問はず語りもあやしくて、泣く泣く門を引き出づる折しも、先に立ちたる車あり。前《さき》華やかに追ひて、御前などことごとしく見ゆるを、誰ばかりにかと目留めたりければ、かの人知れず恨み聞こゆる人なりけり。顔しるき①ズイジンなど、紛ふべうもあらねば、Cかくとは思し寄らざらめど、そぞろに車の中はづかしくはしたなき心地しながら、今一度それとばかりも見送り聞こゆるは、いとうれしくもあはれにも、さまざま胸静かならず。つゐに、こなたかなたへ行き別れ給ふほど、いといたう顧みがちに心細し。

かの所に行き着きたれば、かねて聞きつるよりも、あやしくはかなげなる所のさまなれば、いかにして耐へ忍ぶべくもあらず。暮れ果つる空の気色も、日ごろに越えて心細く悲し。宵居すべき友もなければ、あやしく敷きも定めぬ十符〈注2〉の菅菰に、ただ一人うち臥したれど、解けてしも寝られず。

はかなしな短き夜半の［ｂ］結ぶともなきうたたねの夢

日ごろ経れど、訪ひ来る人もなく心細きままに、経《きやう》つと手に持ちたるばかりぞ、頼もしき友なりける。「世皆不牢固」〈注3〉とある所を、強ひて思ひ続けてぞ、<u>憂き世の夢も自ら思ひ醒ますたよりなりける</u>D。

〈注1〉愛宕《をたぎ》――山城国(現在の京都府)愛宕郡内の郷名。
〈注2〉十符《とふ》の菅菰《すがごも》――菅で編んだ粗末な筵《むしろ》。編み目が十筋ある。
〈注3〉世皆不牢固《せかいふらうこ》――「法華経」の一節。「世は皆、牢固ならざること水のしぶき・泡・かげろふのごとし」と続き、世の無常を表す。

問一　傍線部①のカタカナの部分を漢字に改めよ。

問二　傍線部A「おどろかし聞こえたるにも」の意味として最も適切なものを次の1〜5の中から一つ選び、その符号をマークせよ。

1　親切にご注意申し上げたところ
2　親切に起こしてさしあげたところ
3　思いがけずお便り申し上げたところ
4　はっとする内容がうわさされるにつけて
5　突然訪問することがうわさされるにつけて

問三　空欄［ａ］に入る一字を記せ。

問四　傍線部B「かくとだに聞こえさせまほしけれど」を、「かく」の内容を明らかにした上で現代語訳せよ。

問五　傍線部C「かくとは思し寄らざらめど」の説明として最も適切なものを次の1〜5の中から一つ選び、その符号をマークせよ。

1　かつての恋人は自分がここにいるとは思いも寄らないだろうが
2　一行の従者達は自分が隠れているとは思いも寄らないだろうが
3　自分が見知らぬ人々に声をかけるとは思いも寄らないだろうが
4　自分は見知った人々に声をかけようとは思いもしないけれども
5　自分は目の前にいる一行が人違いだとは思いもしないけれども

問六　空欄 b に入る語として最も適切なものを次の1〜5の中から一つ選び、その符号をマークせよ。

1　氷水　2　尼衣　3　時鳥　4　涙川　5　草枕

問七　傍線部D「憂き世の夢も自ら思ひ醒ますたより」を言い換えた語句として最も適切なものを次の1〜5の中から一つ選び、その符号をマークせよ。

1　かの人知れず恨み聞こゆる人　2　宵居すべき友　3　十符の菅菰　4　訪ひ来る人　5　頼もしき友

問八　本文の内容に合致しているものを次の1〜5の中から一つ選び、その符号をマークせよ。

1　作者は誠意のないかつての恋人に、歌を送って心を慰めた。
2　作者は病気を治すため、縁者を頼って愛宕近くの宿所へ移った。

3　作者は移動の際、偶然かつての恋人と遭遇し車中で密かに見送った。
4　作者は移動先の宿が聞いていたより粗末でも、大して気にならなかった。
5　作者はかつての恋人と復縁することを期待して、仏道修行に励んでいた。

問九　「うたたね」と同時代の作品を次の1～5の中から一つ選び、その符号をマークせよ。

1　源氏物語　　2　方丈記　　3　更級日記　　4　玉勝間　　5　笈の小文

【解答・解説】

出典　阿仏尼『うたたね』

講評

『うたたね』は阿仏尼が若い頃に書いた日記であるが、**日記は主語の省略が多い。基本的に作者がその場にいて、作者が動作の主体であることを念頭に置いて主語判定しなければならない**。今回も前半の大意が把握しにくいので、リード文に示された「失恋を理由に出家した」が「かつて恋人であった男を忘れられずにいい」るという作者の状況を常に念頭に置いて読み進めることが必要であった。和歌修辞や文学史などの知識と正確な読解を求めるバランスの取れた問題である。

要旨

1 元恋人を忘れられない作者（第一段落）

元恋人に不意に手紙を送った作者は、つれない返事に悲観して和歌を詠む。その和歌は元恋人に贈られることなく胸の中にしまわれた。

2 体調を崩して愛宕の近くに移る（第二段落）

体調を崩した作者は、ここで死ぬことになるのは避けたいと思い、愛宕の近くに転居する。作者が門を出たそのとき、車に乗った元恋人一行と出くわしてしまう。元恋人はこちらの事情は知らないだろうが、作者は気まずさともう一度相手を見かけることができた喜びで複雑な心境である。

3 愛宕の宿（第三～四段落）

到着した愛宕の宿は粗末なところで、作者は堪えられそうにない。作者は一人で心細く、くつろぐこともままならないことを和歌に詠む。数日経っても、見舞いに来てくれる人も誰もいないので、お経を読むことだけをよりどころとして過ごす。

重要語句

（本文中の意味は網掛けで、頻出語義に関しては**太文字**で示す）

1

おのづから【副詞】❶自然と・ひとりでに　❷**偶然・まれに**　❸〈下に仮定の語を伴って〉もしも・ひょっとして

ついで【名詞】❶物事の順序　❷**機会・折**

聞こゆ【動詞】❶聞こえる　❷**世に知られる**　❸理解される　❹謙譲の本動詞**申し上げる**　❺謙譲の補助動詞**～申し上げる・お～する**

わづらはしさ【名詞】形容詞が名詞化したもの。

→わづらはし【形容詞】❶**面倒だ・複雑だ**　❷気が置ける　❸**うるさい**　❹病気だ

一行目「世のわづらはしさ」は❸。五行目「わづらはしかる」は❶。

さるべき【慣用表現】❶**そうなるはずの・そうなる運命の**　❷**ふさわしい・適当な**　❸**立派な**

なほざりなり【形容動詞】❶**いいかげんだ・おろそかだ**　❷ちょうどよい

もる（漏《も》る・洩《も》る）【動詞】❶**外へ出る・こぼれる**　❷**秘密が外に知られる**　❸除外される

くたす【動詞】❶**朽ちさせる**　❷非難する　❸気落ちさせる

2

はかなし【形容詞】❶**たよりない**　❷無益だ　❸**ちょっとしたことだ**

七行目「あやしくて」は（怪し）の❶。十一行目「あやしくはかなげなる」は（賤し）の❷。

あやし【形容詞】（怪《あや》し）❶**変だ・不審だ**　❷**不思議だ**　（賤《あや》し）❶**身分が低い・卑しい**　❷**粗末な・みすぼらしい**

ことごとし【形容詞】**仰々しい・大げさだ**

しるし（著《しる》し）【形容詞】❶**際立っている・はっきりしている**　❷〈「〜もしるく」の形で〉**〜も予想通りに**

紛ふ【動詞】❶**入りまじる**　❷**よく似ている**　❸**区別できない・見間違える**

そぞろなり（＝すずろなり）【形容動詞】❶**なんとなくそうなるさま**　❷**むやみやたらである**
❸思いがけないさま　❹**無関係なさま**

はづかし【形容詞】❶（こちらが恥ずかしくなるほど相手が）**立派だ・素晴らしい**
❷（相手が立派すぎて）**気が引ける・きまりが悪い・恥ずかしい**

はしたなし【形容詞】❶中途半端だ　❷**みっともない**　❸**きまりが悪い**　❹激しい

3　**解く**【動詞】❶**結び目をほどく・ほどける**　❷答えを出す　❸**うち解ける・安心する**　❹**溶ける**　❺職を失う

全訳

「まれに何かの機会に（でもお寄りください）」などとだけ、（かつての恋人に）思いがけずお便り申し上げたのにも、（その返事は）「世間がうるさいので、（お会いしたいと）思いながらも、適当な機会もなくて、自分からは申し上げられず」などと、いいかげんに書き捨てられているのもたいそう辛くて、

（私が死んで）消え果てる（＝火葬される）ときの煙さえも、（彼は）決して眺めはしないだろう、人目を憚ると言って

と思うけれど、（この思いを）心の中だけに留めて朽ち果てさせてしまうのは、なんと無駄なことよ。

その頃、（私は）体に不調をきたして、命も危ういほどであるので、ここにいたままでどうにかなって（＝死んで）しまったら迷惑であろうから、意外な縁があって、愛宕に近い所で、ちょっとした仮の宿所を求め、移ってしまおうと思う。

このように（病気になり居所を移す）とだけでもせめて（彼に）申し上げたいけれども、聞かれもしないことを教えるの

もみっともなくて、泣く泣く門を出るというちょうどその折、前に止めてある車がある。前駆が華やかに先払いをし、騎馬で先導する者も仰々しく見えるのを、（私は）「誰の車だろうか」と目を留めていたところ、例の人知れず（恋い焦がれ）恨み申し上げている人（＝かつての恋人）であった。顔をはっきり知っている（彼の）供の随身など（もいて）、見間違うはずもないので、（彼は）そう（＝すぐ後ろに私がいる）とは思ってもいらっしゃらないだろうけれど、なんとなく車中で恥ずかしくきまりが悪い心地がしながらも、もう一度彼をお見送り申し上げられるのは、とても嬉しくも悲しくもあり、思い乱れて心が落ち着かない。とうとう、こちらとあちらで別の道へお別れになるときは、たいそう後ろ髪を引かれ寂しく思う。

かの場所（＝愛宕の近くの仮の宿所）に到着したところ、前もって聞いていたよりも、みすぼらしく頼りなげな様子の場所であるので、どうやっても我慢できそうにもない。日が暮れ果てた空の様子も、常日頃に増して寂しく悲しい。夜更かしして語り合うことのできる友もいないので、みすぼらしくしっかり敷くこともできない菅で編んだ筵の上に、たった一人で寝てみたが、（筵の）筋が解けて、くつろいで眠ることもできない。

情けないことよ。短い夜の（すぐに解けてしまう筵の上での落ち着けない）旅寝では、うたたねをして夢を結ぶこともできない

何日か経ったけれど、私を訪ねて来る人もなく寂しい気持ちのままで、お経にふと手を伸ばすことだけが、頼りになる友であった。「世皆不牢固（＝世の中はすべて無常であり、堅牢なものなどない）」という（法華経の）一節を、無理に思い続けることが、辛い浮世の夢から自分の目を覚ますよすがであった。

設問解説

問一　漢字の問題（古典常識）　標準

「随身《ずいじん》」は〝貴人に供として付き添う者〟である。**読みも頻出**なので覚えておこう。

問二　解釈問題　やや難

「**おどろかす**」には、〝びっくりさせる、目を覚まさせる、注意を促す〟のほか、〝**思いがけない折に訪問する、便りを出す**〟といった意味もある。傍線部A直後で、男が「世の……さるべきついでもなくて、みづから聞こえさせず」と訪問できない言い訳を「書き捨て」ていることから、本文冒頭の「おのづから……」は会いに来てほしいと作者が送った**手紙の内容**だと判断できる。よって正解は**3**である。「**聞こえ**」が謙譲の補助動詞であることにも注意しよう。

問三　空欄補充問題（文法）　標準

空欄a直前の「よも」は陳述の副詞と呼ばれ、打消推量の助動詞「じ」「まじ」と呼応し、「よも～じ」「よも～まじ」で〝まさか・決して～ないだろう〟と訳出される。

空欄に入るのは一字であるから、正解は「**じ**」である。直後の「な」は詠嘆の終助詞。この和歌は〝（私が死んで）消え果てる（＝火葬される）ときの煙さえも、（彼は）**決して**眺めは**しないだろうなあ**。人目を憚ると言って〟と解釈できることから文脈にもあてはまる。

問四　記述式の現代語訳問題　やや難

傍線部を品詞分解すると「かく／と／だに／聞こえさせ／まほしけれ／ど」、直訳は〝せめてこのようにとだけでも申し上げたいけれども〟である。副助詞「**だに**」は頻出なので押さえておこう。

ポイント　副助詞「だに」

①**類推**　～さえ

※程度の**軽いもの**を挙げて**重いものを類推させる**働きがある。「**軽いもの**」「**重いもの**」**を具体的に問われる**ことも多いので、常に意識しておくこと。

※「**まして**」と呼応することが多いが、省略されることもある。

【例】光やあるやと見るに、蛍《いもの》ばかりの光だになし。
（光があるかとみるが、蛍ほどの（わずかな）光さえない（まして輝く光《いもの》などない）。）

②限定　せめて〜だけでも

※「命令・希望・願望・意志・仮定」表現と呼応する。

「だに」は、まず「だに」の下に右の網掛けの表現があるかどうか確認して、意味を絞ればよい。

「聞こえさせ／まほしけれ／ど」を見ていこう。「聞こえさせ」は謙譲の本動詞「聞こえさす」〝申し上げる・（手紙などを）差し上げる〟である。「まほしけれ」は希望の助動詞「まほし」〝〜たい〟の已然形であり、**「だに」の下に希望の表現があるため、「だに」は②限定の意味である。**

「かく（＝このように）」の内容は直前に書かれているので、「愛宕の近き所にて……移ろひなんとす」を指しているとわかる。「移ろひなん（なむ）」の「移ろひ」はハ行四段活用の連用形であるから、「なん」は強意（完了）の助動詞「ぬ」の未然形＋助動詞「ん（む）」。「ん（む）」は①推量、②意志、③適当・勧誘、④婉曲・仮定の中から文脈判断しなければならない。ここでは〈愛宕に移動するのは作者本人である〉から、②意志で訳出する。

第二段落「心地例ならぬ……」の内容も踏まえて、なぜ移動するのかの理由も書けるとなおよい。「例ならず」は〝①いつもとちがっている、②病気である〟で、直後に「命も危ふきほど」とあるので、今回は②の〝病気である〟。これも加えた解答は〝**私は病気で命が危ないので、愛宕に移ろうとしていることだけでもせめて申し上げたいけれども**〟となる。

当時、「死」や「血」は穢《けが》れとされ、宮中や寺社、貴族の邸などでも、人がその場で死ぬことが避けられ、死期が近づくと別邸に運び出されていた。死を予感した作者が移動した理由にはこのような背景があることを覚えておくとよい。

問五　傍線部説明問題　標準

傍線部Cにある尊敬語「思す」に着目する。**尊敬語は動作の主体に対する敬意**を表すので、「**かつての恋人**」が主体であると考えられる。よって**1**が正解。2は「従者達」、3は「見知らぬ人々」、4と5は「自分（＝作者）」を「思す」の主体としており、作者からの敬意の対象として不適切である。また2～5は本文の内容と合致しない。なお、「め」は推量の助動詞「む」の已然形である。

問六　空欄補充問題（和歌）　標準

「**草枕**」と空欄直後の「**結ぶ**」は**縁語**である。また、空欄bを含む和歌を詠んだ際の作者の状況を考える。仮の宿所である「あやしくはかなげなる所」に移り、粗末な「あやしく敷きも定めぬ十符の菅菰に、ただ一人」眠る心細さを踏まえると、「**草枕**」（＝旅寝の際用いる草を結んで作った枕、転じて旅寝そのもの）を挿入すると前後の文脈と意味が通る。

問七　傍線部説明問題　標準

傍線部Dの「**たより**」は〝①**よりどころ**、②縁・ゆかり、③機会・ついで、④手段〟などを表す。ここでは①の意味で、〈**作者のよりどころ**〉とは直前の「『**世皆不牢固**』……**を、強ひて思ひ続け**」**ること**である。これが法華経の一節であると注に書かれているので、直前の一文の「**経つと手に持ちたるばかりぞ、頼もしき友なりける**」という部分と同様の内容を述べたものだとわかる。よって、正解は**5**である。

問八　内容真偽問題　標準

本文の記述と丁寧に照合する。

1、一つ目の和歌である「消え果てん……」は男に送ったものではなく、「心の中ばかりにてくたし果て」たものであるから誤り。

2、「病気を治すため」ではなく、「ここながらともかくもなりなばわづらはしかるべければ」（第二段落）と、元の住まいでもし死んだら迷惑だろうと配慮して仮の宿所に移ったのである（問四の解説参照）。「**ともかくもなる**」は慣用表

現で〝ある結果になる・死ぬ〟ことを指すので注意。

3、第二段落半ばの「前華やかに追ひて……」の一文から、次の一文の「……今一度それとばかりも見送り聞こゆる」までの記述と合致する。「前《さき》」を「追ふ」（＝先払《さきばら》い）とは〝貴人の通行の際、道の前方にいる人々を追い払うこと〟である。

4、作者は「いかにして耐へ忍ぶべくもあらず」（第三段落）と思ったのであるから、「大して気にならなかった」とする点が誤り。

5、「復縁することを期待して」の仏道修行ではなく、「憂き世の夢も自ら思ひ醒ます」（第四段落）ために経の一節を強く思い続けたのである。

問九　文学史問題　標準

有名な作品は作者、成立時代、ジャンルを覚えておこう。

『うたたね』は阿仏尼による鎌倉時代中期の日記（紀行的な内容も含む）。『方丈記』は鴨長明による鎌倉時代の随筆で、この**2**が同時代となる。『源氏物語』は紫式部による平安時代中期の作り物語、『更級日記』は菅原孝標女による平安時代中期の日記、『玉勝間』は本居宣長による江戸時代後期の随筆、『笈の小文』は松尾芭蕉による江戸時代中期の俳諧紀行文。

解答

問一　随身　**問二**　3　**問三**　じ

問四　私は病気で命が危ないので、愛宕に移ろうとしていることだけでもせめて申し上げたいけれども

問五　1　**問六**　5　**問七**　5　**問八**　3　**問九**　2

演習18 情報コミュニケーション学部 二〇一八年度 三

目標解答時間 二〇分

次の文章は、『源氏物語』御法巻において、明石中宮と光源氏が紫上のもとを訪問する場面が描かれたものである。また、続く「図一」は、十二世紀に作られた『源氏物語絵巻』の一部であり、本文の内容に該当する場面である。「図二」は、「図一」の景物や人物の輪郭を抽出したものである。これらを参照し、後の問に答えなさい。

秋待ちつけて、世の中すこし涼しくなりては御心地もいささかさはやぐやうなれど、なほともすればかごとがまし。さるは身にしむばかり思さるべき秋風ならねど、露けきをりがちにて過ぐしたまふ。

中宮は参りたまひなんとするを、いましばしは御覧ぜよとも聞こえまほしう思せども、さかしきやうにもあり、内裏の御使の隙《ひま》なきもわづらはしければ、さも聞こえたまはぬに、あなたにもえ渡りたまはねば、宮ぞ渡りたまひ A 。①かたはらいたけれど、げに見たてまつらぬもかひなしとて、こなたに御しつらひをことにせさせたまふ。こよなう痩せ細りたまへれど、かくてこそ、あてになまめかしきことの限りなさもまさりてめでたかりけれと、来し方あまりにほひ多くあざあざとおはせし盛りは、なかなかこの世の花のかをりにもよそへられたまひしを、限りもなくらうたげにをかしげなる御さまにて、いとかりそめに世を思ひたまへる気色、似るものなく心苦しく、すずろにもの悲し。

風すごく吹き出でたる夕暮に、前栽見たまふとて、脇息によりゐたまへるを、院渡りて見たてまつりたまひて、「今日は、いとよく起きゐたまふめるは。この御前にては、こよなく御心もはればれしげなめりかし。」と聞こえたまふ。かばかりの隙あ

るをもいとうれしと思ひきこえたまへる御気色を見たまふも心苦しく、②つひにいかに思し騒がんと思ふに、あはれなれば、

　　おくと見るほどぞはかなきともすれば風にみだるる萩のうは露

げにぞ、折れかへりとまるべうもあらぬ、よそへられたるをりさへ忍びがたきを、見出だしたまひても、

　　ややもせば消えをあらそふ露の世におくれ先だつほど経ずもがな

とて、御涙を払ひあへたまはず。宮、

　　秋風にしばしとまらぬつゆの世をたれか草葉のうへとのみ見ん

と聞こえかはしたまふ[ウ]御容貌どもあらまほしく、見るかひあるにつけても、かくて千年を過ぐすわざもがなと[エ]思さるれど、心にかなはぬことなれば、かけとめん方なきぞ悲しかりける。

「今は渡らせ［B］。乱り心地いと苦しくなりはべりぬ。言ふかひなくなりにけるほどといひながら、いとなめげにはべりや」とて、[d]御几帳ひき寄せて臥したまへるさまの、常よりもいと頼もしげなく見えたまへば、「いかに思さるるにか」とて、宮は御手をとらへたてまつりて泣く泣く見たてまつりたまふに、まことに消えゆく［C］の心地して限りに見えたまへば、[e]御誦経の使ども数も知らずたち騒ぎたり。さきざきもかくて生き出でたまふをりにならひたまひて、御物の怪と疑ひたまひて夜一夜さまざまのことをし尽くさせたまへど、かひもなく、明けはつるほどに[オ]消えはてたまひぬ。

（『源氏物語』による）

（注）中宮……明石中宮のこと。光源氏と明石君との娘で、紫上に育てられ、今上帝の中宮となった。いつもは宮中にいるが、一時的に二条院に滞在している。

院……光源氏のこと。

図一

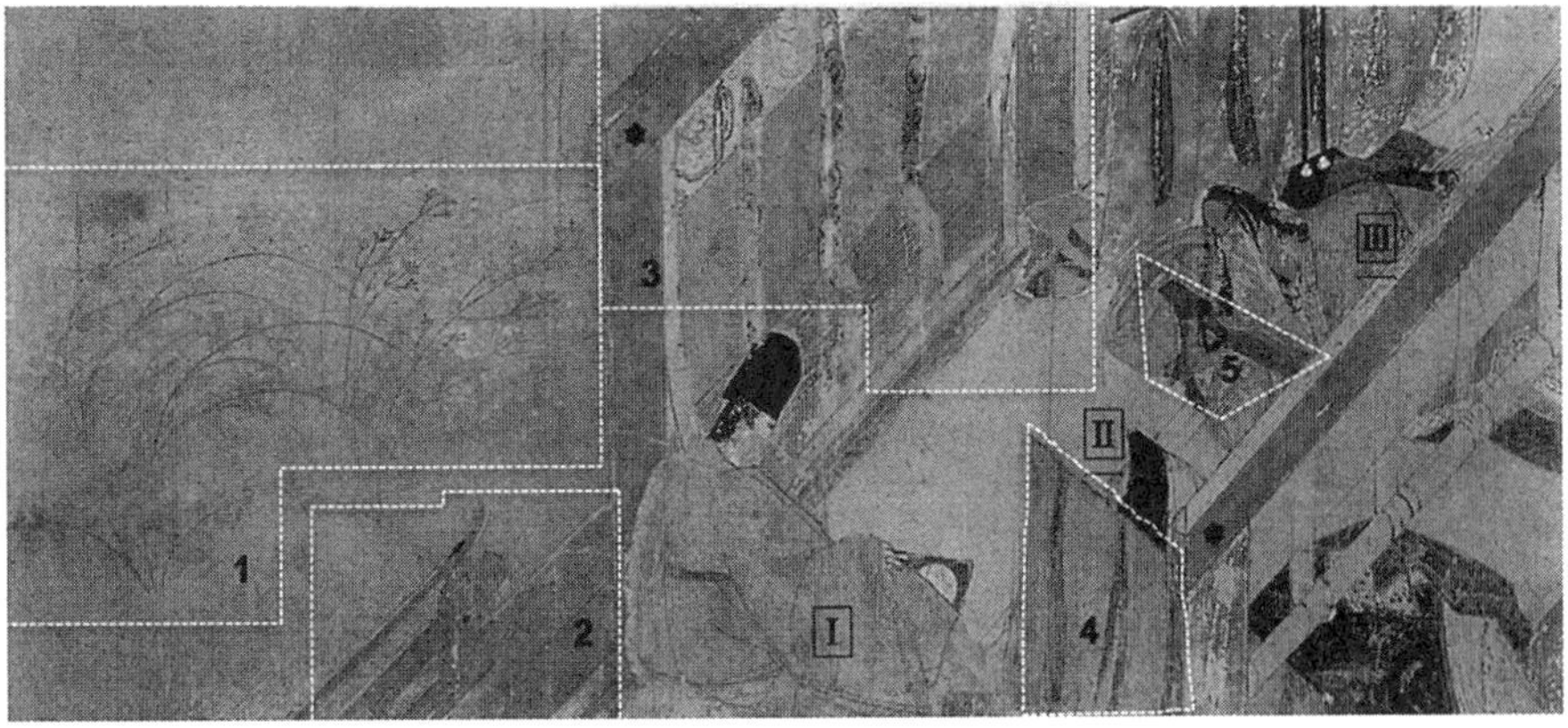

（五島美術館『国宝源氏物語絵巻』による）

図二

（徳川美術館『新版徳川美術館蔵品抄2　源氏物語絵巻』による）

問一　傍線ａ、ｅの漢字の読み方をひらがなで書きなさい。

ａ　内裏　ｅ　誦経

問二　空欄Ａ、Ｂに入る言葉の組み合わせとして正しいものを次の中から一つ選びなさい。

1　Ａ　けれ　Ｂ　たまはず

2　Ａ　けり　Ｂ　たまはぬ

3　Ａ　ける　Ｂ　たまへぬ

4　Ａ　けり　Ｂ　たまへ

5　Ａ　ける　Ｂ　たまひね

問三　傍線①の解釈としてもっとも適切なものを次の中から一つ選びなさい。

1　紫の上は、気分がすぐれず身体中が痛み、人に会える状態では到底ないが、明石中宮にお会いしないのも不甲斐ないと、こちらのお部屋に御座所を特別にととのえさせなさる

2　明石中宮は、病み臥せっている紫の上を思うと自らの身体も痛むようであるが、それでも会わないわけにはいかないと、こちらのお部屋に御座所を特別にととのえさせなさる

3　光源氏は、紫の上の痛ましい姿を見るのは限りなくつらいことであるが、やはりお会いしたほうがよいであろうと、こちらのお部屋に御座所を特別にととのえさせなさる

4　紫の上は、自らの弱りきった姿をお見せするのはお恥ずかしいが、明石中宮にお目にかからずにはいられないと、こちらのお部屋に御座所を特別にととのえさせなさる

5　明石中宮は、紫の上が自分に会いたがっているのか確信がもてないが、それでもお目にかからぬのも不都合であると、こちらのお部屋に御座所を特別にととのえさせなさる

問四　本文の傍線b「前栽」・c「脇息」・d「几帳」が示すものを図一の1から5の中からそれぞれ選びなさい。

問五　図一に描かれる人物Ⅰから Ⅲの中で、本文中の傍線ア・イ・エ・オの動作主およびウの指示する人物に対応する組み合わせとして正しいものを次の中から一つ選びなさい。

1　ア—Ⅱ　イ—Ⅲ　ウ—Ⅰ・Ⅱ　エ—Ⅲ　オ—Ⅰ
2　ア—Ⅰ　イ—Ⅲ　ウ—Ⅰ・Ⅲ　エ—Ⅱ　オ—Ⅲ
3　ア—Ⅲ　イ—Ⅰ　ウ—Ⅱ・Ⅲ　エ—Ⅰ　オ—Ⅲ
4　ア—Ⅱ　イ—Ⅰ　ウ—Ⅰ・Ⅲ　エ—Ⅱ　オ—Ⅱ
5　ア—Ⅲ　イ—Ⅱ　ウ—Ⅰ・Ⅲ　エ—Ⅱ　オ—Ⅲ

問六　図一に描かれている本文の内容を説明した次の文章の中で適切ではないものを一つ選びなさい。

1　風がものさびしく吹き始めた夕方に、庭の草花を見ようと身を起こす紫の上に対面し、中宮がそばにいると気分が晴れるのであろうと言葉を掛け、紫の上の小康状態を喜ぶ光源氏の様子が描かれている。

2　かつては色香にあふれて華やかで、この世の花の美しさにもたとえられていたが、今では病み衰えてやせ細り、すっかりやつれて、若かりし頃の優美さが失われた憐れな紫の上の様子が描かれている。
3　萩の葉の上に置かれた露が風に吹かれて乱れ落ちるように、今は身を起こしている我が命もすぐに消え去ることだろうと詠む紫の上の歌を反映して、庭の萩が風に吹かれ、しなだれている様子が描かれている。
4　先を争って消え果てる露にも等しい命であるが、遅れ先立つ間を置かずに私たちが一緒に死ねるようでありたいと歌を詠み、袖で涙を押さえ、紫の上を失う悲しみに暮れている光源氏の様子が描かれている。
5　紫の上と光源氏との間で交わされた贈答歌に対して、秋風に吹かれてほどなく散っていく露に人間のはかない命をなぞらえ、自らの歌を添える明石中宮の様子が、二人に比して控えめに描かれている。

問七　傍線②の解釈としてもっとも適切なものを次の中から一つ選びなさい。
1　紫の上は、自分がいよいよ死ぬという時には、光源氏がどんなにかお嘆きになることかと思うとしみじみと悲しいお気持ちになるので
2　光源氏は、今こそ小康状態を保っている紫の上がいよいよ亡くなるという時にはどれほどつらいことだろうとお感じになるので
3　明石中宮は、紫の上がとうとうお亡くなりになる時には、光源氏がどれほどに嘆かれるか思うとうちひしがれた気持ちになるので
4　紫の上は、いよいよ自らの命が果てる時には、どれほど思い乱れることだろうと思うと実につらく耐えがたいお気持ちになるので

5　光源氏は、健気に振る舞っている紫の上が、自らの死を前にしていかに心が乱れていることだろうと悲しい気持ちになるので

問八　空欄Cに入る一語を本文中から抜き出しなさい。

問九　『源氏物語絵巻』に採用された技法およびそこに描かれた内容について説明した次の文章の中で適切ではないものを一つ選びなさい。

1　物語の展開において中心となる登場人物が相対的に大きく、丹念に描かれることで、鑑賞者は語り手の視点に寄り添い、登場人物の関係性やそれぞれの心情が絡み合う物語世界の奥行きを体験することができる。

2　建物から屋根や壁を取り払って描写する「吹抜屋台」という技法や、斜め上方から室内を俯瞰する視点が採用されていることで、鑑賞者の視線は物語世界の内部空間を自由自在に移動することができる。

3　人物の容貌や建物、室内の調度や植栽に至るまで事物を正確に描く写実的な描法によって、鑑賞者は描かれた世界を虚構というよりも、現実に存在しうる客観的な世界として把握することができる。

4　物語内で登場人物が詠んだ和歌に取りあげられる景物の様子が詳細に描かれることで、鑑賞者は景物を単なる事物としてではなく、登場人物の心情を映し出す心象風景として把握することができる。

5　絵巻の画面は水平方向に展開する形式であることから、物語の断片的な一場面が切り取られるのではなく、出来事の時間的な推移が描き出されることで、鑑賞者は物語の流れを読み解くことができる。

【解答・解説】

出典　紫式部『源氏物語』〈御法〉

講評

『源氏物語』は主語や内容把握が他の作品に比べて難しいが、今回は有名な場面に『源氏物語絵巻』を織り込み、図と本文両方の正確な理解を求める良問であった。問五のような問題も消去法で選択できるが、問九では「吹抜屋台」や俯瞰の視点など聞きなれない言葉もあり、冷静に判断することが求められる。全体的に標準〜やや難。

要旨

1 小康状態の紫の上のもとを訪問する光源氏と明石中宮（第一〜三段落）

一時的な小康状態にある紫の上のもとへ光源氏と明石中宮が見舞いに訪れる。紫の上は明石中宮のいる部屋へ出向く体力もないので、紫の上のもとに明石中宮が出向く。紫の上の姿は痩せてはいるが、以前とは違う美しさがあり、残された時間を自覚している面持ちであった。

2 紫の上、光源氏、明石中宮による和歌のやりとり（第四〜七段落）

光源氏は身体を起こしていられる紫の上を見て喜ぶが、紫の上はそのような光源氏の様子を見て「私が死んだらこの人はどんなに思い嘆くだろうか」と心苦しい。死を予感している紫の上の和歌に、光源氏は死に後れることはなくありたいと願う。

3 紫の上の臨終（第八段落）

気分が悪くなった紫の上はいつもより弱々しく、消えていく露のように意識を失った。一晩中、誦経をさせたがそのかいもなく夜が明けた頃に最期を迎えた。

重要語句

（本文中の意味は網掛けで、頻出語義に関しては**太文字**で示す）

1

さはやぐ【動詞】**気分がよくなる・さわやかになる**（主に病気回復に用いられる）

ともすれば（＝ややもせば）【副詞】**ややもすると・どうかすると**・ひょっとすると

かごとがまし【形容詞】**恨みがましい・愚痴っぽい**

露けし【形容詞】❶しめっぽい　❷**涙がちである**

さかし【形容詞】❶賢い　❷しっかりしている・気が利いている　❸**差し出がましい・小賢しい**

あてなり【形容動詞】❶**高貴だ・尊い**　❷**上品だ・優雅だ**

なまめかし【形容詞】❶若々しい　❷**優美である**　❸つやっぽい

よそふ（寄《よ》そふ・比《よそ》ふ）【動詞】❶**ことよせる・関係づける**　❷**なぞらえる・くらべる**

らうたげなり【形容動詞】**かわいらしい・愛らしいさま**

すずろなり【形容動詞】❶**なんとなくそうなるさま**　❷**むやみやたらである**　❸思いがけないさま　❹**無関係なさま**

2

はかなし【形容詞】❶**たよりない**　❷無益だ　❸**ちょっとしたことだ**

おくる（遅《おく》る・後《おく》る）【動詞】❶おくれる　❷あとに残る　❸**死に後れる・先に死なれる**

先だつ【動詞】❶先に行く　❷真っ先に起こる　❸**先に死ぬ**

あふ（敢《あ》ふ）【動詞】❶**もちこたえる・こらえる**　❷よしとする　❸〈動詞の下について〉しいて〜する・**完全に〜しきる**

3 **なめげなり**【形容動詞】**失礼だ・無作法だ**

さきざき（先先《さきざき》）【名詞】❶**以前・昔**　❷将来

全訳

ようやく待ちかねた秋になって、世の中も少し涼しくなってからは（紫の上の）ご病気もいくらかよくなるようであるけれど、それでもどうかすると愚痴が出てしまう（＝全快せず、またすぐ体調が悪くなる）状態だ。とは言っても身にしみて感じられる秋風と言うほどではないが、涙を浮かべがちの日々をお過ごしになる。

中宮が（宮中に）帰参なさろうとするのを、（紫の上は）もうしばらく（ここにいて自分の容態を）ご覧になるようにとも（お願い）申し上げたくお思いではあるけれども、（それも）差し出がましいようであり、帝からの（帰参を催促する）お使者がしきりにあるのも気がおけるので、そのように申し上げかねていらっしゃると、あちら（＝中宮のいる部屋）へ（体調がすぐれず）お出向きになることもできないので、中宮の方から（紫の上の居室に）お出ましになるのだった。（病で見苦しい自分の姿をお見せするのは）恥ずかしいけれど、いかにも（中宮に）お目にかからずにはいられないので、この部屋に御座所を特別に整えさせなさる。

（紫の上は）すっかり痩せ細っていらっしゃるけれども、そのためにかえって、気高く上品で優美な感じがひときわ勝ってお見事な美しさであることよと（光源氏はお見受けになり）、（紫の上は）これまであまりに輝く美しさが溢れ華やかでいらっしゃった女盛りの頃は、むしろこの世の花の美しさにもたとえられていらっしゃったが、（今は弱々しさも相まって）この上なく愛らしくかわいらしいご様子で、（残りの命は）ほんの一時だと思っていらっしゃる面持ちが、（光源氏には）たとえようもなくおいたわしく、ただ無性にもの悲しく感じられる。

風がもの寂しく吹き始めた夕暮れに、（紫の上が）前栽をご覧になろうとして、脇息にもたれていらっしゃると、院（＝光源氏）がお越しになって（このご様子を）お目にし申し上げなさって、「今日は、よくまあ起きておいでになるようですね。中宮のおそばでは、すっかりご気分も晴れ晴れなさるようですね」と申し上げなさる。この程度の小康があることさえ本当にお喜び申される（光源氏の）ご様子をご覧になるのも（紫の上は）いたわしく、（自分が）いよいよというときにはどんなに（光源氏が）お嘆きになるだろうかと思うと、しみじみと悲しいお気持ちになるので、

（私が）こうして起きているとご覧になっても、それは束の間のこと、まるで萩の葉の上に露が置くと思うまもなく、ややもすると風に乱れ散ってしまうように、（私の命も）すぐに消え果てることだろう

いかにも、（萩の枝が風に吹かれて）折れ返りとどまることができない（萩の露に）、（紫の上ご自身の命が）よそえられている折までも（光源氏は）堪えがたくて、（お庭先の風情を）ご覧になるにつけても、

どうかすると先を競って消える露のようなこの世の命ではあるけれども、（私たち夫婦は）死に後れたり先立ったりする間をおかずに一緒に果てたいものだ

とおっしゃって、お涙を拭いきれない（ほどお流しになる）。中宮は、

秋風に吹かれてしばらくの間もとどまることなく散っていく露のようなこの世の命を、誰が草葉の上のこととだけ見過ごすことができるだろうか（私たちもみな同じことであろう）

とお詠み交わしなさる（紫の上と中宮の）ご容貌は理想的で、見る価値があるにつけても、（光源氏は）このまま千年を過ごす方法があればとお思いになられるけれども、思うにまかせぬことであるから、引きとどめる術がないのは何とも悲しいことであった。

（紫の上は）「もうお引き取りください。気分がひどく苦しくなりました。（このように衰えて）どうにもならなくなった有様といいながら、（これでは）本当に無礼でございますよ」と言って、御几帳を引き寄せてお伏せになっているご様子が、いつもよりもまったくたよりなげにお見えになるので、「どのようなご気分なのだろうか」と言って、中宮が（紫の上の）お手をお取り申し上げて泣く泣く拝見なさると、本当に消えてゆく露そのままの様子でご臨終と見えなさるので、御誦経の使者どもが数知れず騒ぎ立てている。以前にもこんなふうになられてから意識を取り戻したという

ときに従いなさって、（今度も）御物の怪（の仕業）かと（光源氏は）お疑いになって一晩中様々の手立てをお尽くしになったけれど、そのかいもなく、夜の明け果てる頃に（紫の上は）お亡くなりになった。

設問解説

問一　語句問題　標準

a、「内裏」は**「うち」**と読み、〝①宮中、②帝〟の意。ここでは②で、帝が中宮に〈御所に戻ってくるように〉と急かすのである。「だいり」とも読むが、〝帝〟の意味を表す場合は「うち」と読むことが多い。

e、「誦経」は**「ずきょう（ずきやう）」**と読み、〝経文を声に出して読むこと〟の意。いよいよ死期の近づいた紫の上を祈りでどうにか回復させようと試みる場面である。

問二　空欄補充問題（文法）　標準

ポイント　文末の語の活用形

文末の語の活用形が問われたときは、次の点に注意する。

1　**係り結びがあるかどうかを確認**
- **「ぞ・なむ・や・か」…文末は連体形。**
- **「こそ」…文末は已然形。**

2　係り結びがないときは、**終止形か命令形か、文脈で判断する。**

空欄Aは直前の「宮ぞ渡りたまひ」に係助詞「ぞ」があるため、文末は係り結びの結びとなって連体形になる。この時点で3か5に絞られる。空欄Bは、選択肢を見ると「たまふ」の活用形が入るが、**「渡らせたまふ」は〝お渡りになる・いらっしゃる〟と訳出する尊敬の慣用表現**である。

ポイント「たまふ」の用法と意味

①本動詞→**尊敬語**　お与えになる
②補助動詞（四段　は／ひ／ふ／ふ／へ／へ）→**尊敬語**　〜なさる・お〜になる
③補助動詞（下二段　へ／へ／ふ／ふる／ふれ／へよ）→**謙譲語**　〜ております
※③は会話文で用いられ、話し手の動作に接続し、話し手から聞き手への敬意を表す。

「たまふ」のように本動詞、補助動詞で敬語の種類が変わるものは、右のように分けて整理して覚えるとよい。今回は右の②の意味になる。3と5のうち、「たまふ」が四段活用のものは5である（「たまひ〈尊敬の補助動詞の連用形〉＋ね〈完了の助動詞の命令形〉」）。3の「たまへ」では下二段活用になるため、謙譲の意味になる。この場面は紫の上が明石中宮に帰参を促しているので、明石中宮の動作に謙譲語が使用されるのはおかしい。よって**5**が正解。

問三　解釈問題　標準

主語の把握が正解への鍵を握る。特に『源氏物語』は主語が取りにくいので注意しながら読み進めることが必要である。直前文の「あなたにも……」以降を直訳すると、〝あちらへお出向きになることもできないので、中宮の方からお出ましになるのだった〟となる。ここまでの内容から紫の上が病気であることがわかれば、リード文の内容と合わせて〈**体調のすぐれない紫の上は移動が容易でないため、中宮が出向いた**〉と考えられる。

傍線部①を直訳すると〝恥ずかしいけれど、いかにも見申し上げないのもかいがないと思って、こちらで部屋のご準備を格別にさせなさる〟となる。部屋の準備をするのは紫の上側であるので、「こちら（＝傍線部の主体）」は紫の上である。形容詞「かたはらいたし」には、〝①（そばで見ていて）いたたまれない・みっともない、②気の毒だ、③（人に自分がどう見られるかと思うと）恥ずかしい・つらい〟などの意味がある。紫の上が主体で①・②は考えられないので、③の意で**〝（ずっと病床にいて、身なりも整えられず、やせ衰えた姿を見られると思うと）恥ずかしい〟**と解釈できる。正解は**4**。1は「かたはらいたし」が訳出されておらず、「気分がすぐれず身体中が痛み」に当たる記述が文中にないので、不適。

問四　古典常識問題　標準

b、「前栽」は「**せんざい**」と読み、庭の植え込みのことなので、**1**だとわかる。「前栽」は**読みもよく出題されるので注意。**

c、「脇息《けふそく》」は座ったときに横に置いて肘をかけ、身体を支える道具のこと。ここでは**5**に当たる。

d、「几帳《きちやう》」は**読みも頻出である。**これは平安時代、室内で用いてついたてとした道具で、台の上に柱を二本立て、上に横木をわたして帷子（垂れ衣）をかけたものである。正解は**4**である。

なお、図一の2は簀子《すのこ》と高欄《こうらん》、3は御簾《みす》（簾《すだれ》）を示していると思われる。

問五　主体判定問題　やや難

傍線部ア、ウ、エは判断がしにくい。このような問題では**確実にわかるものから確定していき、選択肢を絞っていこう。わからないものがあっても焦らず、いったん保留しておくことも有効である。**

傍線部イの主語が一番わかりやすい。第四段落の「脇息に……」から傍線部イまでは〈誰かが脇息に寄りかかっているのを、院（＝光源氏。（注）参照）が見て、〝今日は、調子がよく起きていらっしゃるようだ〟と話しかけている場面〉である。したがって、**脇息に寄りかかっているのは紫の上、それに話しかける人（＝イの動作主）は光源氏**だとわかる。光源氏は明らかに図一のⅠであるから、ここで選択肢が3と4に絞られる。

「脇息」とは図一の5であることから、脇息に寄りかかっているⅢが紫の上である（問四の解説参照）。残るⅡが明石中宮である。また、傍線部オ「消えはてたまひぬ（＝お亡くなりになった）」の主体は紫の上だとわかるため、正解は**3**である。

問六　内容真偽問題　やや難

「適切ではないもの」を選ぶ。**2**は、「優美さが失われた憐れな紫の上の様子」という表現が適切ではない。「今では」以下には第三段落の「限りもなく……御さまにて」（＝この上なく愛らしくかわいらしいご様子で）という内容が入るべきであり、「憐れ」という表現は当たらない。

1、第四段落の「風すごく……うれしと思ひきこえたまへる御気色」と符合する。図一の説明も適切。

3、第四段落冒頭と、「おくと見る……」の歌の内容に符合している。「庭の萩」は図一の1である。

4、歌の説明は「ややもせば……」の内容と合致する。後半の「袖で涙を押さえ」以下は、図一の光源氏（Ⅰ）が左手で顔を押さえている様子と符合している。

5、歌の説明は「秋風に……」の歌の内容と合致する。図一で光源氏や紫の上と比べて明石中宮（Ⅱ）が「控えめに描かれている」ことから、適切である。

問七　解釈問題　標準

傍線部②の前に注目し、**まず主語を確定していこう**。「かばかりの隙……御気色」とは〝この程度の小康があることさえ本当にお喜び申されるご様子〟という意である。ここでの「隙《ひま》」とは〝物事が起こらない間、絶え間〟を指し〝紫の上の小康〟を意味する。直前の内容からこれを喜んでいるのは光源氏だとわかるが、光源氏の喜ぶ姿を「見たまふも心苦しく」思う人が、傍線部②の「思ふ」の主体であり、直後の歌を詠む人物であるので、選択肢を1、3、4に絞る。直後の歌を見ていこう。

「おくと見る……」の歌は**「おく」が〝（紫の上が）起く〟と〝（露が）置く〟の掛詞**になっていて、**「置く」は「露」の縁語**である。頻出なので覚えておこう。

ポイント　頻出の和歌修辞

掛詞　置く—起く
縁語　露—置く—消ゆ—玉—結ぶ—葉

また、ここでの**「露」には、露のようにはかないもの、つまり「命」の意味を含ませて**いて、歌の内容は〝紫の上が起きていると見える時間は、露が置いている時間のようにはかなく、ややもすれば、風が吹いたら乱れ落ちてしまう萩の上の露のようで、そのようにたよりない命だ〟となる。**このような内容の和歌を明石中宮が詠むのは紫の上に失礼なので、紫の上本人が自分の命は残り少ないと悟って詠んだ和歌**であり、選択肢は１と４が残る。

１と４の違いは、紫の上の死去の際に、光源氏がお嘆きになるのか、紫の上自身が思い乱れるのかである。傍線部②の「思し騒がん」の「思し」には、**動詞の上について「思ひ」の尊敬の意を表す**ものがあり、ここはその例。「思し騒がん」で〝心をお乱しになる、お取り乱しなさる〟の意を持ち、主語は光源氏と決まる。これを受けて、**１**が正解となる。

問八　空欄補充問題（抜き出し） 標準

空欄Ｃのヒントは設問文の「一語」と空欄Ｃ直前の「消えゆく」である。空欄Ｃの直後にも「限り」という語があることからも**〈命〉に関係する語が推測される**。また、傍線部オで紫の上が「消えはてたまひぬ」ということで死去したことがわかる。これらを考え合わせると、三者の和歌にともに出てくる語で、**〈はかないもの〉、〈命〉の象徴**（問七の解説参照）である**「露」**が正解と考えられる。

問九　内容理解問題 やや難

「適切ではないもの」を選ぶ。一つずつ見ていこう。

1、図にあるように、光源氏と紫の上が「相対的に大きく、丹念に描かれ」ている。本文に「脇息によりゐたまへる」とある姿を描くことなどは、「物語世界の奥行き」を表す例である。一方で、明石中宮はあまり目立たない格好に描かれている。

2、「『吹抜屋台』という技法や、斜め上方から室内を俯瞰する視点」は『源氏物語絵巻』の大きな特徴である。

3、調度や植栽の描き方は「写実的」といえるが、「人物の容貌」、特に**顔の表情は簡略に描かれており**、「正確に描く写実的な描法」とはいえないので、これが適切でない。問六で見たように、光源氏は紫の上の小康状態を喜んでいるようにも見える（選択肢1）し、悲しみに暮れているようにも見える（選択肢4）。

4、「和歌に取りあげられる景物……描かれる」は、紫の上の詠んだ歌の「風にみだるる萩のうは露」が、折れそうなほど風に吹かれている萩として絵に描かれることで、わが身のはかなさを思う紫の上の心情が映し出されていると解すことができる。

5、絵巻の説明として適当である。絵巻は巻物の形態であるため、右から左へ広げて見るように描かれ、物語の時間も右から左に向かって推移している。

解答

問一　a、うち　e、ずきょう〔ずきやう〕
問二　5　**問三**　4
問四　b―1　c―5　d―4
問五　3　**問六**　2　**問七**　1　**問八**　露　**問九**　3

第3章　漢文

【漢文の問題を解く前に】

明治大学では、漢文が大問で出されているのは文学部のみである。ただし、法学部では毎年、古文の中で漢文の知識が必要とされる問題が出題されている。また、政治経済学部は、出題範囲が二〇二四年度まで「漢文を除く」であったが、二〇二五年度からは「漢文の独立問題は出題しない」に変更される予定であり、現代文や古文の中で漢文の問題が出題される可能性がある。さらに、現代文で文語文が出される場合は、漢文的な表現が用いられることがよくあり、漢文の句法の知識があれば読みやすくなる。よって、**文学部以外の受験生も、漢文の基礎的な読み方は押さえておく**ことをすすめたい。

最近の文学部での出題傾向を見ると、史伝から出題されることが多く、過去には**日本漢文の出題率が高い**。文章は比較的短めで読みやすい。

設問について、記述式では例年、口語訳と訓点が問われている。**基礎的な句形**がきちんと理解できていたら問題ないため、文法書を一冊仕上げておくとよい。加えて例年、**重要語句の読み**が出題されている。文法だけでなく、頻出の語句は読みと意味も確認して、確実に点数が取れるようにしておこう。句形と語句を押さえておけば内容を理解するのは容易である。内容理解の問題は、文章の大意を把握した上で、落ち着いて選択肢の内容を確認すればよい。

共通テストより短く、読みやすい文章が出題されてきているので、**共通テストの漢文対策ができていれば心強い**。共通テストの漢文の過去問に取り組み、漢文特有の話の流れをよく身につけておこう。

演習 19

文学部　二〇一六年度　三

目標解答時間　一五分

次の文章を読んで、後の問に答えよ。（返り点・送り仮名を省いた箇所がある）

某侯令《ム》三函人《ヲシテ》作《ラ》二鉄《ノ》甲《よろひヲ》一。甲成《リ》、欲《ス》レ試《ミント》二之《ヲ》矢《ニ》一。函人曰《ハク》、「臣[a]能以《テ》レ身《ヲ》当《タラント》レ之《ニ》。」[b]乃擐《かんシテ》二其《ノ》甲《ヲ》一、而坐《ス》。[A]命善射者、以《テ》二強《キ》弓勁《つよキ》矢利《するどキ》鏃《やじりヲ》一射《うタシム》レ之《ヲ》。[B]中《ル》レ胸。竪《けん》然《ぜんトシテ》而不レ入《ラ》。侯《ノ》曰《ハク》、「善《シ》。吾《レ》既《ニ》試《ミタリ》二其《ノ》前《ヲ》一矣。未《ダ》《ト》知《ラ》二其《ノ》後《ノ》如《い》何《かナルカヲ》一。」函人釈《すテテ》レ甲《ヲ》而号《さけンデ》而曰《ハク》、「[C]未《ダ》レ慣《レ》レ作《ルニ》二怯《けふ》者《しやノ》甲《ヲ》一。請《フ》辞《セント》。」侯《ノ》曰《ハク》、「吾《レ》過《テリト》矣。」賞《スルニ》レ之《ヲ》以《テス》レ金《こがねヲ》。

（『日本智嚢』より）

注　某侯 ―― ある戦国大名。　函人 ―― よろいを作る人。
擐其甲 ―― よろいの胸を身につけること。　竪然 ―― かたいさま。

問一　傍線a「能」・b「乃」の読みとして、それぞれ適切なものを、次の中から一つずつ選び出して、その番号をマークせよ。
①　まさに　②　けだし　③　よく　④　なほ
⑤　もし　⑥　すなはち　⑦　あたふ

問二　傍線Aを書き下し文にすると、「射を善くする者に命じて」となる。これをふまえて、「命」と「善」の部分に返り点を付けよ。（送り仮名は不要である）

問三　傍線B「中胸」の「中」と同じ意味の「中」を含む熟語はどれか。次の中から一つ選び出して、その番号をマークせよ。
①　中興　②　中央　③　中立　④　中毒

問四　傍線C「未慣作怯者甲」を、内容がわかるように口語訳せよ。

問五　某侯は、甲作りの職人の言葉をどのように受け止めたのか。次の中から最も適切なものを一つ選び出して、その番号をマークせよ。
①　職人のあまりにも無礼な返事におこってしまった。
②　職人の武士に対する極めて深い理解に感服した。
③　職人の甲作りの技術の高さと巧妙さに驚嘆した。
④　職人の甲作りの方法の単純さにあきれてしまった。

【解答・解説】

出典　中村栗園『日本智嚢』〈巻七〉

講評

中村栗園の『日本智嚢』からの出題。戦国・江戸初期の武将たちの逸話を平易な漢文で記した**日本漢文**は度々出題されている。文法・知識問題は基礎レベル。問四は「内容がわかるように」という指示が何を求めているのか理解できれば完答できる。問五は筆者の主題としていることが〈モノ〉ではなく〈心〉であることが理解できれば解けるものである。

要旨

戦国大名は、よろい職人に作らせた鉄のよろいに、弓矢を射て性能を試そうとした。よろい職人は、自らよろいを身につけて座って試した。矢が胸に当たってもよろいが堅く、射通せなかった。そこで大名が「今度はよろいの後方を確かめたい」と言ったところ、職人はよろいを脱ぎ捨てて「敵に背中を向ける者のよろいを作るのには慣れていないから辞退させてほしい」と言った。大名は「私が間違っていた」と、職人をほめて黄金を与えた。

重要語句

（本文中の意味は網掛けで示す）

令《しム》二**A**《ヲシテ》**B**《(セ)》一（令＝使）**【**AをしてB（せ）しむ**】**　AにBさせる（使役）

命ジテレ**A**ニ**―**（セ）シム　【Aに命じて―（せ）しむ】　Aに〜させる（使役）

以《もっ》テ二**―**ヲ一　【―を以て】　❶〜を使って（手段）　❷〜を（目的）　❸〜として（資格）　❹〜なので（理由）

全訳

ある戦国大名がよろい職人に命じて鉄のよろいを作らせた。よろいができあがり、ためしに矢をそのよろいに当ててみようとした。（よほどよろいの性能に自信があったのだろう）職人が言うことには、「私は体によろいをつけて矢に当たることができますよ」と。そこで（職人が）そのよろいを身につけて、座った。（大名は）射ることが巧みな者に命じて、強勁な弓矢と鋭い鏃を使ってこの人を射させた。胸に当たった。（よろいが）堅くて矢は射通せていなかった。大名が言うには、「よろしい。私はすでによろいの前方のことは確かめた。まだ後方がどうなのかがわからない」と。職人がよろいを脱ぎ捨てながら叫んで言うことには、「私はまだ（敵に背中を見せて逃げるような）卑怯者のよろいを作るのには慣れていません。お願いですから辞退させてください」と。大名が言うことには、「私が間違っていた」と。職人をほめるのに黄金を用いたのだった（＝ほめて黄金を与えた）。

読み

某侯函人をして鉄の甲《よろひ》を作らしむ。甲成り、之を矢に試みんと欲す。函人曰はく、「臣能《よ》く身を以て之に当たらん」と。乃《すなは》ち其の甲を擐《かん》して、坐す。射を善くする者に命じて、強き弓勁《つよ》き矢利《するど》き鏃《やじり》を以て之を射《う》たしむ。胸に中《あた》る。竪《けん》然《ぜん》として入らず。侯の曰はく、「善し。吾《わ》れ既に其の前を試みたり。未だ其の後の如何《いか》なるかを知らず」と。函人甲を釈《す》てて号《さけ》んで曰はく、「未だ怯者《けふしや》の甲を作るに慣れず。請ふ辞せん」と。侯の曰はく、「吾れ過てり」と。之を賞するに金《こがね》を以てす。

設問解説

問一　語句問題（読み）　やや易

いずれも頻出の読みである。a、「**能**」は〝できる〟という意味で「**能**《よ》**く**」と読む。ちなみに「不レ能」は〝できない〟の意味で「能《あた》はず」と読む。b、「**乃**」はここでは〝そこで〟という意味で「**乃**《すなは》**ち**」と読む。

> **ポイント　接続を示す「すなはち」の意味・用法**
>
> **則**《すなは》**ち**　①「〜レバ則ち」（〜ならば・〜すると）の形になることが多い。②主語などを示す（〜は）。
>
> **即**《すなは》**ち**　①すぐに・つまり　②「則」の①と同様の意
>
> **乃**《すなは》**ち**　そこで・やっと・なんとまあ
>
> **便**《すなは》**ち**　すぐに・つまり
>
> **輒**《すなは》**ち**　そのたびごとに・すぐに

問二　文法問題（書き下し文）　易

まず、「射を善くする」と読むために、「善」の下に「レ」点を施す。次に、「者に命じて」と読むために、「者」の下に「一」点、「命」の下に「二」点を施す。このように、一字返るときはレ点、二字以上返るときは一・二点を用いる。

問三　語句問題　標準

ここでの「中」は動詞であり、「中胸」は「**胸に中**《あた》**る**」と読む。矢を射る場面なので類推も可能だが、頻出なので覚えておこう。同じ意味のものは④の「中毒」で、「毒に中《あた》る」と読む。「**百発百中**」という四字熟語の意味を詳しく知っていれば、ヒントになるだろう。

問四　記述式の現代語訳問題　やや易

再読文字「未」は「**未《いま》だ－ず**」と読み〝**まだ～ない**〟の意味。直訳すれば、〝私はまだ卑怯者のよろいを作るのに慣れていない〟ということになる。どういう「卑怯者」なのかを説明すれば、設問の「内容がわかるように」という要求に沿ったものになる。「よろい」の後ろの部分（背中側）の強度が問題になるのは敗走する局面であるから、「**敵に背中を見せて逃げるような**」などと補って訳したい。「卑怯者」は「臆病者」でも可。

問五　内容理解問題　標準

最後の職人の言葉に対して、「吾《わ》れ過《あやま》てり（＝私が間違っていた）」とある。「**過《あやま》つ**」は頻出で〝**間違える**〟の意味。そして「之を賞するに金を以てす（＝これをほめるのに黄金を用いた）」と続くので、「これ」＝職人であろう。そこから、①と④はあり得ない。「某侯」は「未だ怯者の甲を作るに慣れず。請ふ辞せん」という職人の言葉に感動している。「技術」ではなく、**敵に背中を見せて逃げるようなことではいけないという武士の精神性が理解されていることに感動した**と判断して、②を選択する。

解答

問一　a—③　b—⑥

問二　命二善レ

問三　④

問四　私はまだ敵に背中を見せて逃げるような卑怯者のよろいを作るのには慣れていません。

問五　②

演習20　文学部　二〇二一年度　〔三〕

目標解答時間　二〇分

次の文章を読んで、後の問に答えよ。（返り点・送り仮名を省いた箇所がある）

殿中丞《ノ》丘舜元《ハ》、閩《びん》人也。舟泝《さかのぼり》レ汴《べんヲ》、遇《ヒ》二生日《ニ》一、艤《ス》二津亭《ニ》一。家人酌《ミテ》レ酒《ヲ》為《スニ》レ寿《ヲ》、a忽昏睡《シ》、夢《ニ》登《リ》レ岸《ニ》、過《ギテ》二林薄《ヲ》一至《ルニ》二一村舎《ニ》一、主人b具《ニ》二飲食《ヲ》一。既《ニ》覚《メ》、行《ケバ》二岸上《ヲ》一、A皆如夢中所見。至《リ》二村舎《ニ》一、B有《リ》下老翁《ノ》方《まさニ》撤《スルコト》レ席《ヲ》、如《クスル》二賓《ノ》退《クガ》一者上。問《ヘバ》レ之《ニ》、曰《ク》、「吾先《ニ》以《テ》二是《ノ》日《ヲ》一亡《フ》二一子《ヲ》一、祭《ル》レ之《ヲ》耳《のみト》」。舜元黙然《トシテ》、知《リ》三［ C ］為《ルヲ》二老翁《ガ》子一也、厚《ク》遺《おくりテ》レ之《ニ》以《テ》去《ル》。

（『邵氏聞見後録』より）

注　殿中丞 ―― 皇帝の衣食住を司る殿中省の属官。

閩 —— 今の福建省の別称。
汴 —— 河川の名。汴水。今の河南省を流れる。
艤津亭 —— 渡し場の休憩所に舟をつける。
林薄 —— 草木の茂っているところ。

問一　傍線a「忽」・b「具」の読みとして、それぞれ適切なものを、次の中から一つずつ選び出して、その番号をマークせよ。
①　つぶさにす　②　にはかに　③　すなはち　④　ならぶ
⑤　そなふ　⑥　ともにす　⑦　たちまち

問二　傍線Aを書き下し文にすると、「皆夢中に見る所の如し」となる。これをふまえて、「如」と「所」の部分に返り点を付けよ。（送り仮名は不要である）

問三　傍線B「有老翁方撤席、如賓退者」を口語訳せよ。

問四　空欄 C にあてはまるものとして最も適切なものを、次の中から一つ選び出して、その番号をマークせよ。
①　後　身　②　化　身　③　出　身　④　前　身

問五　本文の内容に合致するものとして最も適切なものを、次の中から一つ選び出して、その番号をマークせよ。
①　丘舜元は、家族にお祝いをしてもらっているうちに酔い潰れ、夢の中でも村舎で開かれた宴席に加わった。
②　丘舜元は、汴水を舟で遡っているうちに気を失い、故郷の村を夢に見て、目を覚ますと故郷に着いていた。

③　丘舜元は、夢の中で目にした通りに進んでいき、村舎で会った老翁の言葉を聞いて、彼との縁を確信した。

④　丘舜元は、夢で祭りを主催していた人が老翁の息子だったと気づき、彼に手厚くお礼を贈って立ち去った。

【解答・解説】

出典　邵博撰『邵氏聞見後録』

講評

出典は、『邵《しょう》氏《し》聞見《ぶんけん》後録《こうろく》』という紀伝（志怪）。用語や構文は平易。現実の世界と夢の中の世界が入り混じっているが、内容理解に困難はない。設問も全体的に基本的なものとなっている。ただ、問三は「撤」や「賓」の**意味を推察する語彙力**と、文全体が複文になっている点を**滑らかな口語に訳す表現力**を必要とする。

要旨

舟で川を上っていた丘舜元は、ちょうど誕生日だったので家族と酒宴を催すうちに意識を失ってしまった。夢の中でとある家にたどり着くと、家の主が食べ物を供えていた。目を覚ました舜元が夢の通りに進んでゆくと、夢の中と同じ家に着いた。家の主人は以前、子どもを亡くし、今日はその命日なので供え物をしていたのだった。舜元は亡くなった子どもの命日と自分の誕生日が同じことから、前世でこの主人の子であったと悟り、贈り物をして立ち去った。

重要語句

（本文中の意味は網掛けで示す）

也 ❶【なり】（断定）〜である ❷【か・や】（疑問・反語・詠嘆）〜のか・〜しようか、いや〜しない・〜だなあ
一行目「閩人也」は❶の用法
❸【や・訓読しない】（提示・下の句を引き出す）〜するのは
五行目「為老翁子也」は❸の用法

耳 （＝爾・而已・而已矣）【のみ】（限定）〜だけだ

以 【もつテ】そして・それで・そのために

全訳

殿中丞の役職にある丘舜元は、閩《びん》の人である。舟で汴水《べんすい》を遡っているとき、たまたま誕生日を迎え、渡し場の休憩所に舟をつけた。家族が酒を酌み交わして（舜元の）長寿と健康を祈っているとき、（舜元は）突然意識を失い、夢の中で（舟から）岸に上がり、草木の中を通り過ぎてとある村の家にやって来たところ、主が食べ物を供えていた。やがて（舜元が）目を覚まし、岸の上を進んでゆくと、どれもが皆（先ほどの）夢の中で見た光景である。村の家にやって来ると、老翁（＝年老いた男）が宴席を後片付けしており、あたかも大切なお客さんが帰ったばかりのよう（に丁重）な様子であった。この老翁に尋ねてみると、（彼が）言うには、「私は以前（今日の）この日に一人の子どもを亡くしました、ただその（亡くなった）子（に供え物をし、御霊）をお祭りしているだけです」と。舜元は黙ったまま、（自分が）前世でこの老翁の子であったのを悟り、（老翁に）手厚く贈り物をしてそして（その場を）去った。

読み

殿中丞の丘舜元は、閩の人なり。舟汴《べん》を泝《さかのぼ》り、生日に遇《あ》ひ、津亭《しんてい》に艤《ぎ》す。家人酒を酌《く》みて寿を為《な》すに、忽《たちま》ち昏睡し、夢に岸に登り、林薄を過ぎて一村舎に至るに、主人飲食を具《そな》ふ。既《すで》に覚め、岸上を行けば、皆夢中に見る所の如《ごと》し。村

舎に至り、老翁の方《まさ》に席を撤すること、賓《ひん》の退くが如くする者有り。之に問へば、曰く、「吾先に是の日を以て一子を亡《うしな》ふ、之を祭るのみ」と。舜元黙然として、前身老翁が子たるを知り、厚く之に遺《おく》りて以て去る。

設問解説

問一　語句問題（読み）　標準

a、「忽」は頻出。**〝急に、いつの間にか〟の意を表す場合、「忽《たちま》ち」と読む。**⑦が正解。類義語に②の「俄《にはか》に」や③の「即《すなは》ち」がある。

b、**「具」は副詞として「具《つぶさ》に」（＝〝くわしく〟）と読む。**しかしここは下に「飲食を」と目的語があるので、動詞で読む。また、この「飲食」は主人（＝老翁）が亡くなった子を「祭る」ためのものであり、「**具《そな》ふ**」（＝そろえる・神仏や貴人にものを供える）になる。⑤が正解。先にあげた副詞「具《つぶさ》に」がサ変動詞化した①は文脈に合わない。

問二　文法問題（書き下し文）　易

「如」の読みや意味は頻出なので確実に区別できるようにしておこう。

ポイント　「如（＝若）」の読み・意味・用法

① **如《もシ》**—《バ》　**仮定**　〝もし〜ならば〟　※文頭にあり、返読しない

② **A　如《ごとシ》**二—一　**比況**　〝Aは〜のようである〟　※文中にあり、返読する

③ **A《ハ》　不《ず》レ如《しカ》二B《ニ》一**　**比較**　〝AはBに及ばない〟　※上に否定語があり、返読する

ほかにも「如《ゆ》く」（＝〝行く〟）、「何如《いかん》」（＝〝どうであるのか〟）、「如何《いかん》せん」（＝〝どうすればよいのか〟）、「如何《いかん》ぞ」（＝〝どうして〟）などもあるが、①、②、③の区別をまず押さえておこう。

今回は②である。「如」と「所」を返読している点に着目する。「所見」で「見る所」とレ点で返り、さらに「所の如し」と、「夢中」を挟んで「所」から一・二点で「如」へ返ることになる。よって「如」には二、「所」にはレ点がつく。**一字返るときはレ点、二字以上返るときは一・二点を用いる**ことに注意。

問三　記述式の現代語訳問題　やや難

「撤」は「撤収」や「撤去」といった熟語からわかるように〝その場から取り除く〟の意。後に「老翁」が「一子を亡ふ、之を祭るのみ」と言っていることから、この「席」は子を供養するための、〝集まるための場所、会場〟だとわかる。老翁が会場の後片付けをしていたのである。その様子を「賓の退くが如く」とたとえている（問二の**ポイント②**参照）。「賓」は「来賓」「主賓」というように、〝大切な客〟の意。「方《まさ》に」は、読み方からわかるように〝ちょうど、あたかも（〜のようだ）〟の意で、「如」を強調している。以上より、〈**あたかも大切なお客さんが帰って行ったばかりのように（丁重に）宴席の後片付けをしている年老いた男がいた**〉となる。

問四　空欄補充問題　標準

「為」の読みや意味も頻出である。以下の形をとることが多いので確認しておこう。

ポイント「為」の読み・意味・用法

a　**為《な》ル　〝〜となる〟**　※為＋補語（〜に・〜より・〜と）　【例】為《なル》レ雨《ト》。（雨になる。）

b　**為《な》ス　〝〜をする〟**　※為＋目的語（〜を）　【例】為《なス》レ政《ヲ》。（政治をおこなう。）

c　**為《た》リ　〝〜である〟**　※為＋体言（名詞句）　【例】為《たリ》レ母。（母である。）

d　**為《ため》ニ　〝〜のために・〜に〟**　※為＋体言・述語　【例】父 為《ためニ》レ子《ノ》 隠《ス》。（父は子のために隠す。）

e　**為《る》・為《ら》ル　〝〜される〟**　※為＋動詞　【例】為《る》レ疑《ハ》。（疑われる。）

他には、「為《つく》ル」（＝〝作る〟）、「為《おさ》ム」（＝〝治める〟）もある。

空欄Cの前後に「老翁が子為るを知り」とある。「老翁が子」の「が」は連体修飾格で〝の〟の意。〈老翁の子〉という名詞句が「為」の後にあるので、cの「為《た》る」だとわかる。空欄の前後は〈老翁の子どもであることを知り〉と解釈する。自分の誕生日に、老翁が亡くなった子どもの命日を「祭」っていることから、**自分が老翁の子の生まれ変わりだと悟った**ということである。生まれ変わる前の姿を言う**④**が正解。②は、〝（神仏やけものなどが）人の姿になって現れたもの〟を指す。

問五　内容真偽問題　やや易

①は、「夢の中でも……宴席に加わった」が誤り。

②は、「遡っているうちに気を失い」が誤り。誕生日で「酒を酌みて寿を為す」うちに昏睡したのである。また「故郷の村……着いていた」も誤り。

③が正解。傍線部Aの「皆夢中に見る所の如し」や空欄C前後の「舜元黙然として、前身老翁が子たるを知り」に相当する。

④は、「祭りを主催していた人が老翁の息子だった」が誤り。老翁の語る「吾……一子を亡ふ、之を祭るのみ」という人物関係・内容に合わない。

解答

問一　a―⑦　b―⑤

問二　如ニ所レ

問三　あたかも大切なお客さんが帰って行ったばかりのように（丁重に）宴席の後片付けをしている年老いた男がいた。

問四　④　**問五**　③

■ 出典一覧表（2023〜2020 年度）■

「出題の特徴」欄について

漢文　漢詩：現代文・古文の大問で、漢文の要素が含まれるもの（引用や関連設問）
和歌　俳句　今様：本文や設問の中で、和歌・俳句・今様が引用されているもの
絵画　写真：本文以外に使用された資料

▶ 2023 年度

学部	大問番号	種類	類別	出典	作者名	出題の特徴	試験時間
法学部	1	現代文	随筆	素樸ということ	中野重治		60 分
	2	現代文	評論	法というものの考え方	渡辺洋三		
	3	古文	随筆	榻鴫暁筆	一条兼良	漢文	
政治経済学部	1	現代文	評論	新世紀のコミュニズムへ	大澤真幸		60 分
	2	現代文	随筆	日本語で読むということ	水村美苗		
	3	古文	日記	紫式部日記	紫式部	和歌	
	4	国語常識	漢字	（書き取り、読み）			
商学部	1	現代文	評論	日本人の承認欲求	太田肇		60 分
	2	現代文	評論	言葉の展望台	三木那由他		
	3	古文	日記	和泉式部日記		和歌	
経営学部	1	現代文	評論	ノスタルジアとユートピア	若林幹夫		60 分
	2	古文	随筆	徒然草	兼好法師	和歌	
文学部	1	現代文	評論	非規範的な倫理生成の技術に向けて	ドミニク・チェン		60 分
	2	古文	歌集	出羽弁集	出羽弁	和歌	
	3	漢文	説話	世説新語	劉義慶		
国際日本学部	1	現代文	評論	モチベーションの心理学	鹿毛雅治		60 分
	2	現代文	評論	物語の近代	兵藤裕己		
	3	古文	歌論	正徹物語	正徹		
情報コミュニケーション学部	1	現代文	随筆	エクソフォニー ― 母語の外へ出る旅	多和田葉子		60 分
	2	現代文	小説	子供芝居	富岡多恵子		
	3	古文	随筆	独考 独考論	只野真葛 曲亭馬琴		
農学部	1	国語常識	漢字	（書き取り）			2 科目 120 分
	2	国語常識	漢字	（読み）			
	3	現代文	評論	ディズニーランド化する社会で希望はいかに語りうるか	長谷川一		
	4	古文	歌物語	伊勢物語		和歌	

全学部統一	1	現代文	評論	つくることの哲学	伊藤徹		60 分
	2	現代文	随筆	原稿遺失	室生犀星		
	3	古文	説話	宇治拾遺物語		和歌	

▶ 2022 年度

学　部	大問番号	種類	類別	出　　典	作者名	出題の特徴	試験時間
法学部	1	現代文	評論	民間伝承論	柳田国男		60 分
	2	現代文	評論	人間にとって	高橋和巳	漢文	
	3	古文	史論	神皇正統記	北畠親房	漢文	
政治経済学部	1	現代文	評論	観光客の哲学	東浩紀		60 分
	2	現代文	随筆	わが一期一会	井上靖		
	3	古文	説話	宇治拾遺物語			
	4	国語常識	漢字	（書き取り、読み）			
商学部	1	現代文	評論	日本人と神	佐藤弘夫		60 分
	2	現代文	評論	子どもらしさ	畑中章宏		
	3	古文	物語	住吉物語		和歌	
経営学部	1	現代文	評論	「オピニオン」の政治思想史	堤林剣・堤林恵		60 分
	2	古文	物語	源氏物語	紫式部		
文学部	1	現代文	評論	法は人間を幸福にできるか？	井上達夫		60 分
	2	古文	歌学論 歌　論	国歌八論 古今和歌集仮名序	荷田春満 紀貫之	和歌	
	3	漢文	日本漢文 （笑話）	奇談一笑	岡白駒		
国際日本学部	1	現代文	評論	はじめての動物倫理学	田上孝一		60 分
	2	現代文	随筆	有島武郎	荒木優太		
	3	古文	軍記物語	太平記		漢詩	
情報コミュニケーション学部	1	現代文	随筆	偶然と運命	九鬼周造		60 分
	2	現代文	小説	子供の領分	吉行淳之介		
	3	現・古 融　合	評論	無名草子 「女らしさ」とは何か	 与謝野晶子		
農学部	1	国語常識	漢字	（書き取り）			2 科目 120 分
	2	国語常識	漢字	（読み）			
	3	現代文	評論	共に生きる	塩原良和		
	4	古文	日記	更級日記	菅原孝標女		

学部	大問番号	種類	類別	出典	作者名	出題の特徴	試験時間
全学部統一	1	現代文	評論	自分ということ	木村敏		60分
	2	現代文	随筆	制度としての原稿用紙	宗像和重		
	3	古文	説話	宇治拾遺物語 しみのすみか物語	石川雅望	和歌	

▶ 2021 年度

学部	大問番号	種類	類別	出典	作者名	出題の特徴	試験時間
法学部	1	現代文	評論	科学上における権威の価値と弊害	寺田寅彦		60分
	2	現代文	評論	悪人礼賛	中野好夫	漢文	
	3	古文	評論	百人一首一夕話	尾崎雅嘉	和歌	
政治経済学部	1	現代文	評論	故郷喪失の時代	小林敏明		60分
	2	現代文	評論	未整理・未発表と形	保坂和志		
	3	古文	歴史物語	大鏡			
	4	国語常識	漢字	(書き取り、読み)			
商学部	1	現代文	評論	江戸のダイバーシティ	田中優子		60分
	2	現代文	評論	故郷喪失の時代	小林敏明		
	3	古文	日記	とはずがたり	後深草院二条	和歌	
経営学部	1	現代文	評論	心にとって時間とは何か	青山拓央		60分
	2	古文	日記	更級日記	菅原孝標女		
文学部	1	現代文	評論	大衆の起源	渡辺京二		60分
	2	古文	日記	土御門院女房日記		和歌 漢詩	
	3	漢文	史伝	邵氏聞見後録	邵博撰		
国際日本学部	1	現代文	評論	「差別はいけない」とみんないうけれど。	綿野恵太		60分
	2	現代文	随筆	あいたくて ききたくて 旅にでる	小野和子		
	3	古文	仮名草子	紫の一本	戸田茂睡		
情報コミュニケーション学部	1	現代文	評論	音を視る、時を聴く	大森荘蔵＋ 坂本龍一		60分
	2	現代文	随筆	肉体と油彩	平野啓一郎	絵画	
	3	古文	読本	続新斎夜語	三橋成烈		
農学部	1	国語常識	漢字	(書き取り)			2科目 120分
	2	国語常識	漢字	(読み)			
	3	現代文	評論	こころの人類学	煎本孝		
	4	古文	説話	宇治拾遺物語			

全学部統一	1	現代文	評論	メディアの臨界	粉川哲夫		60分
	2	現代文	評論	乱歩と東京	松山巖		
	3	古文	日記	いなのなかみち	菅江真澄	和歌	

▶ 2020年度

学部	大問番号	種類	類別	出典	作者名	出題の特徴	試験時間
法学部	1	現代文	評論	日本文化とは何ぞや	内藤湖南		60分
	2	現代文	評論	造反漢文のすすめ	藤堂明保	漢文	
	3	古文	説話	十訓抄			
政治経済学部	1	現代文	評論	中動態の世界	國分功一郎		60分
	2	現代文	随筆	日本の一文 30選	中村明	俳句	
	3	古文	物語	浜松中納言物語		和歌	
	4	国語常識	漢字	（書き取り、読み）			
商学部	1	現代文	評論	貨幣と信用	深田淳太郎		60分
	2	現代文	評論	生きものとは何か	本川達雄		
	3	古文	擬古物語	石清水物語		和歌	
経営学部	1	現代文	評論	データ・リヴァイアサンの降臨	佐藤淳二		60分
	2	古文	軍記物語 説話	平家物語 十訓抄		和歌 今様	
文学部	1	現代文	随筆	閑人妄語	志賀直哉		60分
	2	古文	歌文集	琴後集	村田春海	和歌	
	3	漢文	日本漢文 （随筆）	淡窓小品	広瀬淡窓		
国際日本学部	1	現代文	評論	文系と理系はなぜ分かれたのか	隠岐さや香		60分
	2	現代文	随筆	井上陽水英訳詞集	ロバート・キャンベル		
	3	古文	歌論	袋草紙	藤原清輔	和歌	
情報コミュニケーション学部	1	現代文	評論	生きられた家	多木浩二		60分
	2	現代文	随筆	永日小品	夏目漱石		
	3	現・古融合	説話 小説	今昔物語集 藪の中	 芥川龍之介	写真	
農学部	1	国語常識	漢字	（書き取り）			2科目120分
	2	国語常識	漢字	（読み）			
	3	現代文	評論	日本文化をよむ	藤田正勝		
	4	古文	能楽論	風姿花伝	世阿弥		

全学部統一	1	現代文	評論	平面論	松田寿輝		60 分
	2	現代文	随筆	昭和のエートス	内田樹		
	3	古文	歴史物語	今鏡			

MEMO